应用型本科旅游管理专业精品系列规划教材

前厅服务与管理

主　编：胡世伟　汪东亮
副主编：王　舒　王　娟　伍　娟

北京理工大学出版社
BEIJING INSTITUTE OF TECHNOLOGY PRESS

内 容 简 介

《前厅服务与管理》是旅游管理专业的一门专业核心课程，也是从事酒店工作人员的一门必修课程。鉴于饭店前厅服务与管理的实际操作需求，本书在编写过程中以理论为指导，以业务经营活动为中心，配合项目实训教学方式，系统阐述前厅服务和管理人员应掌握的必备知识。本书重在训练学生掌握星级饭店前厅服务的基本操作程序与技能，培养学生具备从事饭店前厅服务与基层管理工作、适应行业发展与职业变化的基本能力，使学生熟悉饭店前厅部运行与管理的基本程序和方法。

本书为高等院校旅游管理、酒店管理专业教学用书，也可作为相关从业人员的自学用书或培训教材。

图书在版编目（CIP）数据

前厅服务与管理/胡世伟，汪东亮主编. —北京：北京理工大学出版社，2017.2（2017.3 重印）

ISBN 978-7-5682-3600-3

Ⅰ.①前…　Ⅱ.①胡…　②汪…　Ⅲ.①饭店-商业服务-教材 ②饭店-商业管理-教材　Ⅳ.①F719.2

中国版本图书馆 CIP 数据核字（2017）第 002674 号

出版发行／北京理工大学出版社有限责任公司
社　　址／北京市海淀区中关村南大街 5 号
邮　　编／100081
电　　话／（010）68914775（总编室）
　　　　　（010）82562903（教材售后服务热线）
　　　　　（010）68948351（其他图书服务热线）
网　　址／http：//www. bitpress. com. cn
经　　销／全国各地新华书店
印　　刷／涿州市新华印刷有限公司
开　　本／787 毫米×1092 毫米　1/16
印　　张／12.25　　　　　　　　　　　责任编辑／王晓莉
字　　数／289 千字　　　　　　　　　文案编辑／王晓莉
版　　次／2017 年 2 月第 1 版　2017 年 3 月第 2 次印刷　　责任校对／王素新
定　　价／30.00 元　　　　　　　　　责任印制／李志强

图书出现印装质量问题，请拨打售后服务热线，本社负责调换

出版说明

用创新性思维引领应用型旅游管理本科教材建设

市场上关于旅游管理专业的教材很多，其中不乏国家级规划教材。然而，长期以来，旅游专业教材普遍存在着定位不准、与企业实践背离、与行业发展脱节等现象，甚至大学教材、高职高专教材和中职中专教材从内容到形式都基本雷同的情况也不少见，让人难以选择。当教育部确定大力发展应用型本科后，如何编写出一套真正适合应用型本科使用的旅游管理专业教材，成为应用型本科旅游专业发展必须解决的棘手问题。

北京理工大学出版社是愿意吃螃蟹的人。2015 年夏秋，出版社先后在成都召开了两次应用型本科教材研讨会，参会的人员有普通本科、应用型本科和部分专科院校的一线教师及行业专家，会议围绕应用型本科教材特点、应用型本科与普通本科教学的区别、应用型本科教材与高职高专教材的差异性进行了深入探讨，大家形成许多共识，并在这些共识基础上组建成教材编写组和大纲审定专家组，按照“新发展、新理念、新思路”的原则编写了这套教材。教材在四个方面有较大突破：

一是人才定位。应用型本科教材既要改变传统本科教材按总经理岗位设计的思路，避免过高的定位让应用型本科学生眼高手低，学无所用；又要与以操作为主、采用任务引领或项目引领方式编写的专科教材相区别，要有一定的理论基础，让学生知其然亦知其所以然，有发展的后劲。教材编写组最终确定将应用型本科教材定位为培养基层管理人才，这种人才既懂管理，又会操作，能为旅游行业广为接纳。

二是课程和教材体系创新。在人才定位确定后，教材编写组对应用型本科课程和教材体系进行了创新，核心是弥补传统本科教材过于宏观的缺陷，按照市场需要和业务性质来创新课程体系，并根据新课程体系创新教材体系，譬如在《旅行社经营与管理》之外，配套了《旅行社计调业务》《旅游产品设计与开发》《旅行社在线销售与门店管理》等教材。将《饭店管理》细化为《前厅服务与管理》《客房服务与管理》《餐饮服务与管理》，形成与人才定位一致的应用型本科课程体系和教材体系。与此同时，编写组还根据旅游业新的发展趋势，创新了许多应用型本科教材，如《乡村旅游经营与管理》《智慧旅游管理与实务》等，使教材体系更接地气并与产业结合得更加紧密。

三是知识体系的更新。由于旅游业发展速度很快，部分教材从知识点到服务项目再到业务流程都可能已经落后了，如涉旅法规的变更、旅游产品预订方式的在线化、景区管理的智慧化以及乡村旅游新业态的不断涌现等，要求教材与时俱进，不断更新。教材编写组在这方面做了大量工作，使这套教材能够及时反映中外旅游业发展成就，掌握行业变化动态，传授最新知识体系，并与相关旅游标准有机融合，尽可能做到权威、全面、方便、适用。

四是突出职业教育，融入导游考证内容。2016 年 1 月 19 日国家旅游局办公室正式发布了《2016 年全国导游人员资格考试大纲》（旅办发〔2016〕14 号），大纲明确规定：从 2016 年起，实行全国统一的导游人员资格考试，不指定教材。本套教材中的《旅游政策与法规》《导游实务》《旅游文化》等属于全国导游资格考试统考科目，教材紧扣《全国导游资格考试大纲》，融入了考证内容，便于学生顺利地获取导游证书。

为了方便使用，编写体例也极尽人性化，大部分教材各章设计了“学习目标”“实训要求”“小知识”“小贴士”“知识归纳”“案例解析”和“习题集”，同时配套相应的教学资源，无论是学生还是教师使用都十分方便。

当然，由于时间和水平有限，这套教材难免存在不足之处，敬请读者批评指正，以便教材编写组不断修订并至臻完善。希望这套教材的出版，能够为旅游管理专业应用型本科教材建设探索出一条成功之路，进一步促进并提升旅游管理专业应用型本科教学的水平。

四川省旅游协会副会长
四川省导游协会会长
四川省旅发委旅行社发展研究基地主任
四川师范大学旅游学院副院长
陈乾康

总　序

随着高等教育迈向大众化发展的趋势，人才培养逐渐由重理论、重学术向重实践、重能力转变，强调职业素质、职业技能与职业能力的培养，注重培养适宜时代发展需要的应用型人才。旅游管理作为一门应用性极强的学科，在探索应用型本科的专业建设、课程体系重构、教学手段革新、教学内容丰富等方面走在前列，对其他专业向应用型本科转型具有引领示范性作用。

2015 年 10 月国家旅游局、教育部联合出台了《加快发展现代旅游职业教育的指导意见》，其中指出要“加强普通本科旅游类专业，特别是适应旅游新业态、新模式、新技术发展的专业应用型人才培养。”在当今时代背景下，本套“旅游管理专业应用型本科规划教材”对推动普通本科旅游管理专业转型，培养适应旅游产业发展需求的高素质管理服务人才具有重要的意义。具体来说，本套教材主要有以下四个特点：

一、理念超前，注重理论结合实际

本套教材始终坚持“教材出版，教研先行”的理念，经过了调研旅游企业、征求专家意见、召开选题大会、举办大纲审定大会等多次教研活动，最终由几十位高校教师、旅游企业职业经理人共同开发、编写而成。

二、定位准确，彰显应用型本科特色

该套教材科学区分了应用型本科教材与普通本科教材、高职高专教材的差别，以培养熟悉企业操作流程的基层管理人员为目标，理论知识按照“本科标准”编写，实践环节按照“职业能力”要求编写，在内容上凸显了教材的理论与实践相结合。

三、体系创新，符合职业教育要求

本套教材按照职业教育“课程对接岗位”的要求，优化了教材体系。针对旅游企业的不同岗位，出版了不同的课程教材，如针对旅行社业的教材有：《旅行社计调业务》《导游实务》《旅行社在线销售与门店管理》《旅游产品设计与开发》《旅行社经营与管理》等，保证了课程与岗位的对接，符合旅游职业教育的要求。

四、资源配备，搭建教学资源平台

本套教材以建设教学资源数据库为核心，制作了图文并茂的电子课件，从方便教师教学，还提供了课程标准、授课计划、案例库、同步测试题及参考答案、期末考试题等教学资料，以便于教师参考；同步测试题中设置了单项选择题、多项选择题、判断题、简答题、技能操作题及参考答案，便于学生练习和巩固所学知识。

在全面深化“大众创业，万众创新”的当代社会，学生的创新能力、动手能力与实践能力成为旅游管理应用型本科教育的关键点与切入点，而本套教材的率先出版可谓是一个很好的出发点。让我们一起为旅游管理应用型本科教育的发展壮大而共同努力吧！

教育部旅游管理教学指导委员会副主任委员
湖北大学旅游发展研究院院长

前 言

《前厅服务与管理》是旅游管理专业的一门专业核心课程，也是从事酒店工作人员的一门必修课程。鉴于酒店前厅服务与管理的实际操作需求，本书在编写过程中以理论为指导，以业务经营活动为中心，配合项目实训教学方式，系统阐述前厅服务和管理人员应掌握的必备知识。本书重在训练学生掌握酒店前厅相关岗位的工作程序与服务技能，培养学生具备从事酒店前厅服务与基层管理工作、适应行业发展与职业变化的基本能力，使学生熟悉酒店前厅部运行与管理的基本程序和方法。

本教材共七章，分别是前厅部概述、客房预订服务、礼宾服务、总台接待服务、总机和商务中心服务、总台收银服务、前厅部综合管理。同时，结合现代酒店接待外宾较频繁的特点，添加了附录章节，补充了酒店前厅相关岗位常用的实用接待英语。

本教材的特色主要体现在以下方面：

一是突出实践操作能力的培养。酒店管理方面的专业人才培养不仅仅需要理论知识的学习，同时还必须加强学生实际操作能力的训练，培养酒店业急需的应用型管理人才。因此，本书在编写过程中，在系统介绍酒店前厅相关理论知识的基础上，突出实践操作技能的训练，力求理论与实践相结合，旨在帮助学生尽快熟悉酒店前厅各工作岗位的操作规程和业务管理，提高学生在新形势下管理酒店的实际操作能力和应变能力。

二是体例新颖、易教易学。本教材在体例编排上，在每章正文前设置“学习目标”和“实训要求”栏目；正文中适当穿插“小贴士”“小知识”和“操作示范”栏目，补充相关阅读资料以及演示相关工作操作规程；正文后设有“本章实训任务”“知识归纳”“典型案例”以及“复习思考”栏目。这些知识模块的设定使本教材一方面便于教师开展理论与实践相结合的教学方案，另一方面丰富多彩的模块设置会提高学生学习的兴趣，具有良好的启发性和引导性的特点，便于学生较快地学习和掌握相关知识点。

三是理念新颖、内容翔实。本教材融入了现今酒店业人才需求的最新教学理念，力求与时俱进，具有内容翔实、案例丰富、理论知识系统、操作规范、演示标准等特点。

本书由胡世伟（成都理工大学工程技术学院）和汪东亮（成都理工大学工程技术学院）负责全面规划和统稿，同时参与编写的人员还有：王舒（成都理工大学工程技术学院）、王娟（四川华新现代职业学院）、伍娟（四川工业科技学院）。

本教材可以作为高等院校旅游管理专业和酒店管理专业的教学用书，还可以作为酒店工作者的自学用书。本教材体系完整新颖、内容实用全面、可读性强。为方便广大师生，本教材赠送电子课件，包括教学案例、课程标准、同步练习及参考答案。

本书在编写中参考了众多专家学者的论著、借鉴了一些网络教学资源，在此向相关作者表示诚挚的感谢。由于编者水平有限，教材中难免存在错误或不足之处，恳请读者朋友批评指正。

编　者

2016 年 10 月

目录

第一章　前厅部概述 …… (1)
第一节　认识前厅部 …… (1)
第二节　前厅部的组织机构及工作职责 …… (4)
第三节　前厅部的环境设计及布局 …… (12)
第二章　客房预订服务 …… (23)
第一节　客房预订相关知识 …… (23)
第二节　客房预订的服务流程 …… (29)
第三节　客房预订的控制管理 …… (32)
第三章　礼宾服务 …… (38)
第一节　礼宾服务概述 …… (38)
第二节　礼宾服务程序及工作标准 …… (43)
第四章　总台接待服务 …… (64)
第一节　入住登记的相关知识 …… (64)
第二节　入住接待服务 …… (67)
第三节　总台客房销售服务 …… (88)
第四节　行政楼层服务 …… (91)
第五章　总机及商务中心服务 …… (98)
第一节　总机服务 …… (98)
第二节　商务中心服务 …… (107)
第六章　总台收银服务 …… (116)
第一节　总台收银的班组管理 …… (116)
第二节　总台收银入住和退房服务程序 …… (118)
第三节　夜审稽核工作 …… (121)

第四节 收银单据的管理 ……………………………………………………（124）
第五节 收银及兑换外币服务 ……………………………………………（126）
第六节 保险箱使用程序 …………………………………………………（128）

第七章 前厅部综合管理 ……………………………………………………（137）
第一节 前厅部的沟通与协调管理 ………………………………………（137）
第二节 前厅部宾客关系管理 ……………………………………………（141）
第三节 前厅部服务质量控制管理 ………………………………………（148）
第四节 前厅部人力资源管理 ……………………………………………（155）

附录 前厅接待常用英语 ……………………………………………………（164）
第一节 常用接待用语 ……………………………………………………（164）
第二节 前厅岗位工作常用用语 …………………………………………（169）
第三节 酒店各部门及职位英文缩写 ……………………………………（184）

参考文献 ……………………………………………………………………（186）

第一章

前厅部概述

学习目标

1. 了解前厅部的功能、地位
2. 熟悉前厅服务的特点
3. 掌握前厅部组织机构设置的原则
4. 掌握前厅部主要岗位职责
5. 掌握前厅环境设计和布局的要求

主要知识点

熟悉和掌握前厅主要岗位的工作职责

酒店前厅是客人进入酒店的第一个接触点，又是离开酒店的最后接触点，它直接关系到客人的住宿满意程度和对酒店的印象。在现代化酒店里，前厅往往被认为是整个酒店的核心部门，无论是在前厅设置、员工素质还是在管理手段上均要求高于其他部门。因此，前厅的管理已成为酒店管理的重要组成部分。

第一节　认识前厅部

一、前厅部的概念

酒店前厅通常包括大门外区域、前台、休息区、大堂吧等。前厅主要是承担客人订房、商务业务办理、客房状态控制、客人账单的结算与审核以及前厅综合性业务管理的场所。

酒店前厅部（Front Office）是酒店负责招徕并接待宾客（组织客源）、销售酒店客房商品、组织接待和协调对客服务、销售餐饮娱乐等服务产品、沟通与协调酒店各部门、为客人提供各种综合服务的对客服务部门。

一般而言，酒店可分为内务部和外务部两个不同的业务活动部门。酒店的外务部通常是比前厅意义更广的一个术语，它包括酒店外观、大堂、前厅、客房、公共区域、娱乐健身场所、餐厅酒吧以及商务中心和商店等。与外务部相对应，则是酒店的内务部，这是指那些不与客人直接接触的酒店部门，如财务部、人力资源部、工程维修部、库房、洗衣房以及数据处理中心等。内务部与外务部将酒店分成了两大块，即形成酒店经营的一线和二线或是业务经营与管理职能部门。

由此可见，前厅的工作主要涉及酒店外务部的业务活动。但酒店外务部不同于前厅，它是包括前厅在内的一个术语。

小知识 **前厅部、大堂部、总服务台、客务部、前台之间的联系和区别**

（1）前厅部实际上也称作大堂部。只是大堂部突出了其在酒店中的位置以及与大堂有关区域的关系。

（2）前厅部也称总服务台。总服务台的称法强调了其在酒店综合服务中的重要地位与作用，但并非指它是酒店所有服务的提供部门。

（3）有的时候也称前厅部为客务部。这主要是因为这个部门承担以酒店客房的实际销售为中心的一系列工作。例如：为客人办理入住、离店、结账等经营中较为实际的工作。

（4）前台只是前厅部门的一个岗位而已，只不过它正处在前厅总服务台的位置，所以往往被误认为前台就是前厅部，这就太片面了。

二、前厅部的功能

1. 推销客房

前厅部的首要任务是推销客房。客房是酒店销售的主要产品，客房的营业收入一般要占酒店全部营业收入的40% ~60%。前厅部推销客房数量的多与少、达成价格的高与低，不仅直接影响着酒店的客房收入，而且住店人数的多少和消费水平的高低，也间接影响着酒店餐厅、酒吧等的收入。

2. 提供信息

前厅部是酒店经营活动的主要信息源，它包括酒店经营的外部市场（如：酒店所在国或所在地的旅游业发展状况、国内外最新经济信息、客人的消费心理与需求、人均消费水平、年龄结构等）和内部管理信息（如：客房出租率、营业收入、客人投诉、客情预测、客人住店/离店以及在各营业点的消费情况等）。前厅部不仅要有意识地收集这类信息，而且要对其进行加工处理，并以此做出酒店相应的运营决策，搞好对客服务。同时，前厅部还应为客人提供酒店内外有关活动的信息（如：有关日程安排、服务项目、服务地点、服务价格、服务时间等）和酒店所在地、所在国的信息及指南等。因此，前厅部应努力收集和积累资料，并与酒店其他部门共享其信息资源，从而为客人提供更好的服务。

3. 联络和协调对客服务

前厅部要负责联络协调各对客部门的工作，使酒店各有关部门之间保持有效的沟通，并在客人和酒店各有关部门之间牵线搭桥，以便为客人提供优质的服务。

4. 控制客房状况

酒店客房的使用状况是由总台控制的。准确、有效的房态控制有利于提高客房利用率及对客人的服务质量水平。

5. 提供各类前厅服务

前厅部除协调酒店对客服务外，还担负着直接为客人服务的繁重任务。如在机场、车站或在酒店大门迎送客人的服务；提供行李、问讯、邮件、留言服务；分发和保管客用钥匙；

处理客人的投诉；提供贵重物品的寄存服务以及总机服务等各项服务。

6. 建立客史档案

酒店应给住店一次以上的客人建立客史档案。客史档案的建立不仅有利于酒店为客人提供周到、针对性、个性化的服务，也可为研究客源市场提供信息依据。

三、前厅部的地位

前厅部工作的重要性是与它所担负的职能相联系的，主要体现在以下六个方面。

1. 前厅部是酒店的营业窗口，反映酒店的整体服务质量

一家酒店服务质量和档次的高低，从前厅部的服务与管理中就可以反映出来。前厅被誉为酒店的门面，这张门面是否“漂亮”，不仅取决于前厅大堂的设计、装饰、布置、灯光等设施的豪华程度、酒店氛围，更取决于前厅部服务员的精神面貌、服务态度、服务效率、服务技巧、礼貌礼节以及服务特点等方面。

2. 前厅部是留给客人第一印象和最后印象的所在地

前厅部是客人（含潜在的客人）第一次接触的部门，是给客人留下第一印象的地方。客人往往带着第一印象评价酒店的服务质量。若第一印象好，即使客人在店逗留期间遇到不如意的事情，也会认为这是偶尔发生，是可以原谅的；反之，若第一印象不好，酒店在客人心目中的不良形象就很难改变，形成恶性循环。此外，前厅部也是客人在酒店最后接触的部门，是给客人留下最后印象的地方，而最后印象在客人脑海里停留的时间也最长。能否给客人留下一种“依依不舍”的感觉，很大程度上取决于前厅部服务员的服务质量。

3. 前厅部是酒店的信息中心

有效的信息处理有利于提高酒店经营管理决策的科学性。前厅部不仅为客人提供各种服务信息，而且也为酒店其他部门提供客情资料，为酒店管理机构提供反映酒店经营情况和服务质量的数据和信息。例如，一些酒店未来一段时期内房价的调整决策一般是由管理者根据前厅部所提供的客人预订信息来做出的。

4. 前厅部是酒店的神经中枢，负责联络和协调各部门的对客服务

前厅部如酒店的“大脑”，在很大程度上控制和协调着整个酒店的经营活动。由前厅部发出的每一项指令、每一条信息，都将直接影响酒店其他部门的服务质量。美国著名的酒店管理专家查理·奥突尔先生曾形象地比喻“若将酒店比作车轮，则前厅部是该车轮的轴心，其运作的效率将决定酒店前进的步伐”。

5. 前万部承担着推销客房及其他服务的职责

前厅部不仅提供邮政、商务、电信、票务等服务，从而直接获得经济收入，而且它还需协调酒店的市场营销部门，积极主动地销售酒店产品，提高酒店客房的出租率和平均房价，以获得良好的客房经济效益。

6. 前厅部是酒店建立良好宾客关系的主要部门

酒店服务质量的高低最终是由客人做出评价的，评价的标准就是客人的满意度，建立良好的宾客关系有利于提高客人的满意度，赢得更多的回头客，从而提高酒店的经济效益。而前厅部是客人接触最多的部门，其工作人员也是与客人接触最为频繁的职工，他们最易获知客人的需求。因此，前厅部的员工应最大可能地满足客人合理的需求，从而提高客人对酒店的满意度，建立良好的宾客关系。

四、前厅服务的主要特点

1. 工作内容庞杂

前厅部的工作范围较广，项目多。前厅部通常包括销售、寄存、接待、收银、问讯、票务、预订等，并且每项工作都有相应的服务规范与要求，在具体的操作过程中必须严格遵守，才能使宾客满意。

2. 工作涉及面宽

前厅部在整个酒店的管理过程中负有协调功能，必然与各个相关部门发生联系，有时不仅需要熟悉本部门的业务工作，同时还需要了解其他部门的相关业务内容，以便及时地帮助顾客解决问题。

3. 专业要求高

随着时代的进步，现代科技不断引入各行各业的管理中，酒店前厅部的很多业务也大都实现了信息化运营和管理模式，员工必须经过专业信息软件的培训才能上岗操作；另外，在帮助宾客克服困难，回答其提出的问题时，也需要员工具备相应的业务能力与相关知识，这就对员工的专业技术水平、业务素质水平提出了较高的要求。

第二节　前厅部的组织机构及工作职责

一、前厅部的组织机构

（一）前厅部组织机构设置的原则

1. 组织合理的原则

前厅部机构设置应该从酒店的性质、规模、地理位置、经营特点及管理方式等方面的实际出发，而不能生搬硬套。比如，规模小的酒店以及以内部接待为主的酒店就可以将前厅并入客房部，而不必独立设置，从而避免机构臃肿造成人力资本浪费。

2. 机构精简的原则

在前厅部组织机构设置过程中，一方面，要防止机构臃肿、人浮于事的现象，尤其要注意“因事设岗”，而不能“因人设事”“因人设岗”。另一方面，也要注意，“机构精简”并不意味着机构的过分简单化，出现职能空缺的现象。

3. 分工明确的原则

分工明确就是明确岗位人员的职责和任务、明确上下级隶属关系及信息传达的渠道和途径，防止出现管理职能的空缺、重叠或互相推诿等现象。

（二）前厅部的组织机构模式

酒店规模大小不同，前厅部组织机构可以有很大区别。这表现在以下三个方面。

1. 大型酒店的组织机构模式

大型酒店通常在酒店客房事务部又称房务部，下设前厅、客房、洗衣与公共卫生四个部门。在前厅部内部通常设有部门经理、主管、领班和服务员四个管理层次。这个管理模式将前厅部、客房部合而为一了。一般此类酒店的前厅部组织机构如图 1 -1 所示。

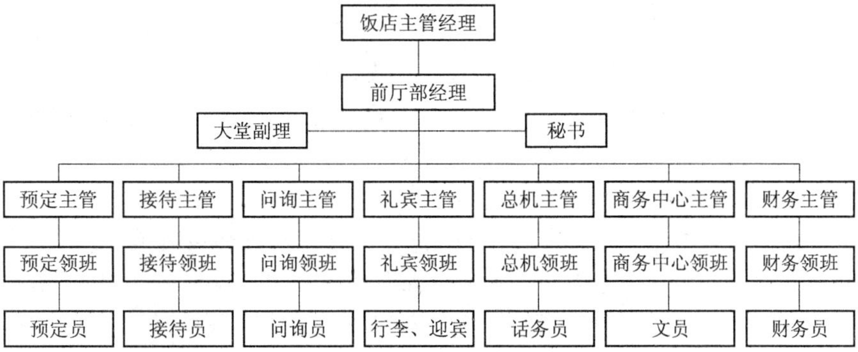

图 1－1　大型酒店前厅部的组织机构图

2. 中型酒店的组织机构模式

在一些中型酒店内，通常前厅部是一个与客房部并列的独立部门，直接向总经理负责。这种管理模式中前厅部下设部门经理、领班和服务员三个管理层次，如图 1－2 所示。

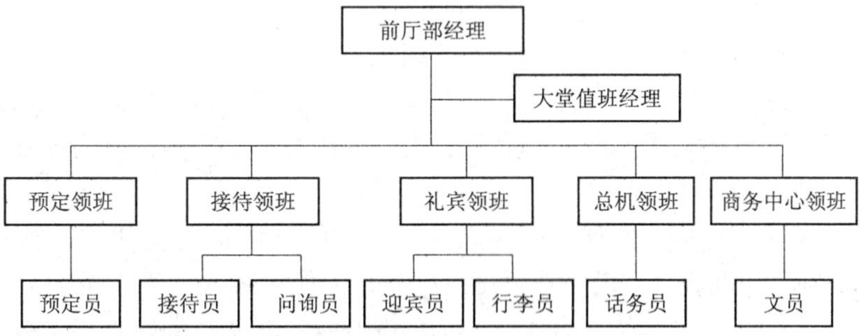

图 1－2　中型酒店前厅部的组织机构图

3. 小型酒店的组织机构模式

在一些小型酒店内，前厅部不单独设立部门，其功能由总服务台来承担，总服务台作为一个班组隶属于客房部，有客房部经理和总台领班，如图 1－3 所示。但是随着市场竞争的日益激烈，这些小型酒店也增设了前厅部，扩大了业务范围，以强化前厅部的推销和“枢纽”功能，发挥其参谋作用。

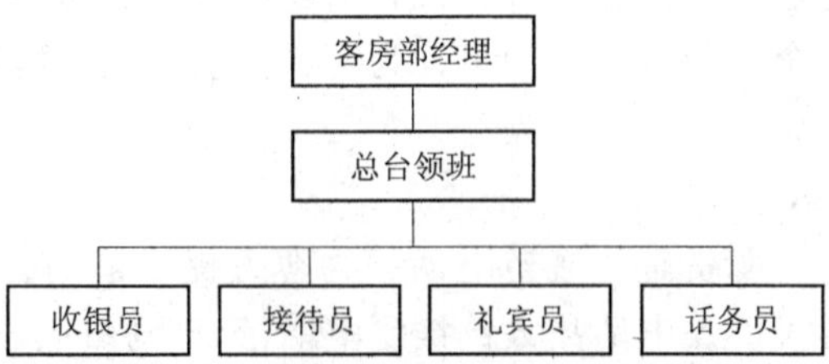

图 1－3　小型酒店前厅部的组织机构图

二、前厅部各班组的职能

1. 预订处（Rooms Reservation）

前厅部的预订处负责酒店的订房业务，其主要职责包括：接收客人以电话、传真、信函、国际互联网或口头等形式的预订；负责与有关公司、旅行社等提供客源的单位建立业务关系，尽力推销客房并了解委托单位的接待要求；密切与总台接待处的联系，及时向前厅部经理及总台有关部门提供有关客房预订资料和数据，向上级提供VIP抵店信息；参与前厅部对外订房业务的谈判及合同的签订；制定预订报表（包括每月、半月、每周和明日客人抵达预订报表）；参与制订全年客房预订计划。

2. 接待处（Reception/Check-in/Registration）

前厅部的接待处又称“开房处”，通常配备有主管、领班和接待员。其主要职责是销售客房，接待住店客人（包括团体客人、散客、常住客人、预订客人和非预订客人等），为客人办理入住登记手续，分配房间；掌握住店客人动态及信息资料，控制房间状态；制定客房营业日报表等表格；协调对客服务工作等。

3. 问讯处（Information/Inquiry）

前厅部的问讯处的主要职责是回答客人的问讯（包括介绍店内服务及有关信息、市内观光、交通情况、社团活动等），接待来访客人，处理客人邮件、留言以及分发和保管客房钥匙等。

4. 收银处（Cashier/Check-out）

收银处一般由领班、收银员和外币兑换员组成。因其业务性质所定，收银处通常隶属于酒店财务部，由财务部管辖。但是由于收银处位于总台，与总台接待处、问讯处等有着不可分割的联系，直接面对客人提供服务，是总台的重要组成部分。因此，前厅部也应参与和协助对前厅收银人员的管理和考核。

收银处的主要职责包括：办理离店客人的结账手续（收回客房钥匙、核实客人的信用卡、负责应收账款及转账等）；提供外币兑换服务；为住店客人提供贵重物品的寄存和保管服务；管理住店客人的账卡；与酒店各营业部门的收款员联系，催收、核实账单；夜间审核全酒店的营业收入及账务情况等。

5. 礼宾部（Concierge）

礼宾部主要为客人提供迎送服务、行李服务和各种委托代办服务，故在一些酒店又称为“委托代办处”“大堂服务处”或“行李处”。礼宾部主要由礼宾主管（“金钥匙”）、领班、迎宾员、行李员、委托代办员等组成。其主要职责是：在门厅或机场、车站迎送宾客；负责客人的行李运送、寄存及安全；雨伞的寄存和出租；公共区域找人；陪同散客进房和介绍服务，分送客用报纸，分送客人信件和留言；代客召唤出租车；协助管理和指挥门厅入口处的车辆停靠，确保畅通和安全；回答客人问讯，为客人指引方向；传递有关通知单；负责客人其他委托代办事项。

6. 电话总机（Operator）

前厅部的电话总机主要职责是：接转电话；为客人提供请勿打扰电话服务；叫醒服务；回答电话问讯；接受电话投诉；电话找人；接受电话留言；办理长途电话事项；传播或消除紧急通知或说明；播放背景音乐等。

7. 商务中心（Business Center）

商务中心为客人提供打字、翻译、复印、装订、印名片、长话、传真、订票、上网以及小型会议室出租等商务服务。此外，还可根据需要为客人提供秘书服务。

三、前厅部员工的素质与能力要求

前厅部特定的工作内容对其员工提出了特定的工作要求。

1. 员工必须具备良好的服务意识

前厅是酒店的门面，前厅服务质量的好坏对酒店管理具有深远的意义。因此，前厅部的员工要格外强化自身的服务意识，力求做到热情、细致、周到。此外，员工还要落落大方、彬彬有礼、笑容可掬，把顾客的烦恼当成自己的烦恼，认识到自己的一言一行就代表了酒店的形象，自己的表现可能给酒店带来利益，也可能使酒店蒙受损失，从而进一步约束自己的言行，爱岗敬业，认真负责地做好本职工作。

2. 员工必须有勤奋好学、探索求知的精神

前厅部遇到的工作情况千变万化，不一而足，往往是随着顾客的变化而变化。因此，员工为了适应不断出现的新情况，必须努力学习新的知识，不断提高自己的素质水平，拓宽自己的知识面，以求更好地为顾客服务，把工作做得更出色。

3. 员工必须有良好的语言理解、表达能力

前厅部员工接触宾客的机会是非常多的，要向顾客解释问题，同时也要回答顾客提出的问题，而顾客往往又来自天南地北，各色人等都有，为了顺利地与对方交流，员工必须有相当的语言理解能力；另外，最好是能掌握一些方言，能熟练运用一两门外语，以便更好地与来自不同地区或国家的宾客进行沟通，了解其需求，从而提供相应的服务。

4. 员工必须有良好的仪态，言谈举止要得体

为了让顾客有宾至如归的感觉，员工必须练好基本功，注意仪容、仪表，按酒店规定着装，做到干净整齐、仪态大方，给人亲切感。

5. 员工必须机智灵活，具备较强的应变能力

前厅部是酒店的神经中枢，事务繁杂，每天需要面对不同的消费者，工作中可能会遇到突发的问题，因此，这就要求前厅部员工需要发挥自己的聪明才智，随机应变，采取有效的方式与宾客沟通，妥善地处理工作过程中遭遇的各种问题。

四、前厅部主要岗位的工作职责

岗位职责是指对某一特定工作岗位的工作内容和应承担的责任。岗位职责包括这一岗位的工作性质、工作职责、工作内容及工作手段、工作方法等。酒店前厅部制定岗位职责的目的在于确保各岗位工作内容清晰、目标明确、要求统一、责任到人，从而形成有机统一的运作机制，进一步提高工作效率和服务质量。制定完善且可操作性强的岗位职责是酒店前厅部运行与管理的一项重要的基础工作。

（一）前厅部经理

1. 前厅部经理管理层级关系

前厅部经理直接对分管副总或房务总监负责，直接下属为前厅部副经理、秘书及前厅部各下属主管。

2. 主要工作职责

前厅部经理是前厅部最高管理者，全面负责前厅部各项工作；负责计划、组织、培训、督导、考核、控制、预算；保证与酒店其他部门间的沟通协调；确保酒店前厅服务质量和员工工作效率；努力争取客房销售的最大利益。

小知识 **前厅部经理的主要工作内容**

（1）负责制订前厅部年度/季度/月工作计划。

（2）负责制订前厅部部门培训计划并分解下达各下属分部门。

（3）负责考核直接下属业绩。

（4）参加酒店各项定期例会及临时会议，保持与酒店其他部门的有效沟通。

（5）主持召开部门各项定期例会及临时会议，组织部门工作。

（6）检查、督导前厅部日常工作。

（7）查看前厅部每日报表，准确掌握客房预订、出租情况，灵活掌握房价折扣。

（8）参与前厅各项接待服务。

（9）参与接待酒店 VIP 宾客。

（10）听取宾客的意见，处理宾客投诉。

（11）向分管副总或房务总监汇报工作。

（二）前厅部副经理

1. 管理层级关系

前厅部副经理直接对前厅部经理负责，直接下属为前厅部秘书及前厅部各部门主管。

2. 主要工作职责

前厅部副经理的主要工作职责是协助前厅部经理管理前厅部日常工作；当前厅部经理不在时代行其职，确保前厅部的正常运转。

小知识 **前厅部副经理的主要工作内容**

（1）前厅部经理不在时，代为参加酒店各项定期例会及临时会议，及时为酒店决策层提供准确业务数据，保持与酒店其他部门的有效沟通。

（2）参加前厅部经理主持的前厅部各项定期例会及临时会议。

（3）检查、督导前厅部日常各项工作。

（4）查看前厅部每日报表，准确掌握客房预订、出租情况，灵活掌握房价折扣。

（5）参与前厅部各项对客服务。

（6）听取宾客的意见，处理宾客投诉。

（7）完成上级交办的其他工作。

（三）值班经理/大堂副理

1. 管理层级关系

值班经理/大堂副理直接对前厅部经理负责，直接下属为前厅部各部门主管。

2. 主要工作职责

值班经理/大堂副理的主要工作职责是协助前厅部经理管理前厅部日常工作；同时，对外负责处理日常宾客的投诉和意见，平衡协调酒店各部门与客人的关系；对内负责维护酒店正常的秩序及安全，对各部门的工作起监督和配合作用。

小知识　**值班经理/大堂副理的主要工作内容**

（1）接受客人对酒店提出的意见和建议，受理宾客对酒店服务的投诉，并协调相关部门做出处理。

（2）维护大堂秩序。

（3）征求宾客的意见，维持酒店与宾客间的良好关系，维护酒店的声誉。

（4）回答宾客的问讯，并向宾客提供必要的协助。

（5）按总经理的要求，代表酒店迎送 VIP，并处理 VIP 临时提出的特别要求。

（6）协助有关领导及部门处理酒店宾客的疾病、死亡等突发事故。

（7）了解和掌握当日酒店房态情况、重要客人用餐情况、会议活动、重要团体和客人抵离情况。

（8）协助总台收银员解决宾客账务方面产生的问题。

（9）检查各岗位员工的仪容、仪表等工作标准是否合乎规范。

（10）检查大堂范围内的清洁卫生、设施设备的完好情况以及环境、温度、背景音乐等，维护大堂的秩序。

（11）协助保安部及公安机关调查形迹可疑的客人以及其他异常情况。

（12）向客人提供遗留物品查找、寻人等服务。

（13）负责会议的组织、检查及落实。

（14）执行和完成上级交办的其他工作。

（四）礼宾部主管

1. 管理层级关系

礼宾部主管直接对前厅部经理负责，直接下属为行李处领班及礼宾员。

2. 主要工作职责

礼宾部主管接受前厅部经理领导，负责制订本部门的工作计划，培训、检查、督导下属员工完成对客服务工作，考核员工工作表现，确保礼宾部各项工作的正常开展。

小知识　**礼宾部主管的主要工作内容**

（1）参加前厅部经理主持召开的前厅部各项定期例会及临时会议。

（2）主持礼宾部交班会议，传达部门例会内容，安排日常接待工作。

（3）依据礼宾部工作任务和工作指标，制订工作计划。

（4）合理使用部门人力资源，安排员工班次。

（5）安排实施礼宾部各级员工业务培训。

（6）考核下属员工的工作表现。

（7）检查、督导本部门员工出勤、仪容仪表、礼貌服务情况。

（8）检查交接班事项，跟踪落实情况。

（9）检查、落实当日重点宾客、团体宾客及大型接待活动的礼宾。

（10）行李及车辆服务事宜。

（11）参与、检查、督导礼宾部各项对客服务工作。

(12) 处理宾客有关酒店礼宾服务的各类问讯及投诉。
(13) 向宾客提供酒店服务及当地的全面信息咨询。
(14) 向宾客提供其他必要协助。
(15) 与酒店其他部门保持良好沟通协调，保证对客服务质量。
(16) 完成上级交办的其他任务。

(五) 客房预订主管/领班

1. 管理层级关系

客房预订主管/领班直接对前厅部经理负责，直接下属为客房预订员。

2. 主要工作职责

客房预订主管/领班的主要工作职责是接受前厅部经理领导，负责酒店客房预订的全面工作，包括制订前厅部客房预订工作计划，培训、检查、督导下属员工工作，考核员工工作表现，确保前厅部客房预订各项工作的正常开展。

小知识 **客房预订主管/领班的主要工作内容**

(1) 参加前厅部经理主持召开的前厅部各项定期例会及其他有关会议，向前厅部经理提供准确的预订客情信息。
(2) 主持客房预订处每日晨会，传达部门例会内容，安排客房预订的日常工作。
(3) 制订、完善客房预订处规章及服务工作程序，健全岗位职责。
(4) 制订员工业务培训计划，组织实施下属员工业务技能培训。
(5) 考核下属员工的工作表现。
(6) 检查、督导本部门员工出勤、仪容仪表、礼貌服务情况。
(7) 检查、落实每日工作，督导员工服务。
(8) 掌握各类预订信息，落实各类预订文件的处理、分发、归档。
(9) 受理各类客房预订，灵活掌握房价折扣，实施合理控制，确保酒店获得最大利益。
(10) 及时向前厅部及酒店其他部门通报客情，保证对客服务。
(11) 分析预订数据，完成每月客房预订分析，提交总经理、前厅部及销售部。
(12) 完成上级交办的其他任务。

(六) 接待、问讯处主管/领班

1. 管理层级关系

接待、问讯处主管/领班直接对前厅部经理负责，直接下属为接待员/问讯员。

2. 主要工作职责

接待、问讯处主管/领班的主要工作职责是接受前厅部经理领导，负责前厅接待/问讯处的全面工作，包括制订工作计划，培训、检查、督导下属员工工作，考核员工工作表现，确保前厅接待/问讯处各项工作的正常开展。

小知识 **接待、问讯处主管/领班的主要工作内容**

(1) 参加前厅部经理主持召开的前厅部各项定期例会及其他有关会议。

(2) 主持接待、问讯处每日晨会，传达部门例会内容，安排布置每日接待工作任务。
(3) 制订、完善接待、问讯处规章及工作程序，健全岗位职责。
(4) 制订员工业务培训计划，组织、实施员工业务技能培训。
(5) 充分、合理利用人力资源，安排员工班次。
(6) 检查、督导本部门员工出勤、仪容仪表、礼貌服务情况。
(7) 检查、督导员工服务质量及劳动效率，考核下属员工工作表现。
(8) 检查员工交接班情况，落实各项接待工作。
(9) 检查、落实当日重点宾客、团体、大型接待活动的准备情况，确保宾客用房。
(10) 参与前厅接待、问讯服务，帮助员工解决疑难问题，防范、减少工作差错。
(11) 灵活掌握房价折扣，促进客房销售，努力确保酒店获得最大利益。
(12) 确保与酒店其他部门，尤其是客房部及餐饮部的良好沟通，保证对客服务质量。
(13) 完成上级交办的其他任务。

(七) 商务中心主管/领班

1. 管理层级关系

商务中心主管/领班直接对前厅部经理负责，直接下属为商务中心文员。

2. 主要工作职责

商务中心主管/领班的主要工作职责是接受前厅部经理领导，负责商务中心的全面工作，制订工作计划，培训、督导员工，确保商务中心的良好运转。

小知识 **商务中心主管/领班的主要工作内容**

(1) 参加前厅部经理主持召开的前厅部各项定期例会及其他有关会议。
(2) 制订商务中心工作计划，定时填报当月工作报表，安排员工班次。
(3) 制订业务培训计划，组织、实施下属员工业务技能培训。
(4) 检查员工交接班情况，跟踪落实有关事项。
(5) 检查、督导本部门员工出勤、仪容仪表、礼貌服务情况。
(6) 参与商务中心对客服务，检查、督导员工工作，考核员工工作表现，保证商务中心服务质量。
(7) 注意将夜间接收的传真、电传及时转送宾客手中，疑难文件速交大堂经理处理。
(8) 核对前一天的营业日报表及单据，堵塞财务漏洞。
(9) 检查商务中心设施设备（传真机、复印机、计算机、电动打字机等）运行保养状况以及卫生情况，发现故障并及时联系维修，确保设备正常运转。
(10) 协调与酒店其他部门的关系，处理宾客有关商务中心服务的投诉。
(11) 与电信部门保持密切联系，确保电信业务的顺利进行。
(12) 遇有重大问题或难题，及时汇报，以便尽快解决。
(13) 完成上级交办的其他任务。

(八) 总机主管/领班

1. 管理层级关系

总机主管/领班直接对前厅部经理负责，直接下属为总机话务员。

2. 主要工作职责

总机主管/领班的主要工作职责是接受前厅部经理的领导，负责酒店总机全面工作，制订工作计划，培训、督导员工工作，确保迅速、准确、高效地完成各项电信服务。

小知识 **总机主管/领班的主要工作内容**

（1）参加前厅部经理主持召开的前厅部各项定期例会及其他有关会议。

（2）制订总机工作计划，安排员工班次。

（3）制订业务培训计划，组织、实施下属员工业务技能培训。

（4）检查员工交接班情况，跟踪落实有关事项。

（5）检查、督导本部门员工出勤、仪容仪表、礼貌服务情况。

（6）参与总机房各项对客服务，检查、督导员工对客服务，考核员工工作表现，保证总机服务质量。

（7）及时准确地完成每日电话叫醒服务。

（8）检查总机有关机器设备运行情况，发现故障及时报修，确保设备正常运转。

（9）完成上级交办的其他任务。

第三节　前厅部的环境设计及布局

前厅是酒店的重要部分，每一位客人抵达酒店都必须经由这里，它是客人对酒店产生第一印象的重要空间。另外，人们选择宾馆时不一定只考虑低廉的价格，在同一星级的几个宾馆中，除了在价格方面进行比较外，还要看环境，所以说舒适、雅致、美观的环境也是消费者考虑的重要因素之一，所以酒店一般都会根据自身的情况设计出符合本酒店风格的大堂。

一、大堂的风格类型

（一）酒店入口设计装饰的类型

1. 花园式

这类酒店入口占地面积扩大，通常有流畅的回车线环绕其间，有由绿树与花草组成的各种颇具创意的图案、标志，再辅以雕塑、园林灯柱、精致栏杆的适当点缀，并与门旁的花草盆景相呼应，整个酒店门前洋溢着浓郁的自然气息。

2. 支架式

支架式入口亦称棚架式入口，一般采用玻璃钢、金属材料与透明塑料等构成斜坡式、半球式、帐篷式和尖顶式等形态各异的棚架造型，并采用富有立体感、光亮度强与特殊质地的新材料和新工艺，再配上流动感强的现代灯光，足以引起宾客的浓厚兴趣。这类酒店入口处造型新颖、美观且富有现代特色。但设计时，应考虑到与酒店主体建筑相协调，棚架须安全可靠。

3. 门面式

门面式入口的特点是将门面设计装饰与广告促销进行有效组合，以吸引更多的客人。如有些酒店利用玻璃门与落地窗张贴巨大的广告艺术画，安装立面霓虹灯，以展示酒店的特色风貌。

小贴士

酒店入口设计需要考虑的问题

尽管酒店入口设计装饰类型各种各样，但在整体设计过程中均应关注下列问题：

（1）酒店入口处的行车路线安排应考虑右行线。我国实行的是右线行使，且汽车的方向盘在左侧，为使车右侧靠近酒店大门入口处，以便前厅迎宾员为客人提供拉门服务，酒店的入口处、地下车库的坡道出入口位置及门前广场的行车路线安排，均应考虑右行车线。

（2）酒店入口处的车流和人流线路应互不干扰。酒店门前的交通路线应清晰，尤其是内部车流不应对城市道路造成太大的干扰。否则极易导致客人出入时行走不便、车行线路不畅。

（3）酒店入口处应宽阔，确保人流、车流顺畅通行。酒店门前的停车宽度为：至少应能平行停放两辆车，最好为三辆车的宽度，以便在出入店高峰时迅速接待乘车客人。切忌因追求气派而设计成高台阶、大坡道。

（4）酒店门前应考虑设置足够数量的停车位。通常，酒店解决停车问题往往是从地下找出路，但为方便客人，也应考虑设计地面车位。100 间客房的酒店一般应设置车位 25 ~ 45 个，其中，1/4 ~ 1/3 应设置在地面上，以解决酒店门前的停车问题。

此外，酒店入口门的造型也是设计的关键，通常使用旋转门、自动感应门和推拉门等。

（二）酒店大堂设计装饰的类型

1. 古典式

这是一种具有浓厚传统色彩的设计装饰类型，大堂内古董般的吊灯、精美的古典绘画以及造型独特的楼梯杆栏，让客人感受到大堂空间的古朴典雅。随着各种新材料如亚光漆、彩色金属板和亚纹定型板等的应用，酒店大堂古典式设计装饰有了新的生机。

2. 庭园式

庭园式的大堂，其设计装饰引入山水景点与花木盆景，犹如“庭中花园”，如在大堂内利用假山、叠石让水自高处泻下，其落差和水声使大堂有声有色；或者在大堂的一角，种植大量的热带植物，设置小巧的凉亭与瀑布，使大堂空间更富自然山水的意境。在设计装饰庭园式大堂时，应注意确保整体空间的协调，花木搭配与季节、植物习性等自然规律相符，假山体量、溪涧宽窄应与空间大小相称等。

3. 重技式

重技式大堂的设计显露出严谨的结构、粗实的支柱。如美国的希尔顿酒店的大堂，设置了用几十根金属管组成的高大雕塑，并以金黄色喷漆涂其表面，使整个大堂充满了生机和活力，营造出迎候八方来客的浓郁氛围。

4. 现代式

这类大堂设计装饰追求整洁、敞亮、线条流畅。如大堂顶部球面型和地面圆形图案互相呼应，再配以曲面形墙壁和淡雅的色彩，大堂顶部设计犹如星星闪烁的灯光，让客人如身临太空，情趣无穷；若再辅以玻璃、不锈钢和磨光花岗岩灯反光性强的材料装饰的通道，则大堂更显得玲珑剔透，充满了现代感。

二、大堂设计的依据

（一）酒店的形象定位

酒店大堂设计越来越注重酒店的整体形象，而酒店的形象定位本身已随着市场的竞争出现了巨大的变化。从20世纪70年代开始，以塑造和传播酒店形象为宗旨的CI（Corporate Identity）定位盛行于酒店业；20世纪90年代后，以宾客满意为宗旨的CS（Customer Satisfaction）定位更是受到酒店业的格外光注。但仅靠塑造酒店形象以及仅让宾客满意远远不能确保酒店在竞争中永远立于不败之地。酒店必须培养一批忠诚的客人，并以此为酒店的基本消费群，进而通过建立的忠诚客户群，来维系与保护酒店基本营业收益，从而影响、带动更多的潜在客人来光顾酒店。于是，最新的CL（Customer Loyalty）——以建立宾客忠诚为战略的定位便应运而生，并日益受到酒店业的青睐。例如，香港半岛酒店的开放式大堂服务设计，使酒店的大堂从酒店开业起就成为许多航空公司和旅行社的服务基地，也曾作为机场出港登记处。现在，其大堂已成为商人洽谈生意，新闻界收集信息，社会名流聚会、闲坐、聊天消磨时光的好场所。该酒店大堂就如一块磁石，将天涯海角的宾客源源不断地吸引进来，酒店一年的总营业收入中几乎有25%来自经常光顾的忠实客人。由此可见，大堂设计的独特品位与其特有的经营理念、精美的饮食、细致高雅的服务等是其赢得大批海内外忠诚客人的秘诀所在。

（二）酒店的投资规模

酒店的投资规模一般用所拥有的客房的总间数来衡量。一般而言，1 000间以上往往被视为特大型酒店；500～1 000间可视为大型酒店；200～500间可视为中型酒店；200间以下为小型酒店。在确定酒店大堂设计方案时，应考虑大堂的面积和空间。大堂的建筑面积与酒店客房间数有一定的比例关系，约为0.4～0.8平方米/间，即每间客房应占有0.4～0.8平方米的大堂面积。酒店每个标准客房的平均建筑面积应由其所属星级而定，并视其形象定位、经营特色、规模标准等因素加以调整。

（三）酒店的建筑结构

酒店的建筑结构是酒店大堂设计时依据的主要因素，它不仅关系到大堂空间的大小、各功能设施的布局、内外景观的再现等，还关系到酒店大堂的能源消耗、消防安全以及人流路线的顺畅和大堂特色氛围的营造等。酒店的建筑结构一般有塔式、板式与内天井式三种。其中，内天井式结构的酒店大楼里，大堂通常设计成无顶的形式。虽然这种设计效果在各种形式中很不经济，造成能源损耗过大、日常开支增加，但通过在大楼里安装观光电梯，当电梯向上移动时，客人便可从高处看到大堂里的所有景象。随着环境科学、行为科学的发展，酒店设计在解决使用功能的同时，注重酒店精神功能，强调表现酒店的特点。有专家进一步研究了公共活动空间的视觉形象与组景规律以及人对公共空间的心理反应，认为内天井式建筑提供了过去在室外才能体验到的仰视、俯视观景条件，给酒店带来了特有的气魄。

（四）酒店的经营特色

酒店的大堂设计也应以酒店的经营特色为依据，设计效果应能充分显示和烘托酒店的特色。唯有特色才酒店的核心竞争优势。千万不可盲目仿效其他酒店，“似曾相见”的设计效果应避免。

小贴士

大堂的设计要求

大堂（Lobby）是客人办理住宿登记手续、休息、会客和结账的地方，是客人进店后首先接触到的公共场所。大堂必须以其宽敞的空间、华丽的装潢，创造出一种能有效感染客人的气氛，以便给客人留下美好的第一印象和难忘的最后印象。

传统的酒店大堂大都追求一种宽敞、华丽、宁静、安逸、轻松的气氛，但现在越来越多的酒店开始充分利用酒店大堂宽敞的空间，开展各种经营活动，以求“在酒店的每一寸土地都要挖金”。

从酒店的装修布置而言，一个设计合理的酒店大堂应该具备下列条件：

（1）酒店入口处要有气派、有特色。

（2）大堂宽敞舒适，其建筑面积与整个酒店的接待能力相适应。面积应与酒店的客房间数保持在一定比例，约为0.4～0.8平方米/间。

（3）大堂有一定的高度，不会使人感到压抑，最好为天井式的，采光良好。

（4）整体布局合理、装饰华丽。

（5）空气清新，温度适宜，空调不会使人感到头疼。

（6）有良好的隔音效果。

（7）背景音乐适宜。最好客人播放各种轻音乐、民族音乐等，音量适中。

（8）灯光柔和。

（9）有足够的温度。

（10）地面面层美观。最好为大理石或优质木地板，既豪华美观又便于清洁。

（11）位于大堂的部门招牌要显而易见。

（12）星级酒店要有能够显示世界主要客源国（或城市）时间的时钟。

大堂的设计要注意利用一切建筑或装饰的手段，创造一个亲切、宜人、欢悦、静谧、有文化气韵、有现代气息、空闪电战流畅、主题突出、功能合理、流线组织高效、人群集散便捷的空间。大堂的设计要特别注意以下两点：其一，不要盲目追求空间的气派、宏伟；其二，大堂要强化文化氛围。

三、前厅装饰美化

前厅作为整个酒店的中心，其环境、氛围是非常重要的。前厅必须有热情迎接客人的气氛，使客人一进大堂就有一种“宾至如归”的感受，有一种享受高级消费、受人尊重的感觉，形成美好的第一印象。同时，还要为前厅服务人员创造一种愉快的工作环境，使前厅的对客服务工作卓有成效。前厅是现代酒店建筑中必须进行重点装饰美化的空间，要精心设计，努力把满足功能需求与创造环境氛围的艺术效果结合起来，把体现民族风格、地方特色与适应国际环境艺术新潮流结合起来，并与大自然紧密联系，与酒店规模、目标市场相适应，与酒店整体建筑相谐调，从而形成本酒店自己的格调、气势和氛围，这是现代酒店对客人产生形象吸引、提高竞争能力的一种独特的资本。

一般而言，不管什么风格的酒店在大堂的灯光、色彩、绿化、气候与定量卫生上要做到与酒店整体建筑相和谐。

（一）采光

光是大堂活力的主要来源。采光设计的首要任务是适度照亮大堂的空间方便对客服务。

特定的采光可选用不同发光体的组合来实现。选用何种发光体、如何布置、光源的视觉效果（点状的、线状的、平面的或立体的）以及布置图案等，均应视采光空间的性质及所要达到的效果而设计。

大堂采光通常分为自然采光和人工采光，两者有着不同的物理性和视觉效果。不同的采光方式导致不同的采光效果与光照质量。在大堂采光照明设计中，自然采光受大堂墙面形式及其位置的制约；而人工照明则受电气系统及灯具配光形式的制约。由于光影的虚幻、形状、色彩和光线的强弱、明暗对大堂环境气氛的创造起着举足轻重的作用，因此，大堂发光体的布局及其光照图形应与大堂各功能区域的使用要求相吻合，尤其应突出大堂的关键部位。通常，照亮一个空间可选择三种方法：均匀的、局部的和重点的。其中，均匀式照明是以一种普遍均匀的方式照亮空间，其照明的分散性可有效地降低空间环境表面之间的对比度，以减弱阴影，使空间转角处自然柔和。局部照明则是为了满足某种需求而去照亮特定区域，光源常被置放在区域的上方、侧面或附近。有时，常将均匀与局部两种照明方式组合起来使用，使空间整体中有变化，虚实相间，且富有层次。而重点照明实际上是局部照明的一种特定形式，它产生各种聚焦点及明暗间的韵律图形，以替代那种单纯为了照明的原始功效，往往用来缓解普通照明的平淡与单调，突出空间特色与审美情趣。例如：某酒店大堂总台接待处，其灯光设计格外明亮，形成良好的导向性，既具实用性，又对大堂空间的艺术意识起到调节作用。也有些酒店在总台外侧下方有意布置暗灯带，以产生独特的空间感，衬托出大堂的明亮和宽敞。

（二）质感

质感，是指材料表面组织构造所形成的视觉感受，以形容实体表面的相对粗糙或平滑程度，亦可形容实体表面的特殊品质，如大堂石材的粗糙面、木材的纹理等。不同的质感给人以不同的触觉和视觉，如光洁的花岗岩表面，常令人感到生硬而无人情味；金属材料常令人感到有现代感、坚固而不笨重；木地板则是温暖舒适的。所有材料在一定程度上都具有一种质感，而材料机理越细，其表面所呈现的效果就越光洁平滑，甚至很粗的质地，从远处看去，也会呈现相对平整的效果。因此，大堂设计选用材料时，有些位置不必非选用高档、豪华的材料，相反，一些适宜而又普通的材料反而显得恰如其分，相得益彰，并可将局部的高档材料衬托出来。在设计时，除考虑材料本身的特殊性外，亦要考虑组合效果以及施工等实际问题，做到统筹兼顾。

（三）色彩

色彩，来源于光，它是美化环境的最基本构成要素之一。色彩经人的心理和生理反应会产生不同的感觉，色彩具有感情象征。例如红色有迫近感、扩张感，使人兴奋，可以造成热情、温暖、喜庆的气氛；黄色给人以明朗、欢乐、华贵的感觉；而绿色则意味着自然和生长，使人心情平静而稳定等。

人们一进入酒店，第一印象是大堂的色调、气氛如何。因此，首先必须确定大堂的主色调，作为大堂环境色彩的主旋律，它决定着大堂环境的气氛和情调。为了给客人一种欢乐、热情、美观、大方、优雅的气氛，激发前厅工作人员的工作热情，前厅的色彩一般以红色或其他暖色调为主，同时大胆使用陪衬色调，形成色彩的对比，创造出和谐的整体美观。比如，某酒店将色彩明亮的万国旗与红灯笼作为大堂共享空间的装饰吊件，于是改变了原空间的空旷感与坚硬感，使整个大堂环境变得活泼、丰富、热烈。

（四）绿化

人们本能地喜欢自己赖以生存的阳光、空气和水，喜爱充满着生命力的自然界。在高度文明的现代社会，城市中大批的高层建筑拔地而起，人工造成“钢筋水泥的丛林”，阳光被阻挡，加之空气和水被污染，人与自然越来越远了，要求回归大自然的呼声越来越高。现代酒店设计中应尽可能地在大堂内布置绿化，尤其是大城市中心的现代酒店，周围不一定有优美的花园风景，因此更加需要在大堂内设计花卉、树木、山石、流水等景观，使大堂内洒满阳光，绿茵丛丛，流水潺潺，一派生机，给人以亲切、爽适的自然美感。绿化还有调节大堂气温、湿度，减少噪声，净化空气的作用，并且可以消除人们由于长时间户外活动而产生的疲劳。

（五）大堂微小气候与定量卫生

为保持大堂舒适的环境和气氛，还要使温度、湿度、通风、噪声控制、自然采光照度及空气卫生状态正常。现代酒店需要建立大堂等公共场所环境质量标准体系，运用现代科学技术手段，通过定量监测与控制，确保大堂环境的质量水平。

1. 温度、湿度与通风

大堂适宜温度夏季为22℃～24℃，冬季为20℃～24℃。现代酒店普遍使用了冷气装置或中央空调，使温度得以有效的控制。

湿度是与温度密切相关的一种环境条件，适宜的相对湿度应控制在40%～60%的范围内。湿度越大，人们的烦躁感越大，客人和员工都会感到不快，容易产生摩擦和发生事故。

通风是为了保持室内空气新鲜。新鲜空气中约含有21%的氧气，如果室内氧气含量降低到14%，就会给人体带来危害。大堂内新风量一般不低于200平方米/人·小时。自然采光照明不低于95米烛光（照度的国际单位），灯光照明不低于45米烛光。

2. 环境噪声控制

一切听起来不和谐、不悦耳的声音均为噪声。噪声对环境是一种污染，影响人们休息，降低工作效率。酒店的大堂客人来往频繁，谈笑不断，为了创造良好的环境和气氛，必须采用措施防止噪声。大堂内的噪声一般不得超过50分贝。为有效地控制噪声，大堂的天花板、墙面需使用隔音及吸音性材料；大堂内设施设备的选用和装饰美化（如瀑布、喷泉等）的设计都应注意防止噪声；对团队、会议等大批客人要尽快安置，尽快把人群从大堂疏散，员工要养成轻声说话的习惯，大堂内绝对禁止大声喧哗，另外，播放背景音乐也是防止噪声及工作单调感的有效措施，悦耳的、分贝值低的背景音乐可以掩盖嘈杂的、分贝值高的噪声，从而降低噪声带来的不良影响，稳定人们的情绪，又可减少员工因重复性的单调工作而带来的疲劳感。背景音乐要保持在令人轻松愉快的程度，不影响宁静宜人的气氛，一般以5～7分贝为宜。

3. 空气卫生

大堂内的空气中含有一氧化碳、二氧化碳、可吸收颗粒、细菌等空气污染物，有害人体健康，必须予以控制。

四、前厅分区布局

（一）正门入口处及人流线路

正门入口处是人来车往的重要“交通枢纽”。其基本功能要保证酒店进出的交通畅通，为客人下车时避风遮雨。厅门外有车道和雨塔，正门前台阶旁还应该有专供残疾客人转椅出入店的坡道，以方便残疾客人入店。大门有玻璃拉门、转门或自动门。门以双层为佳，以保持前厅空调温度的稳定，节约能源，并可阻挡尘土，保持大堂清洁。

从入口到酒店各个目的地，便形成了人流线路。各条人流线路要经过装修或铺设条形地毯，加上适当的装点，以形成明确的人流方向，使具有动感的走线与相对平静的休息区和服务区互不影响。

（二）服务区

前厅亦称总台，是位于前厅大堂内的酒店总服务台的简称，是为客人提供入住登记问讯、兑换外币结账等前厅综合服务的场所。其设计是否合理，将直接影响总台对客服务的质量。为了方便客人，总台一般均位于酒店一楼的大堂，且各项总台业务相对集中（如预订、接待、问讯和总台收银等）。根据大堂设计布局，总台最好能正对大堂入口处，这样不仅使总台人员能观察到整个前厅、出入口、电梯等活动场所的情况，而且也使总台人员能清楚地观察到正门外客人车辆的到达情况，从而做好接待准备工作。同时，也有利于发现各种可疑情况，以消除隐患，确保安全。另外，以团队客为主要客源的酒店，在总台外另设团队接待处。总台设计通常应考虑三个因素：

1. 总台的外观

总台的形状可根据大堂的建筑结构有所区别，采用曲直相结合的办法。有的为直线形，有的为半圆形，有的则设计成“L”形或“~”形。在材料选择上，为了经久耐用、易于清洗和显示出高雅脱俗，主要采用大理石、磨光花岗岩和硬木等。在布置上，各种标牌，以及国际时钟、日历、天气预报和外币汇率等的外观选择与设计也应注意与整体大堂和谐一致。

总台的高度应以方便客人住宿登记和总台人员的接待服务工作为原则，其理想高度为110~125厘米。柜台内侧设有工作台，供总台人员使用，其台高为85厘米，宽为30厘米。工作台面最好设计成倾斜式，有一定的坡度，以方便员工使用，且不影响其服务仪态（站姿等）。

2. 总台的大小

总台的大小是由酒店接待人数、总台服务项目等因素决定的。酒店的规模越大，接待人数和服务项目越多，则总台设计的面积越大；反之，则越小。但从酒店发展的趋势来看，随着科技的进步和信息软件管理系统在酒店的普及，总台将日益小型化。

另外，总服务台的柜台和台内面积视酒店的规模、等级而定。如国际喜来登集团的服务台指标是：每200间客房，柜台长8米，台内面积23平方米，每400间客房，柜台长10米，台内面积31平方米；每600间客房，柜台长15米，台内面积45平方米。

3. 总台的布局

总台的布局应紧凑合理，并以岗位职能划分区域，既要方便客人，又要便于前厅对客服务，提高服务效率。此外，一些酒店为寻求服务差异与特色，针对酒店商务客源的特点，一改常规的总台站式服务，在富丽的大堂分开放置多张商务办公桌，配以舒适的靠椅，桌上放置清新艳丽的鲜花，并配置高效运作的笔记本电脑，由训练有素的员工向抵店客人提供面对面的坐式入住登记服务。这种具有高雅文化品位的服务过程，创造出酒店前厅个性化服务的特色，给客人留下美好的印象，同时也充分显示出酒店的竞争优势。

大堂副理的办公地点，应设在离总台或大门不远的某一视野开阔的安静之处。通常放置一个办公桌、一两张座椅，供办公和接待客人之用。

行李处一般设在大门内侧，使行李员能看到汽车驶进通道，及时上前迎接。柜台后设行李房，小型酒店行李处不单设，与总台合一。

另外，前厅部办公室、总机室、账务室等机构，与前厅接待业务密切相关，但又不必直接与客人打交道，一般应设在总台后面联络方便但又较为隐秘的区域。

（三）休息区

大堂休息区是宾客等候、休息或约见亲友的场所，它要求安静和不受干扰。休息区的主要家具是供客人休息的沙发座椅和配套茶几。沙发可根据需要围成几组方形，也可围着柱子设置，在人流进出频繁、充满动感的大堂空间中，构筑一个宁静舒适的小环境。

（四）公共卫生间

酒店大堂或附近通常都设有供男女客人使用的公共卫生间。公共卫生间要宽敞干净，设施要完好、用品要齐全。从一定意义上讲，公共卫生间可以反映出酒店的档次和服务水准，是酒店的“名片”。所以，公共卫生间的装饰材料选择与大堂其他部分在规格和质地上要相一致，如现代酒店的大堂一般用大理石装修，其公共卫生间也应采用大理石装修。大堂有众多的进出人流，要考虑公共卫生间的位置，既方便客人又能避开外人的直视。同时，卫生间的识别标志要明显。

本章实训任务

本章实训任务如表 1－1 所示。

表 1－1　熟悉和掌握前厅主要岗位的工作职责

实训项目	熟悉和掌握前厅主要岗位的工作职责
实训要求	通过拟定前厅部的组织机构设置，了解和熟悉前厅部主要工作岗位，并掌握不同岗位的工作职责
实训地点	教室或模拟酒店实训室
实训材料	多媒体等
实训内容与步骤	一、实训准备 学生分组。 二、实训开始 1. 拟定一家酒店的前厅部组织机构 2. 描述这家酒店前厅部的主要部门和岗位 3. 分组阐述相关前厅主要岗位的工作职责 三、实训考核、点评 指导老师点评、小组互评，总结任务要点。指出和纠正实训过程中存在的不足，并强化学生了解和掌握前厅部主要岗位工作职责的相关知识

知识归纳

酒店前厅部是酒店直面宾客的职能部门，也是酒店对外营业的窗口单位，本章重点介绍了酒店前厅部的相关基本知识。通过本章的学习，使学生了解和熟悉酒店前厅部的主要职能、地位和前厅服务的特点；掌握前厅部组织机构设置的原则和大型、中型和小型酒店组织机构的相关模式；掌握前厅部主要岗位的工作职责要求以及前厅部环境设计的相关原则和方法。

典型案例

一张信用卡赢得客人的多次入住

某天中午，小王正在大厅服务，一位在前台登记入住的客人焦急的表情进入了小王的视线。原来这位姓谢的旅日华侨，刚刚从成都飞抵南京，发现自己的大莱卡遗失了，内有110万日元，而身上现金所剩无几。第二天下午5：00前必须赶到上海乘飞机回日本，焦虑万分。小王立刻上前安慰客人，并帮助他回忆最后一次用卡的时间。谢先生说在成都的某酒店结账时还在用，小王就询问谢先生是否知道酒店的电话号码，而他只知道酒店的名称，小王迅速地拿出手机通过金钥匙服务网络很快就查到了这家酒店的电话号码，于是，小王拨通了该酒店的大堂经理，得知客人将信用卡遗失在结账处，小王立即请成都这家酒店采用小王建议的方法用民航快递，在第二天搭乘最早的航班将信用卡直接邮寄给小王，并根据谢先生第二天要赶回日本的要求及时准确地安排了行程，帮助他订了去上海的火车票。第二天一早，小王亲自到机场取回了信用卡，在谢先生即将离店赶往火车站之际，将失而复得的信用卡交到他的手中。谢先生感激地说："如此高效率的金钥匙服务，真是无所不能，让我敬佩，来南京我只选择玄武酒店，还要推荐朋友来南京入住你们的酒店。"说着，拿出1 000元人民币作为小费给小王，被小王婉言谢绝："金钥匙不是无所不能，但会竭尽所能，在我们金钥匙的字典中找不到'不'字，为您所做的一切，只是我们每一位金钥匙的工作职责。"谢先生感激地紧紧握住我的手，一再表示感谢……

回到东京以后，谢先生将这件事告诉了他的朋友。一个月内，他和他朋友的公司的客人在玄武酒店开房达50多间/天，并和小王成了好朋友，也成为酒店的忠实客户。

案例分析：随着酒店业之间竞争的激烈以及消费者需求的提高，酒店需给宾客提供的不再是单纯的食宿服务及高档的设备设施，更重要的是良好的服务质量与独特的企业文化。酒店的一线服务人员应该以宾客需求为中心，注重与宾客有关的每一细节，不断洞悉宾客的心理需求，提高服务的预见性与针对性，从而通过个性化、感情化的服务为宾客创造一个良好的家外之家。本案例中，小王细心观察到了谢先生的焦虑，并积极有效地采取相应措施来解决客人遭遇的困难，通过这些真诚的服务不断感动、感染了谢先生，使谢先生产生了心灵上的共鸣，从而得到了谢先生的认可和感谢。

总之，服务的主体是人，服务的对象也是人，因而，作为酒店就需要以人为本，与时俱进，不断培养良好的服务员，从而不断提高宾客的满意度，最终培育消费者的忠诚度。

复习思考

一、填空题

1. 前厅部通常包括：预订处、________、________、收银处、________、商务中心、电话总机等岗位。

2. 前厅部的功能有：________、提供信息、协调对客服务、________、________、处理宾客账目、建立客史档案。

3. 前厅部主要机构均设置在酒店的________。

4. 前厅大堂的适宜温度夏季为________，冬季为________，湿度控制在________之间。

5. 前厅部的首要任务是________，________是酒店销售的主要产品，其营业收入一般要占酒店全部营业收入的________。

二、不定项选择题

1. 前厅部在酒店运行和管理中的地位和作用主要表现在（　　）。

A. 前厅部是酒店的营业窗口，反映酒店的整体服务质量

B. 前厅部是酒店建立良好宾客关系的主要部门

C. 前要部承担推销客房及其他服务的职责

D. 前厅部是酒店主要的营收部门，营业收入占40%～60%

2. 前厅部业务工作的特点（　　）。

A. 接触面广　　B. 业务复杂　　C. 专业要求高　　D. 人员结构简单

3. 以下哪些属于前厅部的服务项目？（　　）

A. 行李服务　　B. 问讯服务　　C. 邮件服务　　D. 留言服务

4. 前厅部机构设置的原则是（　　），合理组织，明确分工，配合协作。

A. 因事设岗　　B、因人设岗　　C. 因人设事　　D. 因陋就简

5. 前厅部组织机构设置可分为（　　）。

A. 大型饭店前厅部组织机构　　B. 小型饭店前厅部组织机构

C. 中型饭店前厅部组织机构　　D. 招待所前厅部组织机构

6. 前厅部总台设计的外观有（　　）。

A. 直线形　　B. 半圆形　　C. “L”形　　D. “∽”形

7. 下面属于客房预订主管/领班主要工作内容的有（　　）。

A. 考核下属员工的工作表现。

B. 检查、督导本部门员工出勤、仪容仪表、礼貌服务情况。

C. 检查、落实每日工作，督导员工服务。

D. 掌握各类预订信息，落实各类预订文件的处理、分发、归档。

8. 以下哪些属于前厅部员工必备的素质？（　　）

A. 员工必须具备良好的服务意识

B. 员工必须有良好的语言理解、表达能力

C. 员工必须有良好的仪态，言谈举止要得体

D. 员工必须机智灵活，具备较强的应变能力

9. 电话总机房设备可用于提供（　　）。

A. 叫醒服务　　B. 长途电话计费　　C. 结账　　D. 外币兑换

10. 酒店大堂设计装饰的类型有（　　）。

A. 古典式　　B. 庭院式　　C. 现代式　　D. 罗马式

三、简答题

1. 前厅部组织机构设置的原则有哪些？

2. 阐述一下前厅部在酒店经营管理中的地位和作用。
3. 前厅总台的设计需要注意哪些方面?

四、论述题

请举例说明不同类型酒店前厅部组织机构设置，并分析其利弊。

五、案例分析

五一黄金周的一天 19：40 左右，某家酒店的前厅部总机接到一位外地客人打来的电话，他是自己驾车携家人来新昌游玩，而且已在酒店订了房，但天色已黑，不知该如何行车才能到达酒店。总机服务员自认为对本城是最熟悉不过了，于是问清客人所在的位置后，给他指了一条最便捷的行车路线。

20 分钟后，这位客人打来第三个电话，说他们已经在东门大转盘了。这不是离酒店很近了吗？就算是步行，最多也就五分钟的路程，于是总机服务员不假思索地告诉客人：“绕过转盘上来 100 米左右，在国邦大酒店门口向左一拐就看见我们酒店了!”

“上来？上哪儿来？我面前有三四条路，小姐！我又不是本地人，你怎么分不清呢?”电话那头突然的呵斥声让总机服务员愣住了。两秒钟后她才反应过来，其实在那个转盘里立有一块酒店的方向指示牌，因为不是很大，客人可能没注意。于是总机服务员赶紧说了一声“对不起”后，提醒他注意立在转盘里面的指示牌。一经提示，客人马上就看到了指示牌，说了句“知道了”就挂了电话。

问题讨论：试分析案例中的客人为什么会发火？酒店人员应该如何服务才能避免案例中出现的问题?

第二章

客房预订服务

学习目标

1. 熟悉客房预订的渠道
2. 掌握客房预订的方式
3. 熟悉客房预订的种类
4. 熟悉和掌握客房预订的服务流程
5. 掌握客服预订的控制管理方法

主要知识点

1. 熟悉和掌握各种不同的客房预订方式
2. 掌握客房预订的控制管理方法

客房预订，是指客人或代理机构为住店客人在抵店前与酒店预订部门所达成的订约。酒店一般都在前厅部设有预订处或预订部，专门受理客房预订业务。客人通过预订可以保证自己的住房要求，而酒店则可以通过预订提前做好一切接待准备并提前占领客源市场、提高客房利用率，所以预订是酒店一项十分重要的业务。

第一节　客房预订相关知识

一、客房预订的渠道

（一）客房预订的直接渠道

客房预订的直接渠道是客人或客户不经过任何中间环节直接向酒店订房。客人通过直接渠道订房，酒店所耗成本相对较低，且能对订房过程进行直接有效的控制与管理。

直接渠道的订房大致有下列几类：

（1）客人本人或委托他人或委托接待单位直接向酒店预订客房；

（2）旅游团体或会议的组织者直接向酒店预订所需的客房；

（3）旅游中间商如旅游批发商，作为酒店的直接客户向酒店批量预订房间。

（二）客房预订的间接渠道

对酒店来说，总是希望将自己的产品和服务直接销售给消费者。但是由于人力、资金、时间等的限制，往往无法进行规模化的有效的销售活动。因而，酒店往往利用中间商与客源市场的联系及其影响力，利用其专业特长、经营规模等方面的优势，通过间接销售渠道，将酒店的产品和服务更广泛、更顺畅、更快速地销售给客人。

通过间接渠道的订房方式大致有下列几类：

（1）通过旅行社订房。旅行社是顾客及各类旅游产品之间的桥梁，也是酒店间接订房的主要方式。通过旅行社订房既有散客也有团体和会议客人。这种渠道订房的特点是房价低、订房时间集中、订房取消率高以及酒店要向旅行社支付佣金等。

（2）通过航空公司及其他交通运输公司订房。当航空公司预订员接到订房要求后，可通过网络转到酒店的预订系统中。酒店能否接受预订的信息立即转回航空公司预订员，保证及时给顾客答复。酒店也可以通过不同的方式与其他交通运输公司联手合作，开拓订房来源。

（3）通过专业的酒店订房代理商订房。专业的酒店订房代理商组织和招揽世界各地酒店加入其预订系统，并为有订房需求的客人或客户办理订房事宜。比如，我国各类旅游网站就推出这种酒店订房代理业务。

（4）通过会议及展览组织机构订房。频繁的国际、国内会议和展览是酒店重要的业务来源之一。专门承办会议和展览的专业机构和公司是酒店开展订房业务的一个重要渠道。这种渠道订房的特点是订房批量大，带来其他的业务量也大。酒店往往邀请承办商或组织者来店考察、面谈，并以签合同的方式接受或办理订房事宜。

目前，不论对单体酒店，还是连锁酒店或酒店联号，预订网络、航空运输部门所带来的客房预订数量在酒店客源中都占较大比重。如全球分销系统（Global Distribution System）和中心预订系统（Central Reservation System），将全球各主要航空公司、旅行代理商及连锁酒店、酒店联号的资源进行统一整合和调配，网络成员定期交纳一定数量的年费或按预订数量向网络支付佣金，以获得资源共享。

二、客房预订的方式

宾客采用何种方式进行预订，受其预订的紧急程度和宾客预订设备条件的制约。因此，客房预订的方式多种多样，各有其不同的特点。

通常，宾客采用的客房预订方式主要有下列几种。

（一）电话预订

宾客或其委托人使用电话进行预订。该方式较为普遍，其特点是迅速、简便，易于在宾客、预订员之间进行直接沟通，可使宾客根据酒店客房的实际情况，及时调整其预订要求，订到满意的客房。

电话订房有利于预订员详细了解宾客对房间种类、用房数量、房价、付款方式、抵离店时间及特殊服务等要求，并适时进行电话促销。在接到电话预订后，预订员应及时受理，绝不可让对方久等。电话铃一振响，应立即用左手拿起听筒，主动、热情地向宾客问好，说：“您好，××酒店预订部。”若铃声响过三次以上，则应向宾客致歉，说“让您久等了，对不起”；若对宾客所提预订要求不能及时进行答复，则应请对方留下电话号码，并确定再次通话的时间；若对宾客所提预订要求能够予以受理确认，则应做好及时完整的记录，并在通话结束前，重复其主要预订内容，以免出现差错，如说，“李先生，请允许重复您的预订要求。您订的是从 10 月 6 日到 10 月 9 日的一间商务套间，感谢您的来电，恭候您的光临”；若遇有外宾的姓名，则应请对方拼写姓名，复述时亦如此。由于电话的清晰度以及受话人的听力水平等的影响，电话预订容易出错，故应事先健全受理电话预订的程序及其相关标准，以确保预订的有效性。

操作示范

电话受理客房预订操作示范如表 2－1 所示。

表 2－1　电话受理客房预订

项目	工作标准	操作细则
电话受理客房预订	1. 按照酒店规范的电话用语，三声内接听电话	“您好，××酒店营销部，请问有什么可以帮您？”
	2. 仔细聆听客人的订房需求，并做适当记录	查看当日是否可以接受该预订
	3. 礼貌地了解客人姓氏，用客人姓氏称呼，确认客人的订房信息	“请问先生/女士您贵姓？” “××先生，请问您需预订哪天的什么房间呢？” “预订 9 月 9 日两间行政单人间，预计住三天，对吗？”
	4. 与客人再次核对上述内容，确认无误后及时将信息输入电脑，并将预订单存入预订栏	“××先生，请您稍等。”迅速查询客人预订日期的可用房情况
	5. 若可以接受预订，向客人通报房价，并适时地进行酒店销售，若不能接受预订，应向客人致歉，并主动提供帮助	“对不起，××先生，让您久等了。您预订的行政单人间酒店门市价是××元，酒店房价现在实行优惠促销，房价是××元，已经包含了服务费，同时每日赠西式自助早餐。” “对不起××先生，让您久等了。由于我们酒店 9 月 9 日行政单人间的预订已满，你是否可以考虑预订我们酒店的其他房间呢？可供您选择的还有行政套房和标准房等房间，同样可以给您促销折扣房价。” “非常遗憾，××先生，如果您需要，可以留下您的联系电话，以便我们帮您联系本地的其他酒店。”
	6. 在确认可受理预订后，向客人详细了解预订信息，并做好预订记录	“××先生，请问可以告诉我您的全名吗？好的，××先生，请问 9 月 9 日您的抵店时间是什么时候呢？您在我们酒店有没有公司合约呢？请问您的公司名是什么呢？××先生，您是否可以方便留给我们一个联系电话呢？顺便问一下，您需要酒店安排接机服务吗？请问一共有几位客人呢？我们可供接机的车型有奥迪、丰田、捷达车，接机的费用为 100 元。可以告诉我您的航班号码吗？好的，谢谢您××先生！”
	7. 在报价之后，要询问客人的付款方式，以及是否做担保预订	“××先生，请问您需要为房间做担保预订吗？担保预订的房间可为您保留至 9 月 10 日中午 12：00，但是如果您不来入住的话，酒店将会收取您第一晚的房费，如果您不需要担保，房间只为您保留到 9 日 18：00。好的，前台现付。”

续表

项目	工作标准	操作细则
电话受理客房预订	8. 重复客人的预订要求	“我重复一遍您的预订信息，××先生，您预订了我们酒店行政单人间两间预计住三天，9月9日入住，9月12日退房，房价为酒店优惠促销价，每天每间××元（房价是贵公司合约价格，每天每间××元），预计抵达酒店的时间是18：00，接机的车型是丰田，费用100元，航班号码是CZ3358，一共两位客人。付款方式是前台现付，请××先生确认我刚才重复的预订信息有没有需要修改的。”
	9. 向客人致谢，结束预订电话	“谢谢您，××先生。您的预订如果需要更改请提前与我们联系，房间将为您预留。还有什么可以帮您的吗？谢谢您的来电，再见！”
	10. 整理客人的预订	将客人的所有预订信息详细填写在《客房预订单》上，将预订信息交予前台，输入电脑系统
	11. 将预订信息传达给相关部门	知会当值礼宾司安排接机服务

（二）口头预订/面谈

宾客或其委托人直接来到酒店，与预订员面对面地洽谈预订事宜。其特点是让预订员有机会更详尽了解宾客的需求，并可当面回答宾客提出的任何问题，同时还能视宾客的神态、表情等，洞察其心理活动，有针对性地采取相应的推销技巧进行适时销售。受理此方式时，应注意避免向宾客做具体房号的承诺，否则，因情况变化而失信于宾客，会影响服务信誉。若宾客不能确定逗留的具体天数，也应设法说出最多和最少天数，以利于前厅排房；若宾客不能讲具体抵达时间，在用房紧张时期，可明确提醒宾客：预订的客房保留到抵店当天的18：00。

操作示范

前台受理客房预订操作示范如表2-2所示。

表2-2 前台受理客房预订

项目	工作标准	操作细则
前台受理客房预订	1. 了解客人需求	与客人保持目光接触，仔细聆听客人的需求，并适当地做记录
	2. 礼貌地了解客人姓氏，用客人姓氏称呼，确认客人的订房信息	“请问先生/小姐，您贵姓？” “××先生，请问需要预订哪天的什么房间呢？” “我们酒店有行政豪华套房、豪华套房、行政客房和标准客房，门市价分别是××元、××元、××元和××元，酒店房价现在实行优惠促销，您需要预订哪种房间呢？”
	3. 根据客人的订房要求确认是否可以接受预订	“××先生，请您稍等。” 迅速查询客人预订日期的可用房情况

续表

项目	工作标准	操作细则
前台受理客房预订	4. 若可以接受预订，向客人通报房价，并适时地进行酒店销售，若不能接受预订，应向客人致歉，并主动提供帮助	“对不起，××先生，让您久等了。您预订的行政单人间酒店门市价是××元，酒店房价现在实行优惠促销，房价是××元，已经包含了服务费，同时每日赠送西式自助早餐。” “对不起，××先生，让您久等了。由于我们酒店9月9日豪华单人间的预订已满，您是否可以考虑预订我们酒店的其他房间呢？可供您选择的还有行政豪华套房、豪华套房和标准房等房间，同样可以给您促销折扣房价，留下您的联系电话，以便我们帮您联系本地的其他酒店。”
	5. 在确认可受理预订后，向客人详细了解预订信息，并做好预订记录	“××先生，请问您可以告诉我您的全名吗？好的，××先生，请问9月9日您的抵店时间是什么时候呢？您在我们酒店有没有公司合约呢？请问您的公司名是什么呢？××先生，您是否可以方便留给我们一个联系电话呢？顺便问一下，您需要酒店安排接机服务吗？请问一共有几位客人呢？我们可供接机的车型有奥迪、丰田、捷达车，接机的费用为100元。可以告诉我您的航班号码吗？好的，谢谢您，××先生!”
	6. 重复客人的预订要求	“我重复一遍您的预订信息好吧，××先生，您预订了我们酒店行政单人间两间预订住三天，9月9日入住，9月12日退房，房价为酒店优惠促销价，每天每间××元（房价是贵公司合约价格，每天每间××元），预计抵达酒店的时间是晚上9点钟，接机的车型是丰田，费用100元，航班号码是CZ3358，一共两位客人。请××先生确认我刚才重复的预订信息有没有需要修改的。”
	7. 向客人致谢，结束预订电话	“谢谢您的电话，××先生。您的预订如果需要更改请提前与我们联系，房间将为您预留。还有什么可以帮您的吗？谢谢您的来电，再见!”
	8. 整理客人的预订信息	将客人的所有预订信息详细填写在《客房预订单》上，将预订信息输入电脑系统
	9. 将预订信息传达给相关部门	知会销售预订部，做预订计划。知会当值礼宾司安排接机服务

（三）传真预订

传真预订是当今酒店与宾客进行预订联系的最理想的通信手段之一。其特点是传递迅速，即发即收，内容详尽，并可传递宾客的真迹，如签名、印鉴等。此方式可将宾客的预订资料原封不动地保存，不易出现预订纠纷。

（四）信函预订

信函预订是宾客或其委托人在离预期抵店日期尚有较多时间的情况下采取的一种传统而正式的预计方式。此方式较正规，如同一份合约，对宾客和酒店起到一定的约束作用。在受理此方式预订时，应注意做到以下几点：

（1）及时回复。越早让宾客收到回信，越能赢得宾客的好感，对宾客的住宿选择影响也最大。多数酒店规定了24小时内需寄出回复信，并使用打时机或时间戳来控制回信速度。

（2）避免给宾客留下公函式信件的印象。回复信应使收件人感到信件是专门为他所写的，是一封私人信函。如预订员不能用“Dear Sir”作为信头称谓，而应正确使用宾客的头衔与称呼，并准确拼写其姓名。

（3）回复信的格式必须正确，注意中英文书信格式的差异。

（4）回复信的内容明确、简洁且有条理。对宾客来信中所提的要求，一定要给予具体的答复，即使是不能应允或不能满足的要求，也须婉转地表示歉意，做到谦恭有礼，避免含糊不清，最好使用书面语。

（5）回复信的地址、日期要完整、准确。

（6）注意信纸、信封的质量，邮票的选择及复信者的亲笔签名。

（五）互联网预订

通过互联网进行预订（见图2－1）是目前最先进的预订方式。该方式不仅方便预订宾客，而且可提高预订工作效率，能广泛争取客源。同时，还能及时处理和更新预订信息。随着互联网的推广使用，越来越多的宾客开始采用这种方便、快捷、先进而又廉价的方式进行预订。因此，酒店也越来越注重其网站主页的设计，以增强对宾客的吸引力。

图2－1　艺龙网酒店预订系统

三、客房预订的种类

（一）临时性预订（Advanced Reservation）

临时性预订是指宾客在即将抵达酒店前很短的时间内或在到达的当天联系预订。酒店一般没有足够的时间给宾客以书面确认，均予以口头确认，如“……李先生，确认您10月6日至10月9日预订一间商务套间，恭候您的光临……”当天在临时性预订通常由前厅接待员受理。受理时，应注意弄清宾客的抵店时间或所乘航班、车次，并提醒宾客，所订客房将保留至当天的18：00（取消预订时限），以免在用房紧张时引起不必要的纠纷。

（二）确认性预订（Confirmed Reservation）

确认性预订是指酒店答应为预订的宾客保留房间至某一事先声明的规定时间，但如到了这一规定时间，宾客仍未抵店，也无任何声明，则在用房紧张时期，酒店可将所保留的客房出租给Waiting-list（等候名单）上的宾客或其他有需要的宾客。通常确认性预订的方式有两种，即：口头确认和书面确认。两者相比，书面确认有下列特点：

（1）再次给予宾客机会，证实其预订要求已被酒店接受。

（2）以书面形式约束了双方的关系。

（3）有关宾客的个人资料（如姓名、地址等）得到了证实，故向他们收取欠款的风险比较小。绝大多数酒店给持有确认书的宾客享用较高的信用限额（House Limit）和一次性结账服务。

（三）保证性预订（Guaranteed Reservation）

保证性预订是指宾客保证前来住宿，否则将承担经济责任，酒店则必须在任何情况下都保证落实的预订，一般保留客房至抵店日期的次日退房结账时间（Cheek-out Time）。此类预订不仅保护了宾客，使其免受超额预订的影响，而且也确保了酒店在预订宾客不抵店入住的情况下仍有客房收益。保证性预订又可细分以下三种形式：

1. 预付款担保

预付款担保是指宾客通过交纳预付款（一般为所订客房的一夜房费）而获得酒店的预订保证。若宾客预付了一天以上的房租，但届时未取消预订而又不抵店入住，则酒店仍只收取一天房租，将余款退还宾客，同时取消后几天的预订；若宾客在临近抵店日期时预订，酒店没有足够时间收取预付款，则可让宾客使用信用卡作担保，进行预订。

2. 信用卡担保

信用卡担保是指宾客使用信用卡来担保所预订的酒店客房。即使宾客届时既未取消预订，又不登记入住，酒店仍可通过发卡公司收取宾客一夜的房租，以弥补酒店的损失。例如，根据“美国运通公司”的“预订担保计划”，运通卡的持有者若要预订，则可打电话向酒店提出预订要求，并告诉酒店自己的姓名和信用卡号码，说明由美国运通卡担保预订即可。为此，酒店须为宾客保留所订客房至次日的退房结账时间（Check-out Time），如宾客届时未到，又未通知取消预订，则酒店可依据宾客签寄的信用卡号码、姓名以及酒店的“担保预订—预订但未入住（No-show）记录”，向美国运通公司收取一夜的房费。

3. 合同担保

合同担保是指酒店同经常使用设施的客户单位签订合同以担保预订。合同内容主要包括签约单位的账号、地址以及同意为因失约而未使用的订房承担付款责任的说明。同时，合同还应规定通知酒店取消的最后期限，如签约单位未能在规定的期限通知取消，酒店则可以向对方收取房租等条款。

对于保证性预订，酒店无论如何都应保证只要宾客一抵达，酒店就为其提供所订房间或代找一间条件相仿的房间。若属后一种情况，酒店则应代付第一夜房费及交通费等其他附带费用，这就是所谓的酒店业中的“第一夜免费制度”。

第二节　客房预订的服务流程

一、接受预订

订房员接受客人预订时，首先要查阅预订控制簿或电脑系统，了解酒店房态现状。如有空房，则立即填写“预订单”。该表通常印有客人姓名、抵离店日期及时间、房间类型、价格、结算方式以及餐食标准、种类等多项内容。

二、确认预订

预订员在接到客人的预订要求后，要立即将客人的预订要求与酒店未来时期客房的利用情况对照，决定是否能够接受客人的预订，如果可以接受，就确认客人的预订。

确认预订的方式通常有两种，即口头确认（包括电话确认）和书面确认。如果条件允许，酒店一般应采用书面确认的方式，向客人寄发确认函。

三、拒绝预订

如果酒店无法接受客人的预订，就对预订加以婉拒。婉拒预订时不能因为未能符合客人的最初要求而终止服务，而应该主动提出一系列可供客人选择的建议。总之，用建议代替简单的拒绝是很重要的，它不但可以促进酒店客房的销售，而且可以在顾客中树立酒店良好的形象。

四、核对预订

为了提高预订的准确性和酒店的开房率，并做好接待准备，在客人到店前（尤其是在旅游旺季），预订人员要通过书信或电话等方式与客人进行多次核对（即再确认），问清客人是否能够如期抵店，住宿人数、时间和要求等是否有变化等。

在客人入住前应三次核对该项预订。

第一次核对是在客人进店前一个月（有些酒店是要求半个月）进行，预订员用传真或电话直接与订房人联系，核实预订人数、房间类型、入住和离店时间、航班号等。如有变更，要在电脑中和档案中将信息更改过来。

第二次核对可安排在客人进店前一周进行。对没有明确的抵达时间和航班预订，要尽快致电询问；检查第一次核对过的预订内容是否已齐全；查看是否可以给“等待”预订转正；检查所有的重要客人和有特殊要求的预订是否已锁好房间。

第三次核对在客人进店前一天进行。在前两次核对的基础上，进行如下核对工作：

（1）挑出所有的未保证预订，主动联系客户，确认客人的名字、房间数、人数、客房种类、价格、抵离店时间、抵达航班、付款方式等内容，使每个预订清楚、准确、完整、可靠。

（2）核对所有的来往函电与预订单内容是否一致，避免客人入住登记时提出疑问。

（3）再一次检查重要客人和有特殊要求的客人房间。

（4）团队预订的核对工作要进行三次以上，要核对团队的房间数、人数、抵离日期、是否如期收到住房名单、是否按协议支付房费等内容。

五、预订资料的记录储存

当预订确认书发出后，预订资料必须及时、正确地予以记录和储存，以防疏漏。预订资料一般包括客房预订单、确认书、预付订金收据、预订变更单、预订取消单、客史档案卡及宾客原始预订凭证等。有关同一宾客的预订资料装订在一起，将最新的资料存放在最上面，依次顺推，利于查阅。预订资料的记录储存可采用下列两种方式：

（1）按宾客所订抵店日期顺序储存。按照宾客所预订的抵店日期顺序，将预订单归档储存，以便随时掌握未来每天的宾客抵店情况。通常，将预订资料放在一个大的卡片箱或抽屉里。

（2）按宾客姓氏字母顺序储存。按照宾客姓氏第一个字母的顺序，将预订单归档储存，以便随时查找出宾客的预订资料。同时，前厅部问讯处和电话总机也可通过宾客姓氏字母顺序快捷有效地查找相关资料。

六、预订的取消

由于各种缘故，客人可能在预订抵店之前取消订房（Cancellation）。接受订房的取消时，不能在电话里表露出不愉快，而应使客人明白，他今后随时都可光临酒店，并受到欢迎。正确处理订房的取消，对于酒店巩固自己的客源市场具有重要意义。在国外，取消订房的客人中有90%以后还会来预订。

小贴士

取消预订的处理程序与标准（见表2-3）。

表2-3　取消预订的处理程序与标准

程序	标准
1. 接到预订信息	询问要求取消预订客人的姓名、到达日期和离店日期
2. 确认取消预订	①记录取消预订代理人的姓名及联系电话； ②提供取消预订号
3. 处理取消预订	①感谢预订人将取消要求及时通知酒店； ②询问客人是否要做下一个阶段的预订； ③将取消预订的信息输入计算机
4. 存档	①查询原始预订单； ②将取消预订单放置在原始预订单之上，钉在一起； ③按日期将取消单放置在档案夹最后一页

七、预订的变更

预订的变更（Amendment）是指客人在抵达之前临时改变预计的日期、人数、要求、期限、姓名和交通工具等。

小贴士

变更预订的处理程序与标准（见表2-4）。

表2-4　变更预订的处理程序与标准

程序	标准
1. 接到客人更改预订的信息	①询问要求，更改预订客人的姓名及原始到达日期和离店日期； ②询问客人需要更改的日期

续表

程序	标准
2. 确认更改预订	①在确认新的日期之前，先要查询客房出租情况； ②在有空房的情况下，可以为客人确认更改预订，并填写预订单； ③需要记录更改预订的代理人姓名及联系电话
3. 存档	①将原始预订单找出； ②将更改的预订单放置在上面钉在一起； ③按日期、客人姓名存档
4. 未确认预订的处理	①如果客人需要更改日期，而酒店客房已订满，应及时向客人解释； ②告知客人预订暂放在等候名单里； ③如果酒店有空房时，及时与客人联系
5. 更改预订完成	①感谢客人及时通知； ②感谢客人的理解与支持（未确认时）

小贴士

预订服务质量要求

(1) 要求员工上岗时仪容端庄、仪表整洁，按要求着装，工作服必须整洁、挺括，保持饱满的工作精神和工作状态。

(2) 接受客人电话、书信、电报、电传、网络、面谈等各种形式的订房要求；除了受理预订，还要做好修改预订、取消预订或婉拒预订等预订服务工作。

(3) 掌握客房周转情况，随时更新客房房态，合理高效而又巧妙地推销酒店客房，尽可能地接受客人的订房要求。

(4) 耐心对待每一位客人，不厌其烦地向每一位订房客人介绍酒店的客房，回答客人的问题，争取将客房出租率维持在一个较高水准上。

(5) 严格按照预订服务规程办事，填好预订房表和各类业务报表，定时核对电脑信息，保证信息的实效性。并且能够对酒店的客房出租与预订工作提出合理科学的建议，坚持高效优质的服务。

(6) 保持预订处的环境整洁及各种预订用具的完好有效。

第三节　客房预订的控制管理

一、超额预订

客人预订客房，并非所有客人都能按时如约到达，因为客人的预订不可能都是保证类预订，有一小部分订房者因为各种原因不能按期抵达或临时取消，使酒店出现空房，造成一定损失。酒店为追求较高出租率，争取获得最理想的经济效益，有可能并有必要实施有效的超额预订。

超额预订是指酒店在预订已满的情况下，再适度增加预订的数量，以弥补少数宾客临时取消预订而出现的客房闲置，其目的是充分利用酒店客房，提高开房率。

（一）超额预订数量的确定

做好超额预订的关键在于掌握有效的超额预订数量和幅度，避免或最大限度地降低因失误而造成的麻烦。按国际酒店的管理经验，超额预订的百分比可控制在5%～20%，超额预订的决策不仅依据管理者的个人经验，而且应来自对市场的预测以及对客情的正确分析。通常，实施超额预订时应考虑下列因素：

（1）掌握团体订房和散客订房的比例；

（2）掌握预订类别之间的比例；

（3）根据订房资料及经验统计各类客人比例。

下面是超额预订房的计算公式，为合理掌握超额预订的数量和幅度提供了依据。

公式：$G = Q \cdot r - D \cdot f$

G为超额预订量；Q为客房预订量；r为临时取消百分比；D为预计离店后空房数；f为延期住宿率。

例如：某酒店有客房500间，根据资料统计分析，5月15日预计客人离店后有空房200间，因进入旅游旺季，申请预订的用房数为480间。另外，据前台预订历史资料分析，酒店在旺季延期住宿率为6%，临时取消率为10%，求预订处在5月15日可超额预订房多少间？超额订房率是多少？

解：超额预订量 $G = Q \cdot r - D \cdot f$ = 480（间）×10% －200（间）×6% =36（间）

超额订房率 =（超额订房量/可供房数）×100% =36（间）/500（间）×100% =7.2%

（二）超额预订的处理

如果因超额预订而不能使客人入住，按照国际惯例，酒店方面应该做到：

（1）诚恳地向客人道歉，请求家人谅解。

（2）立即与另一家相同等级的酒店联系，请求援助。同时，派车将客人免费送往这家酒店。

（3）如属连住，则店内一有空房，在客人愿意的情况下，再把客人接回来，并对其表示欢迎（可由大堂副理出面迎接，或在客房内摆放花束等）。

（4）对提供了援助的酒店表示感谢。

如客人属于保证类预订，则除了采取以上措施以外，还应视具体情况，为客人提供以下帮助：支付其在其他酒店住宿期间的第一夜房费，或客人搬回酒店后可享受一天免费房的待遇；免费为客人提供一次长途电话费或传真费，以便客人能够将临时改变地址的情况通知有关方面；次日排房时，首先考虑此类客人的用房安排；大堂副理应在大堂迎候客人，并陪同客人办理入住手续。

二、客房预订失约行为及其处理

（一）预订失约行为产生的原因

一般而言，导致客房预订失约行为的常见原因主要有以下方面：

（1）未能准确掌握可售房的数量。

（2）预订过程中出现差错。

（3）未能真正领会宾客的预订要求。

（4）部际沟通协调不畅。

（5）预订员对销售政策缺乏了解。

（6）未能精确统计信息数据及实施超额预订过“度”。

（二）预订失约行为的处理与控制

1. 失约行为的处理

（1）诚恳解释原因并致歉意，请求宾客谅解。

（2）立即与其他同等级的酒店联系，请求援助。

（3）免费提供交通工具和第一夜房费。

（4）免费提供1～2次的长话费或传真费，以使宾客能将临时改变住处的信息告之有关方面。

（5）临时保留宾客的有关信息，便于为宾客提供邮件及查询服务。

（6）征得宾客同意，并做好搬回酒店时的接待工作。

（7）向预订委托人致歉。

（8）向提供援助的酒店致谢。

2. 控制的方法

（1）完善预订各项政策，健全预订程序及其标准。

（2）加强与预订中心、预订代理处的沟通。

（3）建立与接待处等沟通的制度。

（4）注重培训、督导预订员，加强其责任心，提高其预订业务素质。

（5）由专人负责将预订信息按要求输入计算机或标注客房预订汇总表。

（6）注意预订细节。

（7）加强预订工作的检查，避免出现差错、遗漏。

（8）合理配置部门人力资源，做到人尽其用。

本章实训任务

本章实训任务如表2-5、表2-6所示。

实训任务一：

表2-5 熟悉和掌握各种不同的客房预订方式

实训项目	熟悉和掌握客房的预订方式
实训要求	通过了解和熟悉客房预订的渠道，掌握客房的电话预订、口头预订、传真预订等不同客房预订的方式
实训地点	教室或模拟酒店实训室
实训材料	多媒体等
实训内容与步骤	一、实训准备 学生分三组，每组由宾客和酒店预订人员两种角色组成。 二、实训开始 1. 一组模拟电话预订客房； 2. 一组模拟口头预订客房； 3. 一组模拟传真预订客房。 三、实训考核、点评 指导老师点评、小组互评，总结任务要点。指出和纠正实训过程中存在的不足，并强化学生在处理客房预订过程中的技巧和接待标准

实训任务二：

表 2-6　掌握客房预订的控制管理方法

实训项目	熟悉和掌握客房预订的控制管理方法
实训要求	通过了解和熟悉超额预订的内涵，掌握超额预订的方法，预订取消的流程
实训地点	教室或模拟酒店实训室
实训材料	多媒体等
实训内容与步骤	一、实训准备 学生分三组，每组由宾客和酒店预订人员两种角色组成。 二、实训开始 1. 一组模拟超额预订的数量计算； 2. 一组模拟超额预订导致酒店违约，酒店应对客人投诉的流程； 3. 一组模拟客房取消预订的流程。 三、实训考核、点评 指导老师点评、小组互评，总结任务要点。指出和纠正实训过程中存在的不足，并强化学生掌握处理客房超额预订的计算以及因超额预订导致酒店违约的处理方法

知识归纳

销售客房是酒店的主要业务之一，也是酒店最为重要的盈利项目，前厅的客房预订和接待将对酒店客房的销售产生非常重要的影响，本章便重点介绍了客房预订的相关服务知识。

通过本章的学习，使学生了解和熟悉客房预订的渠道以及掌握不同客房预订方法的接待标准和服务规范。同时，针对不同类型的客房预订，作为前台接待人员要掌握相应的客房预订控制管理，及时有效地应对客房违约等特殊问题，从而保障酒店的营业利润，以及维护宾客的合理权益。

典型案例

会议室涨价了

10 月 5 日，酒店决定开业后，会议室由康乐部经理承包经营，康乐部经理决定把该类会议室租金涨至 2 000 元/间半天。小王按前厅部经理房价可打 8 折 800 × 0.8 × 12 = 7 680 元，80 元零可抹掉这样计算，会议室租金虽涨至 2 000 元间/半天，但客房打折后抹零，总额不变，因此就未与客人联系，也未报告前厅部经理。11 月 8 日，酒店试营业后，客房平均出租率高达 75% 以上，特别是 11 月中旬以后，出租率高达 85%，房价虽未上涨，但酒店通常不再打折，而康乐部经理又决定 25 人用的会议室涨至 2 500 元/间半天，因为小王无法向客人交代，只好找到前厅部经理，请示给该团体打折，用于补贴会议室租金再次上涨后造成的差价。而前厅部经理的回答是现在生意很好，这么个小团，又不一定回头，他们接受会议室涨价最好，不接受就算了，房价打 8 折已经够多了。

案例分析：在这种情况下，小周应该如何处理酒店与预订客人的关系呢？小周可以采取的方法有：

（1）按前厅部经理的指示，把酒店涨价的原因和事实告诉客人，客人或者接受涨价，或者接受小周的道歉，另找酒店。

（2）内部设法解决，如酒店的餐厅包厢非用餐空着，可以用来开会，租金会比会议室低。

（3）劝客人接受酒店的价格，并向客人提供自己职权范围内的其他优惠措施。如房间升级、提供免费早餐、赠送酒店歌舞厅免费门票等，保证将来尽量提供优惠。

复习思考

一、填空题

1. 预订的渠道可以分为________ 和________，通过酒店所加入的预订网络订房属于________。

2. 预订的种类有________、________、________，其中给予口头确认的是________。

3. 通过________进行预订是目前最先进的预定方式。

4. 保证性预订可分为________担保、________担保、________担保。

5. 按照国际饭店的管理经验，超额预订的百分比可控制在________。

二、不定项选择题

1. 在客房预订中，最为有效的应是（　　）。

A. 保证类预订　　B. 确认类预订　　C. 临时性预订　　D. 等待类预订

2. 按照国际惯例，饭店对客人预订的客房保留至其抵达当天的（　　）时。

A. 19：00　　B. 18：00　　C. 20：00　　D. 12：00

3. 一般不作为预订客房的担保方法有（　　）。

A. 信用卡　　B. 实物担保　　C. 预付订金　　D. 订立商业合同

4. 宾客采用的客房预订方式主要有（　　）。

A. 电话预订　　B. 口头预订　　C. 互联网预订　　D. 传真预订

5. 一般情况下，饭店为保证类客人保留客房至预订抵达的（　　）。

A. 次日中午 12：00　　B. 次日上午 8：00

C. 当晚 12：00　　D. 次日下午 2：00

6. 对于信函预订，要求在（　　）小时内予以书面回复。

A. 12　　B. 24　　C. 36　　D. 48

7. 通过间接渠道的订房方式大致有（　　）。

A. 通过旅行社订房　　B. 通过航空公司及其他交通运输公司订房

C. 通过专业的酒店订房代理商订房　　D. 通过会议及展览组织机构订房

8. 直接渠道的订房大致有（　　）。

A. 客人本人或委托他人或委托接待单位直接向酒店预订客房

B. 旅游团体或会议的组织者直接向酒店预订所需的客房

C. 通过专业的酒店订房代理商订房

D. 旅游中间商如旅游批发商，作为酒店的直接客户向酒店批量预订房间

三、简答题

1. 接受信函预订时接待人员应注意哪些方面?
2. 如果因超额预订而不能使客人入住，酒店应采取的措施有哪些?
3. 预订失约行为产生的原因有哪些?

四、论述题

阐述一下酒店针对客房预订失约行为的处理与控制方法。

五、案例分析

预订缩水了?

某日，一位英国客人詹姆斯先生委托本地旅行社订房入住某大酒店，要一个标准间预住两天。但在总台办理入住手续时，接待员告诉詹姆斯先生，他的预订只有 1 天。现在又正值旅游旺季，第二天的标准间难以安排。詹姆斯先生听后很生气，强调自己让本地接待单位在为他订房时是明确要住两天的，订房差错的责任肯定在酒店。因此，接待员与客人在总台造成了僵持的场面。

案例讨论：接待员该如何妥善处理此事？分析造成詹姆斯先生生气的原因。

第三章

礼宾服务

学习目标

1. 了解和熟悉礼宾部的相关岗位的工作职责
2. 熟悉和掌握迎宾服务规范
3. 熟悉和掌握入住接待服务规范
4. 熟悉和掌握行李寄存服务规范
5. 熟悉和掌握客人换房、转递物品、离店行李等其他服务规范

主要知识点

1. 掌握入住接待服务流程和规范
2. 掌握行李寄存服务流程和规范
3. 掌握离店行李服务流程和规范

礼宾部是一间设备完善的酒店不可或缺的一个部门，这个部门隶属前厅部，亦为房务部的一部分。礼宾人员通常是宾客第一时间面对面接触的酒店人员，在礼宾部工作的都属于前线人员，而他们经常作为酒店与外界互动的沟通桥梁。

第一节　礼宾服务概述

礼宾部的人员多负责迎送宾客、搬运行李以及处理委托代办事宜等工作。在一家规模很大的酒店，礼宾部应该二十四小时都有值班、年中无休，而在一般酒店，晚上前台的工作人员则可能要替代行李员的工作。礼宾部会向客人提供一系列服务，而其他的部门可能无法提供。虽然它不直接带来收入，但经过礼宾部员工的服务，比如通过行李员的介绍，客人可能会购买或使用酒店的其他服务或设施，从而间接地带来收入。

一、"金钥匙"

"金钥匙"是一种"委托代办"（Concierge）的服务概念。"Concierge"一词最早起源于法国，指古代酒店的守门人，负责迎来送往和保管酒店的钥匙，但随着酒店业的发展，其工作范围在不断扩大，在现代酒店业中，Concierge 已成为客人提供全方位"一条龙"服务的

岗位，只要不违反道德和法律，任何事情 Concierge 都尽力办到，以满足客人的要求。其代表人物就是他们的首领“金钥匙”，他们见多识广、经验丰富、谦虚热情、彬彬有礼、善解人意。图 3－1、图 3－2 分别为国际酒店金钥匙会徽、中国金钥匙会徽。

图 3－1 国际酒店金钥匙会徽

图 3－2 中国金钥匙会徽

“金钥匙”通常身着燕尾服，上面别着十分形金钥匙，这是委托办的国际组织—“国际酒店金钥匙组织联合会”会员的标志，它象征着“Concierge”就如同万能的“金钥匙”一般，可以为客人解决一切难题。“金钥匙”尽管不是无所不能，但一定要做到竭尽所能。这就是“金钥匙”的服务哲学。

金钥匙通常是酒店礼宾司（行李部）主管，其岗位职责主要有：

（1）全方位满足住店客人提出的特殊要求，并提供多种服务，如行李服务、安排钟点医务服务、托婴服务、沙龙约会、推荐特色餐馆、导游、导购等，客人有求必应。

（2）协助大堂副理处理酒店各类投诉。

（3）保持个人的职业形象，以大方得体的仪表、亲切自然的言谈举止迎送抵、离酒店的每一位宾客。

（4）检查大厅及其他公共活动区域。

（5）协同保安部对行为不轨的客人进行调查。

（6）对行李员工作活动进行管理和控制，并做好有关记录。

（7）将上级命令、所有重要事件或事情记在行李员、门童交接班本上，每日早晨呈交前厅经理，以便查询。

（8）控制酒店门前的车辆活动。

（9）对受前厅部经理委派的行李员进行指导和训练。

（10）在客人登记注册时，指导每个行李员帮助客人。

（11）与团队协调关系，使团队行李顺利运送。

（12）确保行李房和酒店前厅的卫生清洁。

（13）保证大门外、门内、大厅三个岗位有人值班。

（14）随时检查行李车、行李存放架、轮椅等设施，保证行李部服务设备运转正常。

小贴士

“金钥匙”的素质要求

“金钥匙”是以其先进的服务理念、真诚的服务思想，通过其广泛的社会联系和高超的服务技巧，为客人解决各种各样的问题，创造酒店服务的奇迹。因此，“金钥匙”必须具备很高的素质。

（1）熟练掌握本职工作的操作流程。

（2）通晓多种语言。

（3）掌握中英文书写、电脑文字处理等技能。

（4）掌握所在宾馆的详细信息资料，包括酒店历史、服务设施、服务价格等。

（5）熟悉本地区三星级以上酒店的基本情况，包括地点、主要服务设施、特色和价格等信息。

（6）熟悉本地区主要旅游景点，包括地点、特色、服务时间、业务范围和联系人。

（7）掌握一定数量的本地区高、中、低档的餐厅、娱乐场所、酒吧的信息资料，包括地点、特色、服务时间、价格水平、联系人等。按照中国酒店金钥匙组织会员入会考核标准，申请者必须掌握酒店所处城市高、中、低档的餐厅各5个，娱乐场所、酒吧5个（小城市3个）。

（8）能帮助客人购买各种交通票据，了解售票处的服务时间、业务范围和联系人等。

（9）能帮助客人安排市内旅游，掌握其线路、花费时间、价格、联系人等。

（10）能帮助客人修补物品，包括手表、眼镜、小电器、行李箱、鞋等，掌握这些维修处的地点和服务时间。

（11）能帮助客人邮寄信件、包裹、快件，懂得邮寄事项的要求和手续。

（12）熟悉本地区的交通情况，掌握从本酒店到车站、机场、码头、旅游点、主要商业街的路线、路程和出租车价格（大约数）。

（13）能帮助外籍客人解决办理签证延期等问题，掌握有关单位的地点、工作时间、联系电话和办理手续。

（14）能帮助客人查找航班托运行李的去向，掌握相关部门的联系电话和领取行李的手续等。

二、礼宾部领班

礼宾部领班的直接上级是大堂副理。

1. 岗位职责

礼宾部领班的主要岗位职责如下：

（1）向前厅部经理负责，以身作则，保证礼宾部全体员工能认真执行酒店各项规章制度。

（2）负责大堂服务台和礼宾部一切对客服务活动，最大限度地为客人提供满意的服务，确保大堂服务工作的正常运转。

（3）积极引导员工发扬团队精神，为达到酒店营业目标而努力。

（4）调查并处理涉及礼宾部的投诉。

（5）与出租车队保持密切联系，确保优质服务。

（6）督导门童、行李员仪容仪表、行为举止、服务用语等方面符合酒店要求。

（7）按计划对礼宾部员工做好业务技能及英语的培训。

（8）确保客人的邮件、报刊传递准确及时。

（9）合理安排员工班次及调休、加班。

（10）定期检修礼宾部设施设备，保持完好工作状态。

（11）主持、召开分部门会议。

（12）加强与其他分部的沟通，确保礼宾部在完成进出酒店客人行李运输服务的同时，配合有关分部工作。

（13）定期整理行李房寄存行李和转交物品。

（14）及时搜集全市餐饮、购物、娱乐的最新信息。

（15）完成部门经理交办的其他任务。

2. 工作内容

礼宾部领班的日常工作主要有：

（1）提前 15 分钟到岗，签到并了解酒店客情、会议情况。

（2）根据当日客情合理安排人手，并安排好员工的用餐时间。

（3）在客人进出酒店和 VIP 抵离期间现场督导检查工作，确保质量，发现问题及时处理。

（4）制订新员工培训计划，并跟踪落实。

（5）如有岗位缺员应及时顶岗，保证岗位人员充足。

（6）雨天时及时放置雨伞架并填补雨伞套。

（7）参加部门经理召开的会议，并及时传达会议精神。

（8）检查员工出勤、签到、仪容仪表、礼貌服务等情况，发现问题及时纠正。

（9）检查交接班跟进事项的落实情况。

（10）部门主管不在时负责主管工作。

（11）检查各班次工作记录和卫生情况。

（12）检查当日 VIP 客人及大型接待有关礼宾部的工作、人员安排及落实情况。

（13）检查行李寄存、物品转交、信件传递等工作记录，确保清楚无遗漏。

（14）检查行李员、门童各项卡片及工作记录的填写情况。

（15）检查订车记录、接机牌等的落实情况，确保客人用车顺利。

（16）检查大堂范围内 POP 排版及内容，确保无差错。

（17）在客人进店或 VIP 迎送时现场督导，确保接待顺利。

三、门童

门童亦称门厅应接员、迎宾员，是代表酒店在大门口迎送客人的专门人员，是酒店形象的具体表现。

1. 门童的主要职责

（1）迎宾。首先，客人抵达时，向客人点头致意，表示欢迎。其次，门童要协助行李员卸下行李，查看车内有无遗留物品。记下客人所乘出租车的牌号。

（2）指挥门前交通。

（3）做好门前保安工作。

（4）回答客人问讯。

（5）送客。

2. 门童的选择

（1）由女性担任门童。

（2）由长者担任门童。

(3) 雇用外国人做门童。

为了做好门童工作，一般门童还需具备以下素质特征：

(1) 形象高大、魁梧。

(2) 记忆力强。

(3) 目光敏锐、接待经验丰富。

成为一个优秀的门童其实并不容易，世界著名的日本新大谷酒店的负责人曾说过：培养出一个出色的门童往往需要花上十多年的时间。

四、行李员

行李员在欧美国家又称“Bellboy”“Bellman”“Bellhop”和“Porter”，其工作岗位是位于酒店大堂一侧的礼宾部（行李服务处）。礼宾部主管（或“金钥匙”）在此指挥、调度行李服务及其他大厅服务。

行李员还是酒店与客人之间联系的桥梁，通过他们的工作使客人感受到酒店的热情好客，因此，对于管理得好的酒店而言，行李员是酒店的宝贵资产。

1. 行李部员工的岗位职责及素质要求

行李领班的岗位职责是支持和协助主管的工作，管理并带领行李员、门童为客人提供服务。行李员工不仅负责为客人搬运行李，还要向客人介绍店内服务项目及当地旅游景点，帮助客人熟悉周围环境，跑差（送信、文件等）、传递留言、递送物品，替客人预约出租车。

2. 行李部员工的素质要求

(1) 能吃苦耐劳，眼勤、嘴勤、手勤、腿勤，和蔼可亲。

(2) 性格活泼开朗，思维敏捷。

(3) 熟悉本部门工作程序和操作规则。

(4) 熟悉酒店内各条路径及有关部门位置。

(5) 了解店内客房、餐饮、娱乐等各项服务的内容、时间、地点及其各项服务的有关信息。

(6) 广泛了解当地名胜古迹、旅游景点和购物点，尤其是那些地处市中心的购物场所，以便向客人提供准确的信息。

小贴士

礼宾服务标准

一、站姿

1. 值台站姿

挺胸抬头，目视前方（大堂区域），双脚与肩平行，双手自然下垂或于体前交叉。

2. 门童站姿

挺胸抬头，目视前方，双脚与肩平行，双手自然交叉背后，左手在右手上。

3. 行李服务站姿

站在距离客人后方2米处，挺胸抬头，目视前方，双脚与肩平行，双手自然交叉背后，左手在右手上，行李放在右手边。

二、拉门

1. 酒店正门

（1）佩戴白手套，保持洁白、干净。

（2）站在距离正门外南侧1米处。

（3）自动门开后使用标准问候语向客人致意。

2. 车门

（1）佩戴白手套，保持洁白、干净。

（2）车辆停稳后，视客人乘坐情况至车门处开启车门。一般重要的客人坐在车辆的后排位置。

（3）左手开车门的同时，右手五指并拢，手心朝下挡在车门顶部（即“护顶”）。但要注意部分客人因宗教信仰（如佛教和伊斯兰教）以及民族习俗等原因，是不能够进行“护顶”的，此时仅需言语提醒就可以了。此外，为客人开车门时，要用左手拉开车门成70°左右。

（4）如前后车座均有人，双手同时开前后车门，可能的话，示意护顶。

三、指示方向

上身保持直立，五指自然并拢，一般用右手指向所在方向，根据客人所处位置，也可使用左手。

四、行李车使用

（1）四轮行李车：人在车后，“动轮”在前，“定轮”在后，双手握住“定轮”处两侧把手。

（2）双轮行李车：人在车后，一只脚蹬踏底部轮轴处，双手同时下压把手。

第二节 礼宾服务程序及工作标准

一、机场迎宾服务

1. 机场迎宾服务

（1）通知司机所接的客人为贵宾。

（2）接到贵宾后，安排上车，离开机场时，要立即通知礼宾部贵宾预计到店的时间及所乘的车辆号码。

（3）若遇航班晚点，应及时通知礼宾部。

2. 礼宾部经理/主管

（1）通知所有礼宾部员工预抵贵宾的情况。

（2）通知行李员将要到达的贵宾所乘车辆的号码。

（3）根据不同贵宾级别的客人，应分别安排礼宾部员工：开车门、负责行李运送、开启手动电梯。

3. 行李员

（1）行李员必须清楚每一位贵宾预计到达酒店的时间及所乘的车辆号码。

（2）当贵宾所乘的车辆驶入车道时，行李员必须立即通知前台及客务经理。

（3）尽可能用客人的名字称呼客人。

小贴士

接机服务

(1) 接到客人要求接机服务时，向客人介绍接机价格，按标准（中文）填写“车辆使用计费单”并且详细地记录相关资料：接机日期、航班号、落地时间、客人姓名、接机牌内容等。

(2) 与车队进行确认后方可回复客人是否可以接受其接机要求。

(3) 将填写后的“车辆使用计费单”分发至前台及车队。

(4) 按客人要求或标准打印接机牌，内容包括：客人姓名及公司、航班号、落地时间。

(5) 礼宾部应在指定出发时间提前15分钟提醒车队准时到礼宾部领取接机牌。

(6) VIP客人的接机需安排行李员亲自去机场迎候，并随时与礼宾部经理/主管保持联络，确认VIP客人的准确抵店时间。

(7) 如客人需要的接机服务日期不是当天，接到接机通知后将“车辆使用计费单”按日期存档，每天礼宾部经理/主管要进行检查，并提前做好准备工作。

二、迎候服务

(1) 当车停在酒店门口时，行李员要立刻来到车门旁为客人打开车门。

(2) 与客人进行目光接触并点头向客人示意：“早上好/下午好/晚上好，先生/女士，欢迎光临。”

(3) 如果客人以前在酒店住过，应问候客人：“×××先生/女士，欢迎您再次光临，很高兴再次见到您!”用手势指引客人从酒店正门进入：“×××先生/女士，这边请，前台在大堂右侧。”或者由行李员引领客人到前台前。

操作示范

操作示范如表3-1所示。

表3-1 为进出店客人拉车门的工作程序及标准

程　序	标　准
1. 迎候宾客	①精神饱满，注意力集中，站立在大门红地毯凸出位置的两侧迎宾。 ②站岗姿势为双手自然下垂或背于身后，两眼平视前方，双脚自然张开与肩同宽，挺胸、抬头、收腹，表情自然，面带微笑。 ③迎面来车约10米处时，身体微向右侧，目光注意来车。右手侧掌成90度，手掌张开，五指并拢，左手上举至胸部位置，指示司机在适当位置停车
2. 开车门和问候	①看见车辆驶进车道，在车辆停稳后，主动迅速上前为客人开启车门，开门优先情况为：领导、老人、女士、孕妇、小孩。开门要求：用左手拉开车门，右手护顶，将车门开到最大限度，前后排均坐人时，应先开后门，再开其他门，切勿开司机门。 ②热情礼貌地向客人问好，如常客、VIP客人应用客人姓名、职位称呼。 ③客人出车门后力度适中地关闭车门，如客人乘坐的是出租车，关门时应迅速查看车内有无遗留物品，并口头提醒客人检查好随身物品后再关门，同时双手递上已写好来店出租车的士卡。切记关门时避免车门夹到客人

续表

程　序	标　准
3. 为客人装卸行李	①客人有行李随行时，礼宾员应迅速将行李搬运至行李车上，并与客人核对件数后，用手势向客人示意进入大堂，对老年人或行动不便的人应予以搀扶。 ②装好行李后应与客人确认好行李件数；如果是进店客人应引领客人来到前台，并送客人上房。 ③客人离店时，礼宾员将客人行李装车，与客人核对行李件数，客人上车准备时，礼宾员微笑着预祝客人旅途愉快并欢迎客人再次光临，等客人坐稳后，轻轻关闭车门

小贴士

大堂站位

（1）行李员每天早班与中班的站位如下：

—酒店正门（门童站位）

—礼宾部内（值台站位）

—礼宾部台旁（第三人当值站位）

（2）站立中应时刻保持正确站姿。

（3）“门童站位”过凌晨12：00时，应从“门童站位”撤到“值台站位”，并负责接听电话及为客人提供相关服务。

（4）如果“门童站位”为客人提供服务需要离开时，“值台站位”要及时填补“门童站位”。

（5）如果当值所有礼宾部人员因工作需要而离开本岗位时，要及时告知值班经理，尽量避免出现礼宾部空岗现象。

（6）“迎宾站位”轮换时间为1小时。

（7）如无特殊安排各站位点应保持1人，尤其是“值台站位”，避免出现扎堆现象。

（8）礼宾部经理或主管应合理安排大堂站位。

三、入住服务

（一）散客入住行李服务

1. 出门迎接

（1）行李员主动迎接抵达酒店的客人，用左手为客人打开车门，右手则手心向上挡住客人头都以防客人头部撞到车上，请客人下车，并致亲切问候：“先生/小姐，您好！欢迎光临！”如遇到的是回头客人，应亲切称呼其姓名。

（2）从车内取出客人行李（如遇易碎或贵重物品应妥善搬运），请客人确认行李件数，以免遗漏。如果行李有损坏要提醒客人。

（3）如是出租车，将记录车号的酒店名片交予客人，以免客人的物品遗失。

（4）迅速引导客人走进店门，到前台进行入店登记。

2. 引导客人办理入店手续

行李员引导客人至前台，自己需停留在离前台两米以外的地方，宾客行李放在自己右手边位置，同时还应面对前方客人，直到客人办理完毕全部入店手续。

3. 引导客人进入房间

(1) 行李员礼貌地请客人将钥匙卡交给自己以获知客人的姓名和房间号码。行李员要称呼客人的姓名及送客人去房间时也要说“××先生，这边请”，使客人感到他很受重视。

(2) 如客人行李多需要用行李车时，行李员告诉客人会把行李很快送到房间。行李多需要使用行李车时，行李员要乘坐员工电梯上楼；行李少不用行李车时可以与客人一同乘电梯上楼。

(3) 引领客人到电梯，走在客人面前右前方，与客人保持1米左右的距离并用余光注意观察客人的要求。

(4) 为客人叫电梯。总是礼貌地请客人先上或先下电梯，并用手为客人挡住电梯门以防电梯门关上时夹住客人。

(5) 在进入电梯前，通常让客人先进。如果电梯内很拥挤，将钥匙先给客人，告诉客人你将随后就到。行李员在请客人走出电梯后，应该在客人一米处引领客人至房间，行走过程中使用手势指明将改变的方向。

(6) 如与客人一同乘电梯，在电梯中与客人可以进行适当的交谈，向客人询问是否第一次到酒店，要向客人介绍酒店内的设施，诸如：餐厅的位置、商务中心与近期酒店进行的一些促销活动等，建议性的推销会帮助酒店增加收入。

(7) 客人至客房并祝愿客人“居住愉快”，退出房间并轻关房门。

4. 登记

(1) 待送完客人后，回到礼宾部在“礼宾部日常工作记录表”上登记房号、行李件数、时间。

(2) 如遇早到而无法进房间的客人，应将行李寄存，代客人保管，并标明“入店”字样，待客人房间安排好后，再送入房间。

操作示范

散客进店行李运送及带房的工作程序与标准如表3-2所示。

表3-2 散客进店行李运送及带房的工作程序及标准

程 序	标 准
1. 装卸行李	①行李员站岗时，发现客人带行李进店或乘车到店，应迅速上前，微笑，向客人问候，主动帮助客人从车上卸下行李，检查行李有无破损，轻拿轻放，贵重、易损物品应尽可能地让客人自己提。 ②与客人一起核对行李件数和状况后，引领客人到前台办理住店手续
2. 引导客人到前台办手续	①行李员提（推）行李车紧跟在客人后面，行走时保持1.5米的距离，客人办理登记时，保持端正站姿在客人身后2米处，行李车置于身旁，小件行李置于身前。 ②随时听从客人吩咐和前台接待员的提示，在客人登记完毕后，主动上前向客人或前台接待员取房卡，记住房号。（运送小件行李时可替客人拿房卡，并为客人开门；如推行李车时，只要记住房号即可，不用拿房卡）
3. 护送客人进电梯到房间	①引领客人上房时，走在客人右前方距离一米左右引领客人，对于途中经过的服务设施或服务项目，应主动向客人做简要介绍，热情主动，遇到转弯时，应回头向客人示意。

续表

程 序	标 准
3. 护送客人进电梯到房间	②引领客人到电梯间，搭乘电梯时，先将一只手按住电梯门，请客人先进电梯，随后进入电梯，靠控制盘旁站立，面向电梯门，在电梯内简单询问客人是否第一次到我店，并介绍一些酒店的设施及营业时间。 ③如果行李员推行李车运送行李，当到达电梯时，应请客人进电梯，并告诉客人自己搭乘专用电梯，请客人进房间休息，行李随后送到房间。 ④到达楼层时行李员按住电梯，请客人先出电梯，随后紧跟而出，快走几步赶在客人前面继续引领客人到房间。如无法快速赶到前面应及时用语言指示客人出了电梯间向左向右行走
4. 引导客人入房间	①引领客人到房间门口时，开门前先按门铃，再敲门，同时报“服务员”两遍，若房内无反应，再用钥匙为客人示范如何开门。开门后迅速看清房间有无异常，如无即请客人先进房间，然后行李员跟着进入房间，将行李轻放于行李柜或行李凳上，并请客人确认件数。如果房间有异常状况，立即退出关门，请客人稍候，在电梯间用内线电话马上与前台接待员联系确认。 ②如果客人是常住客，就不必再介绍酒店设施，询问客人有无其他吩咐后退出房间，并祝客人：住店愉快；如果客人是第一次住店，要向客人介绍多功能遥控板的使用方法、房间主要设施及几个主要电话，特别介绍花洒的使用。 ③介绍完毕后，征询客人有无其他吩咐，如无，礼貌地祝客人住店愉快。后退三步，转身将房门轻轻带上
5. 离开房间	①介绍完毕后，征询客人有无其他吩咐，如没有，可以说：“希望您住店愉快。” ②退出房间，轻轻锁上房门。 ③带上行李车从员工通道返回礼宾部。 ④在行李运送表记录上做好记录。 ⑤站回原位继续迎接客人

（二）入店团队行李服务

1. 接收行李

（1）当团队行李送到酒店时，向司机问清行李件数，团队人数，并请司机在“团队入店登记表”上登上姓名和车牌号。

（2）由主管指派行李员卸下全部行李，并清点件数，检查行李有无破损，如遇破损，需请司机证实，并通知团队陪同及领队。

（3）整齐码放行李，全部系上有酒店标志的行李牌，并摆放于大堂指定位置，以防止丢失、错拿。

（4）如果团队还没有入住酒店，要将行李用网罩好，并保证行李的安全。

2. 分拣行李

（1）根据前台分配的房间号码分拣行李，并将分好的房间号码清晰地写在团队行李牌上。

（2）与前台联系，问明分配的房间是否有变动，发现有变动需及时更改。

（3）及时将已知房间号码的行李送至房间。

（4）如遇行李姓名卡丢失的行李应由领队帮助确认。

3. 送行李到房间

（1）将行李平稳摆放在行李车上，在推车入店时，注意不要损坏客人和酒店的物品。

（2）在进入楼层后，应将行李放在门左侧，轻敲门三下，报出“Bell Service，您好，行李员”。

（3）客人开门后，主动向客人问好，把行李送入房间内，客人确认后才可离开。

（4）对于破损和无人认领的行李，要同领队或陪同及时取得联系以便及时解决。

4. 行李登记

（1）送完行李后应将送入每间房间的行李件数准确登记在“团队入店登记表”上，并核对总数是否同刚入店时一致。

（2）“团队入店登记表”按照团队入店的日期存档。

四、行李寄存服务

1. 填写行李寄存牌

（1）有礼貌地递给客人“行李寄存牌”，并和客人介绍“行李寄存牌”上需填写的项目，并提醒客人酒店对散客行李寄存的时限要求。比如，告知客人酒店的行李仅保留 30 天，超过 30 天客人未来取行李，酒店有权对行李做任何处理。

（2）一般而言，行李寄存的最长时间为 30 天。对于长住房客人和有特殊情况的客人，须请示前厅部经理寻找店内其他存放地点，但最长寄存时间为三个月。

（3）向客人询问所存行李件数及提取行李时间并亲自在“行李寄存牌”的上联和下联上为客人填写清楚。

（4）为客人填写“行李寄存牌”，须写清当天日期、姓名、房间号码及件数。请客人在行李寄存卡上签字，告知客人取行李时，须持寄存卡经核实相符后方可取走。

（5）行李员应在单据上写清姓名，撕下下联收据递给客人，并提醒客人依此证提取行李。

（6）长期寄存的行李应在寄存卡上写得详细一些，注明寄存位置以便取行李时查阅，并告诉客人酒店的相关规定，必须留客人的联系电话。

（7）将需长期寄存的行李存放在行李房内的“长期行李寄存处”，并在《行李寄存登记表》上做好相关记录，以便为失物招领时作依据，每班交接班时应清点寄存的行李件数。

（8）一般情况下，食物及果品等寄存不可超过一天，贵重物品、易燃、易爆、有异味、易腐烂物品均不予寄存。海鲜类的冷冻物品需同厨房冷库联系存放。注意婉拒寄存时的态度，要先向客人道歉，告知客人酒店的规定，感谢客人的合作。

（9）有碍安全的物品、非法物品不准寄存。贵重物品请求寄存到值班经理处并告知在行李寄存卡背面的须知，一旦丢失，酒店概不赔偿。

2. 保管客人所存的行李

（1）将半天或一天的短期存放行李，存放在行李房外侧，以便搬运。将长期存放的物品放在行李房的行李架上，必须将同一客人寄存的行李放在一起，以便查找。同时要求每一件行李应附一张行李卡，或多件行李时用行李绳系在一起，不得节省任何规定程序，以免留下隐患。

（2）在《寄存行李登记表》上登记所存行李情况，标明件数、日期及存放人姓名和寄存牌编号，贵重易碎物品最好不予寄存，如有客人要求，应立即通知礼宾部主管。

（3）如发现长期不取的物品，立即通知礼宾部主管。

3. 为客人查找提取行李

（1）礼貌地收回客人“行李寄存牌”的下联收据。

（2）礼貌地向客人询问行李的颜色、大小及存放时间，以便查找。

（3）根据收据上的编号，翻查《寄存行李登记表》，找到行李，如果查找有困难，可请客人帮助查找。

（4）把行李取出后，交予客人核实，确认后撕掉行李上的寄存牌和客人的寄存收据，并在《寄存行李登记表》上标明日期、时间、提取人姓名。

（5）帮助客人将行李搬运出店或送到房间。

（6）如遇客人遗失收据，应报告当班主管，通过检验客人身份核实无误后，方可领取。

4. 客人行李寄存牌丢失来取行李

（1）确认客人姓名及房间号码。

（2）请客人出示有效身份证明（身份证或护照）。

（3）请客人尽量详细地描述其行李的特征：颜色、大小及形状等。

（4）确认无误后在将行李递给客人前，请客人在《寄存行李登记表》上签字。

（5）丢失寄存卡或代客取物，要核对行李卡上的客人签字，必要时需请客人写书面证明，并附上有效证件的复印件及电话等。

5. 寄存行李长期无人认领

（1）礼宾部主管对于长期寄存的物品定期检查，在指定的时间内仍不来取，应先与客人取得联系，若联系不上，请示前厅部经理将此物品视为无人认领物品，送至管家部做失物招领，之后按照酒店失物招领的相关程序处理。

（2）做失物招领的物品一定要管家部文员在《行李寄存登记表》上登记签收，便于日后查阅。

操作示范

散客行李寄存的工作程序及操作标准如表 3－3 所示。

表 3－3 散客行李寄存的工作程序及操作标准

程 序	标 准
1. 填写行李卡	①客人要求寄存行李时，应礼貌地询问客人是否有贵重物品或易碎物品，如有贵重物品需建议客人寄存到前台收银保险柜处，易碎物品要应在寄存卡上注明提示并轻拿轻放，危险物品不予寄存。 ②填写行李寄存卡，询问客人提取行李时间，提示客人最长不能超过 1 个月，请客人按照行李寄存卡的内容填写完整，同时应检查客人行李是否完好无损，如有损坏必须与客人确认并在行李卡下联注明。 ③将填写好的行李寄存卡下联撕下，双手递给客人，并告知客人凭此卡到行李房领取行李
2. 行李寄存及记录	将行李卡上联绑在客人行李上，将行李放入行李房的行李架上，当客人寄存的行李是两件或两件以上时须用绳子拴在一起以避免混淆，并将寄存卡上的信息填写到《行李寄存记录本》上

续表

程　序	标　准
3. 客人提取行李及记录	①客人提取行李时，应仔细核对行李寄存卡上、下联的号码是否一致，与客人确认行李件数以及是否完好无损后交给客人。然后在《行李寄存记录本》上注销此卡号及注明经办人。 ②将注销的行李卡上、下联订在一起存档
4. 逾期行李处理	对寄存时间超过一个月的行李，应主动与客人联系确认是否还需留存，并提醒客人需在一周内提取，逾期仍未领取的，酒店将视为放弃，并由领班登记在册，向大堂副理汇报处理情况
5. 客人遗失寄存凭证	如客人来取行李时已遗失了寄存卡下联，必须请客人出示有效证件领取，并要求客人对行李进行描述，如相符，则复印客人有效证件，并在收条上签名，行李收条上必须注明取走行李件数、原寄存卡号、联系电话及经办人后将行李交给客人。之后将所有信息存入《客人物品遗失记录本》内

小知识

酒店保险箱的使用规范

一般酒店提供保险箱，以满足客人保管贵重物品的要求。酒店保险箱的使用需要注意以下几点：

(1) 请客人出示房卡或钥匙牌，以证明其为住店客人，只有住店客人方可免费使用贵重物品保险箱；递给客人一张空白保险箱登记卡，请客人在登记卡上逐项填写，包括：房间号码、印刷体的英文姓名（或中文）、家庭住址、证件号码、使用人签字、日期、时间。

(2) 员工先要了解客人需要保管的是什么物品，易腐烂、易破碎、易燃、易爆炸的物品，或者是液体、食物、毒品等不列入保管范围内的，要婉转地向客人解释清楚。检查登记卡，保证无漏填项目。然后递给客人一把保险箱钥匙，并将钥匙号码填写在登记卡的右上角，同时签上自己的姓名。用由领班掌管的保险箱母钥匙和客人的子钥匙一起，帮客人打开保险箱，并向客人讲清楚，要保存好子钥匙，如钥匙丢失，应付赔偿费。

(3) 客人存放物品完毕后，员工在保险箱记录登记本上逐项登记，包括：日期、保险箱号、客人房间号、开箱时间、员工签字；在客人填好的登记卡上，把客人姓名的第一个字母填写在登记卡的右上角，并将登记卡按英文字母顺序存档，在电脑中输入箱号。

(4) 客人退还时，按照客人姓的第一个字母和保险箱号找出《客用贵重物品登记卡》，请客人在此卡背后的使用栏目中签字，要求客人在卡上最后一栏完整填写姓名、房号、退箱时间并签名，以示物件无误，已退还锁匙；检查客人的签字和登记卡上的签字，二次的笔迹若相符方可开箱取物；替客人打开保险箱；员工在登记卡上签字，注明日期、时间；将此卡放回存档处，在电脑中做退还处理。

(5) 按照客人姓氏的第一个英文字母顺序存档；如果是两人或两人以上共用一个保险箱，只需其中一个人来填写登记卡，并用其姓氏的第一个字母进存档，其他客人则在登记本上签字。如其他人取存物品，须讲明这张卡登记者的姓名，以此为据查询此卡。

(6) 按照客人姓氏的第一个字母和保险箱号码找出客人的登记卡，请客人在此卡背后“结束使用保险箱”处签字认可，核对客人前后签字笔迹是否相符，如果符合方可开箱；客人从保险箱内取完物品后，工作人员再次检查保险箱，确保客人物品已全部取走，然后锁上保险箱，将保险箱的钥匙放回柜中；工作人员在客人取消的登记卡背后右下角签字，注明日期、时间；在《取消保险箱登记本》上逐项登记，包括：日期、房间号、保险箱号、时间及工作人员签名；将登记卡存档。

(7) 每日核查客用保险箱钥匙；每日早班工作人员根据当日空余保险箱号码报表核查存放柜中的子钥匙，要求二者相符。

(8) 保险箱子钥匙存于前厅专用抽屉里，母钥匙由当班领班保管。

(9) 不得将专用抽屉钥匙带出酒店。

(10) 保险箱钥匙每班要由领班与下一班领班交接，认真记录。

(11) 当客人《保险箱登记卡》背面签字与原有签字不符时，应注意：①查看客人房号，检查保险箱是否现在签字人所使用的。②如钥匙无误而签字不符，则应请客人出示证件。

(12) 客人丢失保险箱钥匙的处理方法：①如果客人报失钥匙，应在《保险箱登记卡》的背面请客人签字并注明钥匙丢失，以防日后他人冒领，然后由前厅经理签字认可。②注意客人动向，严防他人冒取。③若客人没能找到钥匙并要求破箱取物时，应按规定请客人赔偿相应的费用，在开启破坏保险箱时，除客人之外，还需有下列专管人员在场：工程部人员、大堂经理、保卫部人员。破箱后由各部门人员在破箱报告上做证签字。

(13) 客人发现丢失物品的特殊情况：客人声称丢失物品后，应马上通知相关人员（前厅经理、安保部人员、夜间通知店值经理），以便及时做出统一处理，并将此情况第一时间上报酒店领导。

五、客人换房服务

(1) 接到前台的客人换房通知时一定要在便签上记清新旧房号，致电客人确认是否在房间及行李件数，是否需行李车，拿好新的房间钥匙及房卡，并从前台领取《换房通知单》。

(2) 到客人房间时一定要先敲门，报出“Bell Service，您好，行李员”，客人允许后方可进入房间。

(3) 在客人同意的情况下帮助客人整理行李，待客人清点好物品后将行李小心地装上行李车。

(4) 把客人送到新房间后，帮助客人把行李重新放好，然后收回客人原房间的钥匙和房卡，向客人道别，离开房间。

(5) 将《换房通知单》送到总机、前台、管家部，并请其在前台单上签收。

(6) 将客人的原房间钥匙和房卡交给前台接待员，报知换房完毕。

(7) 返回礼宾台后需在《工作日记表》上登记，在“其他”一格上写明“换房”。

操作示范

换房程序和服务标准如表3－4所示。

表 3-4　换房程序和服务标准

程　序	标　准
1. 接到换房通知	接到前台或者客人电话需要换房时，问清楚原房号和新房号，问清行李件数，以便用行李车或者人手，然后到前台领取钥匙上楼换房
2. 帮助客人换房	①到达客人住房后，先按门铃并轻敲门三下，然后礼貌问候客人，并询问客人行李是否准备好，如客人未准备好，在征得客人同意的情况下帮助客人整理，如不需要则在门口等候，切不可露出不耐烦的神色。 ②将客人行李拿出来放到行李车上，并提醒客人是否拿清，再和客人确认件数，然后将房门锁好，把原房钥匙收好
3. 引领客人到新房间	引领客人到新房间，开门后请客人进房，将行李及物品放在客人指定地点，衣物放入衣柜，再次请客人确认件数后向客人道别，轻轻关门离去
4. 知会前台	到前台交回原房间钥匙，并告诉房间已经换好，返回行李房将工作做好记录
5. 换房注意事项	为客人换房时，最好是有客人在场，便于客人确认物品，如客人不在委托酒店代办时，须有行李员与客房服务员或者大堂副理在场，搬运时，如客人在场，可按客人指示搬运存放，如客人不在，应一样不漏地按照原来位置放好

六、留言、传真等物品的发送

（1）礼宾部员工要每隔 15 分钟对收到的留言、传真、邮件进行整理发送。

（2）在《礼宾部日常工作记录表》上记录房号、时间及行李员的名字等。

（3）按门铃并报出身份，“Bell Service（行李服务），您好，行李员”，等待客人答复。

（4）若房间内没有反应，将留言顺着门缝塞进客房内，绝不允许留言部分露在门外。

（5）得到商务中心通知发送传真至客人房间时，应请客人在杂项单上签字，并及时返还给商务中心文员。

（6）回到礼宾部后要在《行李员工作登记表》上登记。

七、离店服务

（一）散客离店行李服务

1. 得到通知收取客人行李

当行李员或前台接到客人拿行李的通知时，需询问客人房间号码、行李件数来决定使用何种行李车，并要记住客人的房间号码然后推行李车乘员工梯去客人房间。

2. 登记

行李员在《礼宾部日常工作记录表》上填写房间号码、时间、行李件数，并根据房间号码迅速去取客人行李。

3. 收取客人行李

（1）在三分钟之内到达客人房间，轻敲三下并告知客人“Bell Service，您好，行李员”，并确认客人是否退房。

（2）待客人开门后，向客人问候，和客人一起确认行李件数，并帮助客人检查是否有遗留物品，如发现直接还给客人或交给礼宾部主管。

（3）与客人确认是否立刻离开还是希望寄存行李，如果得知客人需要用车，就要到达一楼后马上通知门童叫车。

（4）行李员把客人行李放置在礼宾台旁边，站在一旁等候客人。

4. 帮助客人离店

（1）确认客人已付清全部房费办理完毕离店手续后，引导客人出店，帮助客人将行李放入车的后备箱内并与客人重复确认行李件数，以防止客人遗留下物品，零散的小件行李及客人的手提电脑应平放在客人的座位旁。

（2）为客人打开车门，请客人上车。

（3）向客人礼貌告别："祝您旅途愉快，欢迎您再次光临。"

（4）最后不要忘记在《行李员工作日记》上登记。

（5）当在酒店的任何地方看到客人拿行李及物品时，应立刻主动帮助客人提拿行李。

操作示范

表3－5所示为散客离店行李递送工作程序及标准。

表3－5　散客离店行李递送工作程序及标准

程　序	标　准
1. 准备工作	①站立于大堂，注意客人情况，发现有客人提行李外出时，应迅速上前提携行李。 ②如果客人打电话要求到房间运送行李，应根据客人要求带行李车准时到达客人房间。 a. 进入房间时，先按门铃，再敲门，征得客人同意后再进入房间拿行李； b. 装行李时应和客人一道清点件数并检查有无破损； c. 给行李挂上行李牌，注明房号和客人姓名。 ③与客人一道出房间经过电梯到大堂，注意请客人先行
2. 客人出大厅	引领客人出大堂，要请客人先行，并与客人保持1.5米的距离，出大堂时用手势知会其他礼宾员叫出租车
3. 送客人	①将行李装上车，请客人清点件数。 ②向客人道别：欢迎再次光临。目送汽车离开

（二）团队离店行李服务

1. 准备

（1）仔细审阅前台送来的"抵店团体资料"。

（2）将第二天预离团队的团号、房间号、人数与前台核实。

（3）与团队入店时填写的《团队入店登记表》核对。

（4）夜班将核实后的表格转交第二天早班。

2. 收取行李

（1）依照团号、团名及房间号码到楼层收取行李。

（2）与客人确认行李件数。

（3）如客人不在房间又未将行李放在房间外应做好记录并及时报告主管解决。

（4）根据主管指定的位置摆放行李，以免丢失。

（5）如果是团队晚一些离开或团队先走行李后走，行李员需将行李放到指定地点用行李网罩好，并在网上标上团队名称，为安全起见，以避免与其他行李混淆。

3. 核对

(1) 统计行李件数的实数是否与登记数吻合。

(2) 由主管与陪同或领队一起确认件数，若无误，请其在《团队离店登记表》上签字。

(3) 当从前台得到允许放行的签字后，方可让该团队离开。

4. 行李放行及存档

(1) 问清司机所取行李的团号和团名。

(2) 待司机确认完行李件数后，请其在《团队离店登记表》上签上姓名及车牌号。

(3) 将《团队离店登记表》后附《团队入店登记表》，按照团队入店的日期存档。

八、其他服务

(一) 叫早服务的程序

(1) 礼宾部接到客人叫早的电话时，通常要重复客人的姓名和房间号码，同时也要重复确认客人所要求的日期和时间，最后将叫早电话细节通知总机话务员，在礼宾部交班本上记录下接线员姓名、房号、叫醒时间。

(2) 行李员接到总机需上楼人工叫早时，通知值班经理后上楼叫醒客人。

(3) 回来后需通知总机结果，并需在《工作日记表》上登记“其他”一格注明“叫早”。

(4) 如客人未在房间须请客房服务员打开房门。

(5) 如遇特殊状况，则通知值班经理。

(二) 物品转交服务

(1) 转交物品时，应先核查物品是否是易碎品或贵重物品，如是需要冷冻的就要通知主管与餐饮部联系，并告知客人一旦丢失、损坏，酒店概不赔偿。贵重物品请求到值班经理处转交。

(2) 确认转交物品后，将物品名称、客人姓名及房间号码、转交人的姓名及联系电话和物品的领取时间，登记在《物品转交登记表》上，并在物品上注明相关信息。

(3) 与转交人确认酒店为其保留物品的时限规定。通常酒店保留时间为十天，对有特殊要求的客人最长保留 30 天，而鲜花、水果、食品类只保留一天（24 小时）。

(4) 将物品存放在行李柜中的固定位置上，对于需较长期存入的物品则放在行李房内的“长期转交物品存放处”。对于较贵重或重要的物品需锁在行李房内的柜中。

(5) 当客人领取物品时，确认相关项目后签字即可领取。

(6) 如到期的转交物品客人仍然没来取，酒店要尽量与客人取得联系，再次确认取物时间，如客人仍然没来取，则将此物品视为无人认领物品，送至管家部失物招领，并依据酒店的相关规定处理。

(7) 对于转交在住客人的物品，如客人未在房间则须填写留言单放入房间。同时对当日即将离店的客人须在前台电脑中注明“礼宾部有转交物品”提示前台结账时通知客人。

(8) 每日交班时须交代清楚转交物品的名称、数量、存放位置等。

(三) 邮件服务

(1) 当邮局送来邮件时，需核查是否有易碎或贵重物品，并询问送件人有关信息。确认后从送件人手中接收邮件，并签字盖章。如有破损、晚到等信件则可退回或接收人亲自接收，并要求邮差签字确认。

（2）客人邮件（EMS、挂号信、DHL、平信等）要在《邮件记录本》上做记录，确保不要延误。如没有查到此客人，应及时通知快递公司在当天或第二天来取。

（3）客人离店后到达酒店的邮件要按照电脑记录中的地址为客人邮寄过去。

（4）预抵客人的邮件将被保存在礼宾部并要通知预订部在电脑系统中做留言及跟踪，以便客人抵店前提示前台跟进。

（5）当天到达的客人邮件将被送到前台与预订单放在一起。

（6）酒店各个部门及员工的邮件要送到相关部门秘书处。

（7）被邮局退回的邮件若知道地址要重新邮寄。若不知道地址，在保存一个月无人认领的情况下可以做销毁处理。

（8）从礼宾部邮寄出去的信件要盖有礼宾部印章并交给每天到酒店送取邮件的邮局工作人员，并请其在《邮件发出记录本》上签收。

（9）礼宾部备有“收发邮件章”“查无此人”“日期章”。

（四）代客购物的程序

（1）当行李员接到客人打来的电话，想让我们帮助办理购物的时候，记清客人的要求房号、姓名及相应收取客人的押金，并讲清酒店大概需要的费用，征得客人同意。

（2）通知礼宾部经理或值班经理外出原因及时间，经同意后方可外出。

（3）当买完物品回来后应把出租车发票和购物发票给客人，现金当面点清。（如是药品，必须向值班经理请示，原则上禁止代客买药）。

（4）行李员返回礼宾部后，把所买物品名称、购物时间、实际花的费用、最后客人给的费用、客人的签字、经手人一一记录在《礼宾部日常工作记录表》上。

（五）报纸发送服务

1. 收取报纸

（1）查看当天所到的报纸种类和份数是否正确。

（2）收到后把客人的报纸和酒店报纸分开。

（3）查看要求把报纸送到房间的客人是否还在店。

（4）在报纸左上角用小字注明房号或各部门的名称。

2. 发送报纸

（1）根据《报纸分发统计表》，每日早班员工将当日符合分发报纸的客人房号统计出来，再将客房区的报纸分好交到客房部办公室；酒店各楼层办公室报纸由行李员派发到相关部门人员手中。

（2）根据住店客人情况，合理分发客人报纸。

（3）给客人送报从门缝底下整齐地塞入即可。

（4）当接到客人要求送报服务时，应及时派发到位并记录在工作日志上。

（5）如果正在送报时，有客人要求送行李或送紧急传真，一定要先把报纸整理好收起来，然后再送行李或紧急传真。回来后再把报纸送到相应的房间或部门。

3. 存储报纸

每日早班行李员接到新送报纸时，把前一天报纸整理好并存放在行李房指定位置，定期将旧报纸进行处理。

（六）雨伞出借服务

(1) 礼宾部必须存有足够的雨伞，干净整齐地放在指定的地方。遇雨、雪天气时，礼宾部将为住店客人提供免费的雨伞租借服务。

(2) 雨、雪天气时将雨伞架、伞袋架放在酒店正门旁，将《雨伞出借记录》和雨伞牌准备好并第一时间通知管家部铺设吸水棉垫。

(3) 当客人借雨伞时，行李员需要询问客人的房号并请客人出示房间钥匙。将房号、日期、出借日期、出借时间、出借数量、归还日期、归还时间登记在《雨伞出租记录》上，行李员及客人要在记录上签字，提醒客人一旦丢失将予以赔偿。

(4) 在把雨伞借给客人前，将雨伞打开，请客人检查雨伞状态良好，并提示客人用完后归还，并在酒店电脑系统当中注明客人的借物，以提醒前台收银员，在客人结账时向其询问。

(5) 客人归还雨伞后，立刻在《雨伞出借记录》上登记。

(6) 如第二天或天气转晴后，客人未退房并未归还酒店雨伞，当班的礼宾部主管或行李员将及时通知前台协助跟进并致电客人，询问是否继续租用雨伞，如发生雨伞丢失或损坏，将告之客人有关赔偿费用，请求客人填写杂项单，杂项单的使用部门一联需交给礼宾部主管存档，以备雨伞补充时作为证明。

(7) 正常情况下，客人拿雨伞进酒店时，行李员应主动将客人的雨伞套上伞袋或放入雨伞架中。

(8) 雨伞放在礼宾部行李房伞柜内，随用随取，每班交接班时，需清点数目，如发生内部丢失，将按酒店规定，由当事人按50元/把作为赔偿。

操作示范

伞出借服务的工作程序和标准如表3-6所示。

表3-6 雨伞出借服务的工作程序和标准

程 序	标 准
1. 借出雨伞	①外借服务是一项免费为住店客人提供的服务，一般情况不外借给其他客人。 ②求外借雨伞时，礼宾员应当礼貌地要求客人出示房卡，在《雨伞外借登记表》上记录清楚客人的房号以及姓名。 ③特殊情况借用给非住店客人，需要求客人在《雨伞外借登记表》上留下联系电话及姓名。 ④雨伞按×元/把作为押金，不能过多收取。 ⑤客人借用的雨伞超过两把（含两把）以上的要同客人确认是否同时归还雨伞，如不确定，要单个填写《雨伞外借登记表》
2. 填写登记单据	①团队住店客人借伞时可由客方负责人进行统一登记，并向其说明统一还伞方可退还押金。 ②填写《雨伞外借登记表》时，让客人签名确认所填信息是否准确，以免归还下联遗失时可核对相关信息
3. 押金管理	①所有收到的押金款必须交由领班或代领班保管。 ②各班次在交接班时由领班或代领班认真清点雨伞外借数量和押金金额是否吻合，并在交班本上做好交接记录。

续表

程　序	标　准
3. 押金管理	③押金丢失，当班责任人负责
4. 客人归还雨伞	①客人归还雨伞时，应仔细核对登记表上、下联号码，检查雨伞是否完好并让客人确认。 ②客人的下联登记表遗失，应问清客人的房号、姓名并请客人出示房卡确认准确后，让客人在登记表上联签字说明并退还押金。 ③特殊情况下，非住店客人的下联登记表遗失，应问清客人的姓名、电话，并请客人出示有效身份证件确认并复印，确认无误后，请客人在上联签字确认领取押金
5. 单据存档	将登记表上下联订在一起存档，遗失下联的将证件复印件或证明与上联订在一起存档

操作示范

雨伞寄存服务的工作程序和标准如表 3 －7 所示。

表 3 －7　雨伞寄存服务的工作程序和标准

程　序	标　准
1. 准备工作	①当遇雨天时，礼宾部当班员工应提前将伞架、雨伞打包机摆放在值台旁的位置。 ②当有持伞的宾客来到酒店大门时，应主动礼貌地请客人寄存雨伞，如客人不愿寄存时也可提供雨伞打包服务。 ③雨天注意不能够让客人手持湿的雨伞进入大堂，湿雨伞寄存与打包必须严格执行，以防发生意外
2. 寄存登记	①客人寄存雨伞时，礼貌向客人说明需要在《雨伞寄存记录本》上填写姓名、电话等相关信息，并询问客人取伞的大概时间与日期。记录本上注明经手人。 ②登记完成后，将客人雨伞放入伞架内锁好，然后根据锁上号码将相应号码的雨伞交换牌双手交给客人，同时提醒客人妥善保管，如有遗失将收取 × 元/个的工本费。 ③将雨伞交换牌交给客人后，立即将上好锁的钥匙放入相同卡号的钥匙盒空格内
3. 客人提取雨伞	①客人持交换牌取伞时，根据客人交换牌号码迅速开锁将雨伞交给客人，并将雨伞交换牌放入相应的钥匙盒内。 ②客人雨伞交换牌遗失时，应认真核对客人有效证件，将证件号码抄在《雨伞寄存记录本》上，并请客人签名，核对签名无误后为客人领取雨伞，同时收取 × 元雨伞交换牌工本费
4. 雨伞交换牌工本费管理	雨伞工本费收取后交由领班或代领班在《雨伞寄存记录本》做好记录之后，交由大堂副理统一管理
5. 常规工作	①时刻保持雨伞架的干净整洁。 ②注意保证雨伞打包袋的库存数量，保证对客服务

（七）订车服务

（1）客人要求订车服务时，应与客人确认如下相关信息并认真填写车单：

①客人姓名/房号。

②用车日期/时间（航班号码/火车班次）。

③目的地/行程。

④车型。

（2）确认相关信息后，根据《交通服务价目表》向客人介绍租用价格，并确认付款方式。

（3）使用中文填写《车辆使用计费单》分发至有关部门。比如：

①白色联——车队　　（安排用车）

②粉色联——前台　　（放入客人档案中备查）

③黄色联——礼宾部　　（接机牌/保证准时出车）

④蓝色联——财务部　　（入账核查）

（4）客人订车时需查询车队后方可接受客人预订。

（5）临时客人订车，可先电话通知车队出车，当日内补发车单。

（6）所有客人用车免费及折扣须经前厅部经理批准，节假日期间可由值班经理批准。客人用车免费及折扣应注明原因。

（7）若酒店车辆有任何延误，一定要及时通知客人。

（8）如客人有订车要求，应首先安排酒店车辆为客人服务。若酒店车辆满足不了客人的需求，方可联系酒店外的出租车。

（9）绝不允许向出租车司机索要佣金，一经发现将严肃处理。

小贴士

代客泊车工作程序及操作标准如表3-8所示。

表3-8　代客泊车工作程序及操作标准

程　序	标　准
1. 泊车前准备工作	①当有客人提出泊车要求时，首先要检查该车身周围是否有碰、刮伤等情况，包括有无车身标志、刮伤大小是否明显，如有碰、刮伤情况及时与客人确认。 ②双手递上泊车卡，并礼貌告知客人凭卡取车，在泊车记录本上准确登记日期、泊车卡号、泊车时间、泊车地点、泊车人、车牌号码、车型、在备注栏内注明是否有刮碰伤
2. 为客人泊车	泊车服务时： ①当岗员工有汽车驾照的，需小心、缓慢地将客人的车辆驾驶到酒店停车场停放，停好车后立即返还工作岗位，将车钥匙放回相应的泊车卡兜内妥善保管； ②若当岗人员无汽车驾照的，应请客人先将车辆停放在非红地毯处的主泊车位上，请客人拿好泊车卡后，立即联系当班的有驾照的员工前来泊车； ③如特殊情况当班员工无人有驾照的，应礼貌地请客人自行将车开往酒店停车场停放
3. 客人取车及登记	①客人取车时，凭泊车卡上的卡号来取相应的车钥匙，并请客人在记录表上签名确认。礼貌地请客人稍等，马上跑步去停车处将车辆开上车道，交给客人。 ②客人取车时，凭泊车卡上的卡号来取相应的车钥匙，并请客人在记录表上签名确认。礼貌地请客人稍等，马上跑步去停车处将车辆开上车道，交给客人。

续表

程　序	标　准
3. 客人取车及登记	③继续在车道、岗位微笑恭迎进出客人
4. 泊车常规管理	①不得因任何原因利用泊车之便兜风，或用客人泊车的过夜车辆试驾。如因此造成客人投诉、车辆损伤，或被任何人员发现有此现象发生的，由当事员工承担全部经济责任，无论情节轻重都将予以立即开除处理。 ②无汽车驾驶执照的礼宾部人员不得为客人提供该项服务
5. 指引客人停车	指引客人停车时，只能指示酒店停车场，其他公共区域不属于酒店管理的停车范围，故不得指引或暗示客人在非停车场处停车。如因不当指示导致客人车辆被盗或造成损失的，由指示员工承担全部经济责任

（八）大堂维护

（1）酒店大堂应始终给客人留下清洁、整齐的印象，应确保酒店大堂内的烟缸随时保持清洁，大堂内的沙发及桌椅没有杂物。

（2）行李车要排放整齐并确保安全。

（3）必须确保临时存放在大堂内的行李排列整齐和安全。

（4）若有必要，应通知管家部对大堂区域进行清洁维护。

（5）应通知公共区域的主管对车道进行清洁。行李员及礼宾部主管当班时应协助大堂内的整洁，遇到纸屑等杂物必须主动拾起。

（6）根据《公共区域灯光时间控制表》，及时关闭或开启大堂公共区域的灯光控制开关。

（7）当遇酒店有宴会及大型活动时，行李员应引领大批客人走步行梯，以免影响住店客人正常使用电梯。

（8）如遇电梯出现临时故障停止运行时，应立即通知当值值班经理及工程部，同时将护栏放置于故障电梯处。与客人解释："酒店外网停电，造成电梯临时故障，酒店正在尽力维修，请您到大堂稍候，电梯恢复后我们会立即通知您。"

（9）定期对大堂内的指示牌进行更新及摆放。

本章实训任务

本章实训任务如表 3－9、表 3－10、表 3－11 所示。

实训任务一：

表 3－9　掌握入住接待服务流程和规范

实训项目	熟悉和掌握入住接待服务流程和规范
实训要求	通过了解和熟悉礼宾部的门童和行李员的工作职责，掌握宾客入住接待工作的服务流程和规范
实训地点	教室或模拟酒店实训室
实训材料	多媒体等

续表

实训内容与步骤	一、实训准备 学生分两组，一组扮演宾客，一组扮演门童、行李员、前台接待员。 二、实训开始 1. 模拟酒店大门外迎宾的服务流程； 2. 模拟酒店大堂迎宾的服务流程； 3. 模拟进出电梯的服务流程； 4. 模拟引领客人进入房间的服务流程。 三、实训考核、点评 指导老师点评、总结任务要点。指出和纠正实训过程中存在的不足，并强化学生掌握宾客入住接待的服务流程和服务接待标准

实训任务二：

表 3－10　掌握行李寄存服务流程和规范

实训项目	熟悉和掌握行李寄存服务流程和规范
实训要求	通过了解和熟悉行李员的工作职责，掌握寄存宾客行李的服务流程和规范
实训地点	教室或模拟酒店实训室
实训材料	多媒体等
实训内容与步骤	一、实训准备 学生分两组，一组扮演宾客，一组扮演行李员。 二、实训开始 1. 模拟宾客寄存行李的服务流程； 2. 模拟宾客领取行李的服务流程。 三、实训考核、点评 指导老师点评、总结任务要点。指出和纠正实训过程中存在的不足，并强化学生掌握宾客寄存行李的服务流程和服务接待标准

实训任务三：

表 3－11　掌握离店行李服务流程和规范

实训项目	熟悉和掌握离店行李服务流程和规范
实训要求	通过了解和熟悉行李员的工作职责，掌握离店行李服务的流程和规范
实训地点	教室或模拟酒店实训室
实训材料	多媒体等
实训内容与步骤	一、实训准备 学生分两组，一组扮演宾客，一组扮演行李员。 二、实训开始 1. 模拟散客离店的行李服务流程； 2. 模拟团队离店的行李服务流程。 三、实训考核、点评 指导老师点评、总结任务要点。指出和纠正实训过程中存在的不足，并强化学生掌握散客离店和团队离店的行李服务流程和服务接待标准

知识归纳

迎来送往是酒店礼宾服务的主要内容，这不仅体现出对客人的热情和尊重，同时也是酒店良好形象和声誉塑造的过程。由此可见：礼宾服务的质量是酒店整体服务质量管控中最为重要的环节之一。本章主要围绕酒店的礼宾服务进行详细的介绍，通过本章节的学习，使学生了解和熟悉礼宾部相关工作岗位的职责要求，熟悉和掌握迎送服务、入住接待服务、行李寄存服务和叫早服务等相关礼宾工作的流程和具体操作规范，从而让学生具备承担礼宾工作的基本素质和相应的服务技能。

典型案例

错位的行李

酒店行李员小范当班，这时有两位互不相识的客人同时在寄存行李。两件行李外观差不多，小范将行李放在柜台内，并拿出两张行李寄存卡分别交给客人填写，客人填写后，小范顺手将行李牌拴在两位客人的行李上，但由于粗心将两位客人的行李牌互相拴错。小范下班后，小齐接班，一会儿一位客人来提取行李，小齐根据客人交给的寄存卡上的号码，找到行李交给了客人。客人拿到行李后直接去了机场，在机场办理行李拖运时才发现手里的行李不是自己的，于是急忙打电话到酒店行李部查找行李。行李员根据客人提供的姓名、行李特征和房间等信息，找到了客人的行李，行李员立即赶往机场换回错拿的行李。

案例分析：行李服务是酒店向客人提供的一项重要服务内容，由于散客和团队客人有许多不同的特点，所以其行李服务的规范也不同，但妥善保管好行李，准确无误地将行李交给客人是行李员的基本职责。行李的寄存和提取没有高难度的技术要求，没有复杂的操作程序，需要的只是认真、细心、负责的工作态度。行李寄存和提取一旦出现差错，将直接影响客人的切身利益，也会给酒店品牌形象带来不良影响。因此，在提供行李寄存服务时需要注意以下几点：

（1）散客行李一定要妥善保管好，要将行李寄存卡按要求填写清楚，字迹要规范，客人姓名、房间号码、行李件数等要填写正确无误。

（2）行李员填写《行李寄存条》时，一定要注明行李寄存位置、件数、颜色、存放日期、寄存条编号等情况，如有贵重、易碎物品应做明显标记。

（3）当客人提取行李时，要与客人认真核对姓名、房号、行李件数，要将客人的行李条与行李上的行李条进行对比，并确认客人签字是否相同。交给客人时应请客人再确认一遍行李是否无误。

（4）礼宾部主管、领班应加强对员工的现场检查与督导，将可能发生的问题消灭在萌芽状态。

复习思考

一、填空题

1. 电话叫醒服务是酒店对客服务的一项重要内容，它可以细分为________和________。
2. ________被视为酒店个性服务的重要标志，也被称为“万能博士”。
3. 门厅应接员，亦称________或________，是代表酒店在大门口________的专门人员，是________的具体表现。

4. 门童在迎客服务过程中，开启车门要为客人护顶，其中对于________和________这两种类型的客人不能护顶。

二、不定项选择题

1. 一般来说，客人第一个见到的饭店员工是（　　）。

A. 电话总机员　B. 酒店代表　C. 行李员　D. 总台接待员

2. 门童为客人开车门时，要用左手拉开车门成（　　）左右。

A. 60 度　B. 70 度　C. 80 度　D. 90 度

3. 客人在办理入住手续，行李员应等候站在（　　）。

A. 客人左侧　B. 客人右侧

C. 客人身后 1 米左右　D. 与客人保持 5 米距离

4. 在行李引房服务中，行李员介绍房内设备的原则是（　　）。

A. 详细介绍　B. 简要介绍

C. 不用介绍　D. 根据客人需要情况

5. 门童在为客人拉车门时，不需要提供护顶服务的是（　　）。

A. 信仰基督教的客人　B. 信仰天主教的客人

C. 信仰伊斯兰教的客人　D. 信仰佛教的客人

E. 信仰道教的客人

6. 访客留言服务一式三联，分别放在（　　）。

A. 大堂副理处　B. 总台钥匙架上　C. 电话总机处

D. 行李员送入房间　E. 收银处

7. 前厅礼宾服务的职责范围有（　　）。

A. 迎送宾客服务　B. 行李服务　C. 商务中心服务

D. 问讯服务　E. 总机服务

8. 行李员的英文名称是（　　）。

A. Doorman　B. Bell-man　C. Group Leader　D. VIP

9. 以下哪些项目是“金钥匙”的服务项目？（　　）

A. 问讯服务　B. 订餐服务　C. 订房服务

D. 为客人跑腿代办事项　E. 旅游服务介绍

10. 若客人将贵重物品保管箱的钥匙丢失了，酒店强行开锁时，哪些人员应该在现场？（　　）

A. 总经理　B. 工程部人员　C. 客人

D. 保安部人员　E. 收银处人员

三、简答题

1. 面对客人，行李员应有什么样的态度？

2. 行李牌上应填写什么？

3. 简述团体入住行李服务流程。

四、论述题

阐述一下散客入住的服务程序。

五、案例分析

台湾客人庄先生 8 月 5 日下午 1：30 左右和朋友一起去瓜州打高尔夫球，因为等车就在酒店休息区坐了一会儿，车来后行李员小王帮客人将球杆放进后备厢，庄先生悄悄问小王："司机没问题吧?"小王回答说："他们是打表的，没问题的，车号我记下了，有问题我们可以再找到他。"下午 2：00 左右庄先生打电话来说他鞋子丢在休息区了，小王过去帮他找到了，然后询问客人先帮他放在礼宾部等他晚上回来再取是否可以，客人说可以，小王就帮他把鞋子放在了行李房，准备做交班，这时电话又响了，客人说："这样吧，你叫辆出租车帮我把鞋子送过来，我帮你付车费。"然后客人将联系方式给了小王，小王考虑到如果随便叫出租车帮客人送过去有些不妥，就请示了大副，大副说："你跟客人说我们找人帮他送过去，他只要付来回车费就可以了。"小王就打电话给客人，跟客人说："庄先生您好，您看这样可以吗？我们帮你把鞋子送过去，您支付来回车费就可以了。"客人说："怎么是来回呢，我只要付他来的车费就可以了。"然后小王接了一句；"那回来呢?"客人发火了，将小王要说的话全堵住了，连解释的机会都不给他了，连问了小王几遍姓名，小王只好跟客人说姓王，客人随即挂了电话，紧接着就打到酒店投诉了他。

案例讨论：案例中小王有没有错？如果你是小王如何避免这种情况的发生？

第四章

总台接待服务

学习目标

1. 了解办理入住登记手续的目的
2. 熟悉和掌握办理入住登记手续的程序
3. 了解和熟悉总台排房的原则
4. 熟悉和掌握入住接待服务的流程和操作规范
5. 熟悉和掌握会议室出租、换房、续住等服务流程和操作规范
6. 熟悉和掌握行政楼层的服务项目及操作规范

主要知识点

1. 熟悉和掌握办理入住登记手续的程序
2. 熟悉和掌握入住接待服务的流程和操作规范
3. 熟悉和掌握换房、续住等服务流程和操作规范
4. 熟悉和掌握行政楼层的服务项目及操作规范

客人到达酒店后，首先接触的是前厅总台的相关接待人员，因此前厅总台的接待服务会给客人留下“第一印象”。当客人离店时，前厅总台又是他们留下“最后印象”的地方，这些印象决定客人对酒店的总体评价。同时，客人入住期间，前厅总台为其提供的系列服务也会给客人留下深刻的印象，因此，前厅总台接待工作的好坏、效率的高低，对酒店的整体形象有着直接的影响。

第一节　入住登记的相关知识

一、客人的选择

酒店是为客人提供饮食、住宿等综合服务的场所。作为酒店，有义务接待前来投宿的旅客。在国外，如果酒店无缘无故拒绝客人留宿，那么该客人有权向法院提出起诉。但这并不意味着酒店必须无条件地接待所有客人。

对于下列客人，酒店可以不予接待：

（1）被酒店或酒店协会通报的不良分子（或列入黑名单）的人；

（2）拟用信用卡结账，但其信用卡未通过酒店安全检查（如已被列入黑名单，或已过期失效，或有伪造迹象等）；

（3）多次损害酒店利益和名誉的人；

（4）无理要求过多的常客；

（5）衣冠不整者；

（6）患重病及传染病者；

（7）带宠物者；

（8）经济困难者。

前台员工在接待客人时，对于上述人员可以婉言谢绝。

二、办理入住登记手续的目的

对于大多数客人来说，在前台办理入住登记是其本人第一次与酒店员工面对面的接触机会。对酒店前厅部来说，入住登记是对客服务全过程的一个关键阶段，这一阶段的工作效果将直接影响前厅的销售客房、提供信息、协调对客服务、建立客账与客史档案等各项功能的发挥。办理入住登记手续也是酒店与客人之间建立正式合法关系的最根本一步，它的主要目的有：

（1）遵守国家法律中有关户口管理的规定；

（2）获得住店客人的个人资料，这些资料对做好酒店的经营与服务是至关重要的；

（3）满足客人对客房与房价的要求；

（4）为客人入住后，各种表格、文件的形成和制作提供了可靠的依据；

（5）向客人推销酒店的服务与设施。

三、办理入住登记的程序

（1）向客人问好，对客人表示欢迎。

（2）确认客人有无预订。

（3）填写住宿登记表。住宿登记表至少一式两联，一联留酒店前台收银处保存，一联交公安部门备案。正确填写这些内容对于做好酒店经营管理具有重要意义：

①房号：便于查找、识别住店客人及建立客账，保障客人安全。

②房价：结账、预测客房收入的重要依据。

③抵离店日期、时间：正确记录客人抵离店日期、时间，对结账及提供邮件查询服务是非常必要的。因此，客人办理完入住手续后，接待员应按规定在登记表的一端，用时间戳打上客人的入住时间。

④通信地址：掌握客人准确的通信地址，有助于客人离店的账务及遗留物品的处理，还有助于向客人提供离店后的邮件服务及便于向客人邮寄促销品等。

⑤接待员签名：可以加强员工的工作责任心，是酒店质量控制的措施之一。

住宿登记表是有关客人最基本、最原始的资料，一般都要求客人用正楷字填写，尤其是客人的姓名必须填写清楚，易于辨认。

（4）确定付款方式。

（5）制作房卡。房卡也称为“HOTEL PASSPOR”（酒店护照），其主要作用是：

①向客人表示欢迎。

②表明客人的身份。

③起一定的促销作用。

④起向导作用。

⑤起声明作用。

（6）将客人的入住信息通知客房部。

（7）制作客人账单。在印制好的账单上打印客人姓名、抵达日期、结账日期、房号、房间类型及房费等，然后将账单（一式两联）连同一份住宿登记表和客人信用卡签购单交前台收款员保存。对于使用转账方法结账的客人，一般需制作两份账单：一份（A单）记录应由签约单位支付的款项（如房费和餐费等），是向签约单位收款的凭证；另一份（B单）记录客人需自付的款项。

四、入住登记中常见问题的处理

1. 客人不愿登记或有些项目不愿填写

（1）有时客人出于保密、怕麻烦，或者认为自己身份和地位特殊，而不愿意登记或不愿详细登记，接待员应耐心地向客人解释入住登记的重要性。

（2）必要时可以帮助客人填写，只需要客人签名确认即可。

（3）如果客人害怕被打扰，接待员应向客人说明，酒店可在计算机系统中为其设置免打扰服务，并通知相关部门，保证客人不被打扰。

（4）如果客人为了显示其身份和地位，酒店应根据具体情况，尽量改进服务水平。如可利用客史档案，提前为客人准备好登记表，客人只需签名即可入住；而对于酒店的贵宾，则可直接引领其到客房进行登记，以表示对客人的尊重。

2. 酒店无法为抵店客人提供房间

（1）如果预订客人抵店，但因为酒店失误或超额订房而引起客人到店后无房，可按照“订房纠纷”中的条款处理；

（2）如果是未预订客人，接待员应首先感谢客人的光临，推荐其他房型，或为客人联系其他住宿的酒店。

3. 客人暂时不能进房

有时，当宾客到达酒店后，客房部尚未将其房间打扫干净。应注意，前台绝对不能让客人进入未清扫干净的客房，接待员可建议客人先去寄存行李，或请客人到休息区、大堂吧台稍候，接到客房清洁完毕的通知后，方可引领客人进房。

4. 重复排房

（1）诚恳地向客人道歉，安排客人到大堂休息，并尽快为其安排新的房间；

（2）二次分配的房间，应由行李员引领客人进房；

（3）大堂副理应根据情况，亲自到房间道歉并安排补救措施；

（4）二次分配房间可增加免费服务项目，或提升住房等级。

5. 遇到不良记录的客人

（1）对于信用程度较低的客人，应通过确立信用关系、仔细核验、收取预付款等方式，确保酒店利益不受损害，并及时汇报。

（2）对于曾有劣迹、受公安部门通缉或可能对酒店造成危害的客人，应以“房间已全部售出”“没有空房”等委婉的说法为由，拒绝其入住。必要时，应通知保安部，并尽快报警。

（3）若客人入住后发现其为通缉人员，应及时通知保安部，并尽快报警。

第二节　入住接待服务

一、总台排房原则

（一）排房的顺序

客房分配应按一定的顺序进行，优先安排贵宾和团体客人等，通常可按下列顺序进行：

（1）团体客人；

（2）重要客人（VIP）；

（3）已付订金等保证类预订客人；

（4）要求延期之预期离店客人；

（5）普通预订客人，并有准确航班号或抵达时间；

（6）常客；

（7）无预订的散客；

（8）不可靠的预订客人。

（二）排房原则

排房原则指的是在条件允许的前提下，尽量为客人安排好的房间，这样对于客人无论是将来决定自己来住还是推荐给他们的朋友都很重要。排房一定要注重灵活性，一般依照以下原则：“宽则松”——住房率低时尽量安排好房间，一方面体现了给客人的“优惠”，另一方面借此机会展示了自己的好产品；“紧则严”——住房率高时、房间紧，排房条件受限制时就要严格控制，对于客人来说得到一间房就是最大满足，严格控制才能安排得各得其所、恰到好处。

除此之外，排房还需要注意一定的艺术性，比如：

（1）经酒店指定的重要客人应按要求安排档次好的客房。

（2）对于散客，原则上房价高的公司客人应尽量安排好的客房，但有些享受房价低，但身份高的客人，应视情况予以较好客房。

（3）一般散客都不愿意住在离电梯和楼层工作间较近的客房，因为电梯和工作间附近的噪声较大，因此，总台员工应尽量避免为散客安排此类客房，只有当客人提出要求（如行动不便）或是家庭入住，孩子多，不怕噪声时，方可安排进客。

（4）总台经常接到营销部下的同行业订单或老总及相关部门经理下的低房价订单，对于此类订房，原则上应安排普通标准间，若客人提出需要更好的房类要求，接待员应婉言拒绝，如告之房已满等。如订单上已注明房类，则按订单执行。

（5）在安排团队时，应本着集中楼层的原则，将客人安排在团队楼层。

（6）会议排房的基本原则同团队相似，但会议客人往往需要工作出入，较为嘈杂，应安排在离电梯口较近的房间。

(7) 接待员在排房过程中有时会遇到想要的客房正处于维修状态中，此时可直接与房务中心联系，了解该待修房的维修原因及可恢复成好房状态的时限，以此调整自己的排房，提高客房利用率。

(8) 对于残疾、年老、带小孩的客人，尽量安排在离服务台和电梯较近的房间。

(9) 把内宾和外宾分别安排在不同的楼层。

(10) 对于常客和有特殊要求的客人予以照顾。

(11) 不要把敌对国家的客人安排在同一楼层或临近的房间。

(12) 要注意房号的忌讳。

小知识 **酒店客房服务中常用的英文缩写**

(1) VC (Vacant Clean) 空房

(2) VD (Vacant Dirty) 走客房

(3) OD (Occupied Dirty) 未做住客

(4) OC (Occupied Clean) 已做住客

(5) O. O. O (Out Of Order) 待修房

(6) E/D (Expected Departure) 预计退房

(7) NS (No Smoking) 无烟房

(8) S/O (Slept Out) 外睡房

(9) D/L (Double Lock) 双锁房

(10) DND (Do Not Disturb) 请勿打扰

(11) MUR (Make Up Room) 立即打扫

(12) RS (Refuse Service) 拒绝服务

(13) N/B (No Baggage) 无行李

(14) L/B (Light Baggage) 少行李

(15) VIP (Very Important People) 重要客人

(16) LSG (Long Staying Guest) 长住客

(17) C/O (Check Out) 结账

(18) C/I (Check In) 入住

二、入住接待服务程序

(一) 无预订散客入住

无预订的散客入住时，总台接待人员的工作程序如下：

(1) 客人抵店到达总台办理入住登记手续时，接待员须主动、热情地打招呼，问明客人系无预订后，应有技巧地推销客房（特别是第一次入住的客人），原则上按高、中、低顺序推销，介绍房间特点、房价及附加费，如客人要求的房类已售完，应主动推销其他房类。

(2) 问清客人所持的证件，上传身份证件号码等信息，一定要让客人在登记表上签字（防止客人逃账后，银行要求酒店出示客人在住证明，此签字可提供有效证据）。客人填完后，接待员须按公安局规定上传公安系统。检查所填表格是否符合要求，如客人所持证件不符合要求，应礼貌地请客人出示合法证件，进行更正。若境外客人持有多份证件，则以盖有入境签章的证件为准。

（3）客人填写登记表时，接待员须从电脑中查询客人的住店历史资料，如达到酒店房价优惠政策及标准，须主动告诉客人，并按优惠政策予以房价折扣。

（4）迅速从电脑中查找客人所需房号，将房卡制作好，填写欢迎卡，并请客人签字。

（5）接待员须向客人说明酒店在大堂前台收银处备有为其免费提供的保险箱。

（6）有礼貌地询问客人付款方式，付现金者须收取押金。使用信用卡的客人，须查验该卡是否为持卡人本人的卡、是否在使用有效期内，同时将卡号刮在登记表上作为银行收款凭证。

（7）接待员在登记过程中，应至少3次称呼客人姓氏，将物品递交给客人时，应将物品正面朝客人方向，用双手轻推向客人或递到客人手中。

（8）办理完登记手续后，将房卡交给客人并指引客人电梯方向，同时祝愿客人住店愉快。标准用语为：

对华语客人：“祝您住店愉快！”

对英语客人：“Have a good time！”

（9）客人离开总台后，立即通知房务中心，以便做好住客后续服务。

（10）及时将客人资料输入电脑以供其他部门查询。在入住高峰，有时接待员会来不及做电脑处理，此时一定要先将电脑中此客人资料改成入住状态，并输入客人的正确名字，其余资料可待空闲时再做补充。

（11）登记单填写完整，首联与订单附在一起留总台存档，第二联交予客人作为押金单据，第三联交财务存档。以下三种情况需让收银员在首联RC（入住登记单）上签字：

①客人已刷信用卡，接待员应将卡单随同RC尾联交收银员。

②客人持VOUCHER（酒店免费房券）入住，接待员应将VOUCHER连同RC尾联交财务。

③客人订房时附有转账传真或订单，接待员应将传真及订单连同RC尾联交财务。

以上凭证交收银员后，需让收银员签字作为收到证据，避免发生部门之间的扯皮。

（12）有时酒店一些部门经理会提出超出规范的要求，如低房价住高楼层，免收押金，免登记，退房时可挂账等，遇到这种情况，接待员应请该经理在登记表或交班本上签字授权，同时在电脑中备注并做好待单手续。

小知识

住宿欢迎卡房价填写程序

欢迎卡房价填写程序如下：

（1）接待员在为入住客人填写欢迎卡时，如果客人房价系公司协议折扣，应如实将房价填写在欢迎卡上“房价”一栏。

（2）若客人房价系总经理或营销部特批的非协议性特价，则不填写具体房价而代以“优惠”二字。

（3）凡是由公司付款或由旅行社转账的客房，一律不得将房价填写在欢迎卡上，而应写上“优惠”二字。

（4）务必让住客本人签名，以便签单时确认。

（二）有预订房散客入住

有预订的散客入住时，总台接待人员的工作程序如下：

(1) 接待员交接班后须认真翻阅当日订房单，熟记客人的姓名、公司名称、抵店时间及是否享有优惠房价等。

(2) 根据订单上的备注，必要时事先留好房号并输入电脑，在确定姓名无误后，可事先将欢迎卡等填写完好，并准备好客房钥匙，待客人到店后，快速办理登记手续。接待员在进行预订时将预留账单的账号作为预订号报给客人，有时他们会先将房号报出，或提前将致意品送入客房，此时接待员若更改预订房号，应及时通知房务部将致意品更换到新客房。

(3) 客人抵店后，问清是有预订后，接待员需主动称呼客人的姓氏加上先生或女士等称呼，与客人确认预订的房数、房类、人数等。如有出入，在有空房的情况下，应予以满足。特殊情况可请示领导予以 UPGRADE（提高待遇）处理。

(4) 有时客人为了保证预订有房间或为了获得更优惠的房价，会同时向酒店几个部门订房，从而造成重复的订房单。因此，除必须向营销部确认外，早班接待员须注意对当日订房单进行核对。如发现重复的订单，需与有关部门核查，如房价有差异，需报告上级，以便确定房价。

操作示范

散客入住程序及服务标准如表 4－1 所示。

表 4－1　散客入住程序及服务标准

工作步骤	工作项目	工作标准	服务用语	注意事项
1	热情地向客人问好	目光接触，微笑点头示意并问好	先生/小姐，您好！欢迎光临	—
2	礼貌询问有无预订	严格使用“请”“请问”“您”等礼貌用语	请问您有预订吗	—
3	根据宾客提供的订房资料，在电脑中查找预订	在 NEC 中快速找出预订，找出订房量	请稍等！是的，我已找到您的预订	可通过多种渠道（姓名、公司名等）查找预订，实在找不到使用“%”或“—”模糊查询
4	确认房间类型、房价、住店天数等	确认和 NEC 中是否相同，如有变更及时更改电脑资料	您预订的是一间两张床的标间，住一天。根据您公司的协议房价是每晚 520 元，含服务费不含早餐。如果您需要用早餐必须提前一天到前台预订可享受 50 元每份的优惠价，用餐时间为早上 6：30—10：00，在一楼的汇景阁	一定要与客人确认清楚房价与含餐问题

续表

工作步骤	工作项目	工作标准	服务用语	注意事项
4	确认房间类型、房价、住店天数等	确认和 NEC 中是否相同，如有变更及时更改电脑资料	自助餐厅，如要取消早餐也必须提前一天到前台办理，以便我们及时更改您的房价	一定要与客人确认清楚房价与含餐问题
5	认真、仔细、快速、填写相应的登记表并进行“三清”“三核对”	字迹清、登记项目清、查验证件清；客人本人和证件照片是否相符，登记的年龄与证件的年龄是否相符，证件印章和使用年限是否有效	先生/小姐，可以看一下您的证件吗？需要做登记（NEC 扫描后）您的证件，请您收好，谢谢	双手接、还客人证件，并致谢
6	与客人确认房号与房态	尽量按客人要求排房，以满足客人需求	先生/小姐，您的房号为 xx 房	—
7	询问客人付款方式。根据客人入住房型与入住天数快速计算出应交的预付款，并告知客人让其准备	公式：（房费 + 500 元）×天数×房间数	现在需要收取您××××元押金，请问您的押金如何付？是付现金还是刷信用卡	—
8	将账户 C/I，并在 F9 收银界面填入押金，打印押金单	双手接过客人所付现金，仔细清点、辨认；打印的押金单要清晰可见	—	押金单需盖结账章
9	请宾客在入住登记单、押金单和填好房号、抵离店日期的欢迎卡上签名，并留下联系电话	欢迎卡填写清晰、字迹工整；宾客联和退款联签字需一致	请您在入住登记单右下方签名并留下您的联系电话，为方便您在酒店内签单消费，请您在欢迎卡上签名，谢谢	将押金单宾客联交给客人，并提醒客人保管好押金单，若丢失应持有效证件及时亲自至前台办理报失手续
10	介绍欢迎卡和钥匙的使用方法和注意事项	清楚、全面	—	提醒客人不要将钥匙和手机放在一起，以免消磁
11	指引电梯位置，并祝愿宾客在住店期间过得愉快	用手（掌心向上，拇指弯曲，四指并拢）给客人指引电梯方向；微欠身送上良好祝愿，并目送宾客离开	请问您需要行李员服务吗？这是您的钥匙，请收好，您的房间号是××，您从这边上楼比较近（手指向电梯方向），您如果有什么需要请拨打 72 前台，我们随时为您效劳，祝您住店愉快	—

续表

工作步骤	工作项目	工作标准	服务用语	注意事项
12	将外宾的资料准确按要求输入 NEC 电脑系统（内宾证件扫描客史）	在办理完手续后，及时、准确、全面录入	—	送走客人后尽快输入客人资料，将相应押金方式和金额输入电脑中，以免影响客人签单挂账
13	打印宾客入住登记单	保证 15 项全面填写完整，不需填写处请划斜线。如宾客有特殊要求应在相应位置注明	—	包括英文姓、英文名、中文姓名、出生年月、性别、民族、证件名称、证件号码、证件有效期、国籍、签证种类、抵店日期、离店日期、房号、接待单位
14	将押金单的退款联、网络订房单、预订单、公司传真件（或将房号写在 POS 单上）与入住登记单订在一起放在相应的账袋内	认真、准确	—	—
15	将宾客的资料准确地按要求输入电脑	在宾客入住当日准确录入	—	—

（三）团队入住登记

团队客人入住时，总台接待人员的工作程序如下：

（1）通常情况下，接待员会在团队抵店的前一天收到营销部的团队订房通知单。

（2）排房由大夜班接待员负责。大夜班接待员需根据预期离店表和空房资料做好团队预订及进行排房。排房原则为：

①团队应从低楼层安排起，只有在低楼层客房已住满时方可安排高楼层。

②如订单上注明为 VIP 团者，应安排较好楼层。

③团队应集中楼层，若无法安排同一楼层，则应尽量安排相近楼层。

④由于团队行程相对固定，大夜班员工排房时，应优先考虑次日离店的团队房，而散客离店日期较不稳定，原则上不予考虑。

⑤日本客人忌讳 4 字，尽量勿排 F4，西欧客人忌讳 13，尽量勿排 F13。

（3）早班接待员于早上 8：00 之前将团队排房表送交房务中心和总机，确保房间在团队抵店前准备就绪。

（4）通常情况下，接待员须在团队抵店前复查预留房状况，并将房卡钥匙装入房卡钥匙袋中，在袋上注明团号、房号。每个团队钥匙集中在一起，与该团队订房通知单一起放在特定位置上。重要团队钥匙袋上要贴上“说明”。团队抵店时，接待员需再次检查房间，确保房间都处于待售状态。

（5）在陪同的配合下，接待员须先确认该团团号、房数、人数，住店过夜次数，从何处来、去何处等，然后将房号表交领队或陪同分房。如该团队房数及人数有增减，需及时请示营业部人员，与其确认。(转账团增开业务必联系营业部人员处理)。

（6）领队分完房后，接待员须将领队交还的分房表上的房号、房数与订房单确认无误后，将分房表复印两份，一份交行李部，一份留存。此外，接待员还须向领队索要一份含有团队成员所有证件详细资料的名表，以便向公安局申报注销。

（7）向全陪收取团队房卡钥匙押金后，将团队房卡钥匙当面清点给全陪或领队。收取房卡钥匙押金的目的是督促陪同在团队退房时将房卡钥匙全部收回，避免出现客人漏交房卡钥匙的现象。团队客人安排好后，方可安排陪同房，原则上不同团队的陪同可安排在同一房间，客房紧张时不可加床，接待员不得擅自安排陪同住单间。

（8）问清该团的叫早时间、用餐时间以及送出行李时间。正常提供叫早时间为7：00，如早餐时间在7：00之前或8：00之后（含8：00），须及时通知宴会预订或AM（大堂副理Assistant Manager）更改。一般而言，叫早时间是由中班接待员填写。

（9）接待员须及时将团队房号电话报知房务中心和总机，包括全陪或司机的房号。

（10）将团队成员资料包括姓名（中、英文）、证件号码、签证号码、签证有效期、出生日期准确输入电脑，随后打印出两份团队成员名表。

（11）做好LOG-bOOK（交班本）记录。记录规范为：电脑代号+团号+接待旅行社名称+团员国籍+团队付款方式+原订房数+原订人数+原订陪同数+实到房数+实到人数+实到陪同人数+陪同姓名及房号+KEY押金+叫早时间+早餐时间+送出行李时间。

（12）如果团队是现付团，接待员需在团队客人上房后，让陪同到收银处将团款付清。

（13）团队于零时尚未到店时（除已预先通知），需报知营销部和大堂经理。

（14）团队陪同或成员的房费不与团队一起结算的，需在电脑中设置转账功能无效。

（15）团队房价须保密，不得让客人或陪同知道。为避免客人或陪同看到房价，接待员在CHECK-iN时，订单必须放在客人无法看到的地方，更不能将订单交给客人或陪同查看，但现付团或转账团的付款人或陪同不受此限。

（16）团队离店时，接待员应积极配合陪同收回团队钥匙，督促客人将杂项费用结清后再离店。

（17）团队离店后，接待员应将订单连同电脑打出的名单及团队入住登记表钉好，按日期顺序存入团队订单夹中备查。

操作示范

团队入住程序与标准如表4－2所示。

表4－2　团队入住程序与标准

工作步骤	工作项目	工作标准	注意事项
1	在团队抵店前一天写好欢迎卡	每日检查团队预订单，由团队抵店前一天夜班工作人员按团队预抵人数写好欢迎卡，交予次日早班人员	根据团队抵店的人数制作欢迎卡，并根据实际情况准

续表

工作步骤	工作项目	工作标准	注意事项
1	在团队抵店前一天写好欢迎卡	每日检查团队预订单，由团队抵店前一天夜班工作人员按团队预抵人数写好欢迎卡，交予次日早班人员	备司机及陪同的餐券
2	根据团队订单要求预先分配房间	根据预订单的要求在电脑中进行排房。 打印预订报表（输入相应主客房房号）3份，前台、客房、礼宾部各一份（不显示房价）。 房间如仍是VD状态，要马上报客房中心抢房，并记下服务员工号与时间。 将团队房间钥匙按房型、房号分组排列好。 如有陪同房要注明陪同房的房号及付费方式。 如果需要在房间里配备其他物品，要提前通知客房中心，并记录员工工号和时间	房间安排要紧凑，尽量安排在同一楼层
3	填写好团队入住登记表	字迹清晰、信息全面。房间按房型楼层顺次排列；备注处要写明此团队房数、抵离店日期、用餐情况、是否撤吧、是否关长途、VOD；是否有陪同房，如有要注明；客人的特殊要求等	—
4	团队到达前，做好团队钥匙、欢迎卡	安排房情况做好钥匙，钥匙为一人一把，并按房型、房号分组排列好。欢迎卡上字迹清晰、日期准确，房号和电脑中的一致	一定要提前准备好，以防团队提前抵店时措手不及
5	团队抵达问候	客人到前台1.5米处，微微欠身，微笑问候表示欢迎	—
6	团队确认	与导游确认团队预订（团号、房型、房数、人数、抵离店日期、付款方式、是否需开陪同房及付费方式），如有取消的房间第一时间通知客房部与礼宾部	—
7	团队入住办理	向领队收取团员的证件认真登记，每一个入住团员的证件都必须进行登记（注意每一个入住的外国客人都要有护照和签证）	一定要当面和领队确认要收的证件数，归还时再次核对证件数
8	向陪同取得团队名单，确认分房表	与领队确认团员的房间号，按照领队提供的房间号分发钥匙	陪同取走钥匙时要在团单上签字，并留下联系方式
9	与领队确认团队次日叫醒时间、送出行李时间、用餐时间，查房时间并通知各相关部门	所有时间要确认两遍，第一时间内通知有关部门，并记录工号	如到晚上领队还未确对这些时间，一定要主动联系领队与其确认
10	在电脑中做C/I	及时将到店的旅游团队根据预订界面账户信息在电脑中进行一并入住，确保入住人数与C/I人数相符	若需要在整团C/I后打印在店报表，发送总机，进行统一关线

续表

工作步骤	工作项目	工作标准	注意事项
11	将团队客人资料迅速、准确地输入电脑	将团队入住登记表填写清楚，并将客人所有资料按照实住的房号扫描或输入电脑中的顾客信息。当日完成录入工作	—
12	查房价	将团队实际入住房数与预订房数进行核对（是否开房数已达 16 免 1），查询每间房价是否正确	也一定要注意查询是不是已通知整个团队
13	发送 PSB	将此团队成员的资料准确无误地输入与公安局联网的 PSB 专机中，并画对勾表示已输，并在 PSB 输入登记表中记录输入和上传时间	—
14	将团队预订单和住客资料放入所设账袋中，备注假房号和会议名称	将销售部下的团队预订单粉联（备注享受 16 免 1 优惠或变更信息）和团队住客登记单放入所设主客房账袋中，备注主客房号和会议名称一并在交接班时交接	—

（四）贵宾入住登记

接待贵宾入住时，总台接待员需要注意以下几点：

（1）接待员接到贵宾订房单时，通常情况下须提前一至两天将客房预留好。除特别规定外，房间尽量安排较好的楼层，同时集中楼层，若出现房间紧张的情况，需报请上级。

（2）接待员确认房号无误后，将房号报给订房部，由订房部制作出 VIP REPORT（VIP 报告），并复制多份，分别送至：营销部、房务中心、总经理、前台、大堂副理等。

（3）根据接待单位提供的名单，事先将酒店欢迎卡、餐券等填好，同房卡钥匙一起装入房卡钥匙袋。设法了解贵宾抵店具体时间，以便及时准备好客房。

（4）贵宾抵店后，立即将准备好的钥匙袋交给接待人员，先让客人进房休息，后请接待人员帮忙收取证件或由大堂副理到客房为其办理登记手续。

（5）及时将房号电话通知房务中心和总机，必要时还应通知总经理及大堂副理。

（6）及时准确地将入住客人资料输入电脑，如有要求保密的需做好保密工作。

操作示范

VIP 接待流程和标准如表 4－3 所示。

表 4－3　VIP 接待流程和标准

VIP 客人抵店前的迎接工作	1. 前台接到 VIP 预订时与相关部门确认客人信息，包括客人姓名、职务、抵店时间、付款方式并及时传递给房务中心、大堂副理、总机； 2. 房务中心将从前台接到的相关 VIP 信息及时传递给楼层、PA、洗衣房并与相关平行部门联系，准备与 VIP 级别相等的鲜花和水果； 3. 大堂副理全面了解预抵 VIP 客人的人数、姓名、房号及到达时间，对前厅各部门接待 VIP 客人所做的准备工作做全面的检查，并了解客人有无相关的特殊要求；

续表

VIP 客人抵店前的迎接工作	(1) 楼层：VIP 预抵 6 小时前领班、主管对 VIP 房进行全面检查，确保房间最佳状态； (2) 商务中心：准备 VIP 客人的总裁欢迎信； (3) VIP 客人预抵 2 小时前，客房经理、大堂副理对房间状况进行再次复查，做空气净化处理，并根据要求摆放水果、鲜花、欢迎信、总裁名片、总经理名片，验收合格封房； (4) VIP 客人预抵前 30 分钟 PA 组确保一楼门口至电梯口地毯的铺设工作完毕，随时保持地毯清洁； (5) 预抵前 30 分钟，开启 VIP 客人房间房门及所有照明设施，并控制房间温度，安排服务员在门口迎候
VIP 客人预抵时的迎接工作	前厅部： 1. 贵宾抵达酒店前 15 分钟，由销售部经理协助总经理、大堂副理等主要成员在大堂等候迎接，并负责向贵宾介绍高层管理者； 2. 前台接待将提前准备好的钥匙卡交给大堂副理，预抵前 10 分钟对 VIP 使用电梯进行控制使用； 3. VIP 客人抵店后可由大堂副理协助总经理或总经理助理一同陪客人到楼层，在电梯对客人做酒店简介； 房务部： 1. 客人预抵前 15 分钟客房经理、当班主管、领班、优秀服务员在电梯口迎接并指定服务员为 VIP 服务，陪同人员抵达所在楼层；接待人员面带微笑并致“欢迎词”； 2. 陪同人员将行李放在指定位置，并对客人就房间设施做简单介绍； 3. 进入房间后由大堂副理将事先准备好的住宿登记卡递给客人，请其签字； 4. 根据 VIP 的需求和人数在 3 分钟内将欢迎饮品送至房间，并礼貌地请客人饮用
VIP 住店期间的服务工作	1. 大堂副理、前台：特别关注 VIP 客人，礼貌询问客人有无其他需要，对其需要尽量尽快地完成，大堂副理坚持每日慰问电话服务，询问客人对酒店的满意程度和建议。 2. 总机：VIP 打电话给总机时，总机需能直接叫出客人姓名、职务并亲切问候，对 VIP 房间外线电话严格过滤，避免客人收到电话骚扰。VIP 房间的叫醒服务应电话、人工双重叫醒，避免遗漏。 3. 楼层：要求楼层领班每日对 VIP 客人实行跟踪服务，客人一旦离开房间立即对房间进行小整理，随时保持清洁并对房间卫生进行检查；主管、经理加强重点检查，每日必须对 VIP 房实行夜床服务，并赠送当日报纸、礼品等
VIP 离店、善后工作	1. 大堂副理、前台提前确定离店时间并询问是否需要订车服务，提醒收银员提前准备账单以及确认 VIP 需提取行李时间，并通知酒店高层及销售部、保安部做好相关准备工作； 2. 大堂副理负责引领客人并欢送其离店； 3. 房务中心严格在规定时间内完成查退房工作，并将客人遗留物第一时间交还客人； 4. VIP 离店后，大堂副理整理收集各分部的接待情况和接待报告、各相关部门工作总结

（五）会议接待程序

会议团队的接待工作主要有以下方面：

（1）接待员在接到营销部发文时，应仔细阅读，如有疑问应及时提出。

（2）根据发文要求，接待员应根据要求提前把房间预留好。事先将房号表提前一天分送房务中心、营销部。排房原则除非有特殊要求，一般与团队排房要求相同。如果发文中要求客房撤洋酒、果品饮料，应及时通知房务部，以防客人先进房食用后拒付。

（3）会议客人抵店时，预先确认会务组房号，将房卡钥匙当面清点给工作人员，并让其在排房表上签字，收取房卡等押金。

（4）房卡钥匙一旦取走，接待员必须立即输入电脑，电话通知房务中心并提请营销部与会务组说明未到客人房间和房卡钥匙必须于当日下午6：00之前退还总台，特殊情况必须预先提出，经营销部经理或以上人员确认，否则至少收取半日房租（有必要时收取全日租）。

（5）如有IDD（国际直拨长途电话）关闭要求，当客人要求挂发IDD时，预先到总台交纳押金后由接待通知总机开机；财务收银员每日需检查IDD挂发的费用，看其是否超过客人交纳押金的金额，反馈接待。如超过，则通知总机关闭IDD，并请客人到总台再次交纳押金后才能重新开机。

（6）会议期间，除按营销部发文通知的指定时间退房外，如需临时退房，营销部会同会务组及时到收银处办理退房手续，中午12：00后退房者，加收半日租，晚6：00后退房者，加收全日租；收银员应将钥匙收回并立即做电脑处理。如需增开房，由营销部或会务组指定人员同房务部直接联系，如会务组单独要求开房则应有有权签单人的书面授权，如无有权签单人的书面授权，客人须按散客先入住，预交押金。接待员根据营销部下单的总房数及酒店现有出租情况，控制开房数。

（7）如遇特殊情况，上述程序无规定的则请示营销部经理做出决定。

（8）会议退房时，接待员须注意钥匙的回收和杂项费用的追付。

操作示范

会议团队入住程序与标准如表4－4所示。

表4－4　会议团队入住程序与标准

工作步骤	工作项目	工作标准
1	在会议团队抵店前一天写好欢迎卡	每日检查会议预订单，由会议抵店前一天大夜班工作人员按会议预抵人数写好欢迎卡，交予次日早班人员。欢迎卡上的名字需是会议名称，而不是会议编号
2	与销售部确认	与销售部确认会议的会务组、有效签单人（及其联系电话）、押金问题（EO单）
3	根据会议订单要求预先分配房间	根据预订单的要求在电脑中进行排房； 打印预订报表（选择相应主客房号）3份（前台、客房、礼宾部各一份）； 房间如仍是VD状态，要马上报客房中心抢房，并记下服务员工号与时间； 房间如需撤消费品，也要在排房后及时通知HSK并记录其工号及时间； 将会议房间钥匙按房型、房号分组排列好
4	填写好会议入住登记表	字迹清晰、信息全面。房间按房型楼层顺次排列；备注处要写明会议假房、抵离店日期、用餐情况、有效签单人及联系电话、是否撤吧、关长途、VOD等
5	会议团队到达前，做好会议钥匙、欢迎卡	按排房情况做好钥匙，钥匙为一人一把，并按房型、房号分组排列好。欢迎卡上字迹清晰、日期准确、房号准确
6	会议团队抵达问候	客人到前台1.5米处，微微欠身，微笑问候表示欢迎

续表

工作步骤	工作项目	工作标准
7	确认预订	再次与会务组负责人确认会议预订（房型、房数、人数、抵离店日期、付款方式、是否需要撤吧）
8	会议入住办理	收取与会人员的证件进行认真登记，每一个入住团员的证件都必须进行登记（注意每一个入住的外国客人都要有护照和签证）
9	向会务组成员取得与会者名单，确认分房表	与会务组成员确认会议用房的房间号，按照会务组提供的房间号分发钥匙
10	确认次日叫早时间、用餐数目、查房时间	所有时间要确认两遍，并在指定时段通知有关部门，记下会议负责人的联系电话
11	在电脑中做 C/I	及时将到店的旅游团队根据预订界面账户信息在电脑中进行一并录入，确保入住人数与 C/I 人数相符，若关线需要在整团 C/I 后打印在店报表，发送总机，进行统一关线
12	扫描证件（外宾手输客史）	将会议入住登记表填写清楚，并将客人所有资料输入电脑的顾客信息中。当日完成录入工作
13	查房价	将会议实开房数与预订房数进行核对（是否未达到会议开房最低数），如未达到请及时联系销售部经理，确认是否修改房价
14	发送 PSB	将此会议成员的资料准确无误地输入与公安局外管处联网的电脑（包括：香港、澳门及台湾客人）的 PSB 专机中，并画对勾表示已输，并在 PSB 输入登记表中记录输入和上传时间
15	将团队预订单和住客资料放入所设账袋中，备注假房号和会议名称	将销售部下的团队预订单粉联和团队住客登记单放入所设账袋中，备注主客房号和会议名称，并在交接班时交接

（六）职员用房开房程序

（1）酒店每日的高级值班经理有权开房作为高值房。接待员根据当日的订房情况，在不影响客人正常入住的前提下进行排房，原则上排低楼层客房。开房后及时电话通知房务中心，将资料输入电脑，并在 LOG-BOOK 上记录。

（2）次日早班接待员应在 12：00 之前敦促高值将客房钥匙退回，若遇前日高值为总经理，应询问其是否还需续用该房。

（3）原则上部门经理级别的酒店职员才享受职员用房，但必须接到总经理、副总经理的同意方可开房，否则不予开房。

（4）遇到酒店客满时，可以请高值将职员用房让出，以便出租，或与其商量换到可以使用的坏房。

三、客满而无法接受客人入住时的服务程序

在接待过程中也有可能会出现因特殊原因，比如客满而无法接受客人入住等情况，如果

不能合理地处理此种问题，会导致客人情绪上产生不满，进而可能会出现投诉等激化行为，对酒店声誉造成不良影响。

因此，一旦出现无法接受客人入住的情况，接待人员需要谨慎处理，耐心解释，以平息客人的不满情绪，维护酒店的良好声誉。

（一）无预订房的处理程序

（1）接待员须弄清该客人（或客人的朋友）是否与酒店有过联系，并在客人面前复查电脑和订房通知单，确定该客人是无预订房的客人。

（2）如客人坚持说有预订，需询问客人是谁为他（们）预订的。

（3）有时也可能是客人提前或推迟抵店，应查找近几日的预订单。如客人确有订房但不是在指定的日期，需向客人做出解释。

（4）如果确定客人没有任何预订记录而同时酒店已没有房间出售，需向客人解释清楚。

（5）如果有可能因为某个客人订房后但仍未到酒店，需询问客人是否愿意等待机会。

（6）既然客人已到达酒店，肯定是需要得到类似酒店标准的住房水平。接待员准备有附近同级水平酒店的联系号码，将本酒店无法接受的客人提供给别的酒店。

（7）如客人被安排到其他酒店，而本酒店将有转机，需邀请客人第二天再来。如客人同意第二天来店，接待员需：

①与客人重新明确订房事项。

②与客人明确接送的地点和时间（次日可免费将客人接回）。

③通知订房部更改订房单（订房类型为保证订房）。

（8）在向 WALK-iN 客人解释无房间出售时，所有员工必须统一口径。

（二）有预订房的处理程序

（1）在客人面前查询酒店是否还有房间出售。

（2）如酒店尚有比客人预订之房类高一等级的房间，可以优惠房价售给客人。若无客人想要的客房，可推销其他房类。在特殊情况下，可请示领导给予 UPGRADE。

（3）接待员在接受预订时须向客人说明预订保留时间，如果客人是在下午 6：00 以后抵店且没有在预订时说明，需向客人解释酒店预订房的保留时限为当日下午 6：00。

（4）如客人被安排到其他酒店，而本酒店将有转机，需邀请客人第二天再来。如客人同意第二天来店，接待员需：

①与客人重新明确订房事项。

②与客人明确接送的地点和时间。

③通知订房部更改订房单（订房类型为保证订房）。

④通知订房部送致意品单。

（5）如果客人订房时已预付房费，他在其他酒店的房费则由本酒店承担。

（6）当客人确定住往其他酒店时，本酒店应提供客人免费电话以告知亲友住处改变（此项须经大堂副理批准）。

四、换房服务程序

除下列原因外，通常酒店不希望客人提出换房要求：

（1）客人不喜欢房间的面积或位置；

(2) 客房内的设备损坏无法立即修复（座厕漏水、管道维修等）；

(3) 酒店客房紧张或楼层大清洁。

如是第一种原因客人要求换房，接待员应主动向客人推销套房或相应的房间，在取得客人的同意后予以换房。

如是第二种原因客人要求换房，接待员应立即报房务中心，如不能马上修好，应跟客人说清原因后予以换房。

如是第三种原因，接待员需在客人登记时告诉客人在某天需要换房。如果是在客人入住后才需要换房的，应由前台领班或大堂副理通知客人，并做出解释，以取得客人的合作。

换房后，要及时更改客人欢迎卡的房号及电脑资料。接待员应注意那些频频换房的客人，如是时常损坏酒店设备者，需通知大堂副理出面与客人交涉。如客人在外出时要求换房，需先得到客人的授权，同时确认客人的所有行李都已整理完毕，然后通知大堂副理。由大堂副理带领保安员为客人搬运行李。接待员需在换房完毕后立即电话通知房务中心。接待员需发出换房通知，用以记录换房活动。换房通知单一式两联，第一联前台留存；第二联递交房务中心。收银员将根据换房通知单上的说明更改客人的相关资料。

操作示范

换房程序与标准如表 4 –5 所示。

表 4 –5　换房程序与标准

工作步骤	工作项目	工作标准	服务用语	注意事项
1	热情问好，了解客人换房需求	微笑问好，确认客人需要换房服务	您好！需要帮忙吗？好的，您是想换间房，是吗	如是酒店设施损坏或没按客人要求排房造成的换房，一定要先诚恳致歉
2	首先答应客人，了解换房原因，立即着手换房事宜	了解客人具体需求，尽量满足客人需求	您是想换个套间是吗？没问题，马上帮您换。请稍等。	—
3	找出同类型的另一间房间与客人确认房号。如客人要换不同类型的另一房间，请与客人确认新房价，宾客无异议后，立即着手换房事宜	语言简洁、明了，确认清晰无误	方便告诉我您现在的房间号吗？谢谢！请问您怎么称呼？好的，现在给您换到×房间，与您现在的房间在同一层，根据您公司的协议价套间价格是每晚××元，含服务费，不含早餐。您看可以吗	—
4	重制钥匙、欢迎卡，通知行李员送至客人房间并协助客人换房	客人同意后重新填写欢迎卡，制作新钥匙	（如房间已无行李，可直接把新钥匙交给客人）这是您的新钥匙，请您收好，祝您住店愉快！（如房间还有行李）请您稍等	—

续表

工作步骤	工作项目	工作标准	服务用语	注意事项
4	重制钥匙、欢迎卡，通知行李员送至客人房间并协助客人换房	客人同意后重新填写欢迎卡，制作新钥匙	行李员随您到房间帮您换房，您看可以吗？并马上通知 HSK 帮其开原房间的房门（客人同意后把钥匙给行李员，让行李员随客人上原房间协助其换房）让这位行李员带您上去，帮您换房，祝您住店愉快	—
5	通知 HSK/OP 换房情况	拨打 HSK/OP 告之换房情况：报清从哪间换入哪间，以及换房的原因，并在换房单上记录接收此信息的 HSK/OP 服务员的工号	HSK：您好，×换到×，客人需用套间，请问您的工号，谢谢！ OP：您好，×换到×，此客为散客，请问您的工号，谢谢	—
6	填写换房通知单，更改新房号，由礼宾部分送相关部门	拿出一式四联的换房单，认真填写原房号、原房价与现在的房号与房价，并在空白处填写换房原因。将客人入住登记单、卡单、押金单、承付单找出，更改为新的房号，签字再次确认	—	如更换房型并更换房价（高房价到低房价）需由前台主管签字。如相同房型，房价由高房价改为低房价，前厅部副经理级以上签字
7	及时更改电脑资料，做好 FREEMEMO 备注。将客人资料和换房单放入新账袋中	仔细确认在电脑中已更改房型与房价。并在 FREMMEMO 中注明 FROM ×××（房号）	—	再次核对电脑里的信息，确认是否已做换房操作

五、其他服务程序

（一）加床服务程序

在客人提出加床要求时，应提醒客人注意每张加床每晚的收费。客人确认加床后，询问客人房间号及合适的加床时间。当得知加床的准确时间后，通知客房服务员为客人安排加床服务。在电脑系统中录入加床服务，并按天收取客人费用。

当客人取消加床时，通知客房服务员撤销加床服务，并在电脑系统中删除加床服务，不再收取客人费用。

此外，加床时要注意加床是否完好、易耗品有无补充齐全。

操作示范

加床程序与标准如表 4 –6 所示。

表 4 –6 加床程序与标准

工作步骤	工作项目	工作标准	规范用语
1	问候	客人到前台 1.5 米处，微微欠身微笑问候	先生/小姐，您好！请问您需要帮忙吗
2	与客人确认	与客人确认姓名、房号	您是想加床是吗？好的，没问题，请问您的姓名及房号
3	与客人确认加床内容	仔细与客人确认需加几张床、加几天、费用如何付、谁住加床	×先生/小姐，请问您要加几张床，加几天？费用是算在房费里，到时一起结，是吗
4	登记证件	将加床客人的证件进行核对并登记	请问哪位要加床，我帮您登记一下证件好吗
5	复制钥匙	核对电脑后，给客人复制钥匙，并根据情况看是否需加收取押金	×先生/小姐，您的洗漱用品马上送到您房间
6	将新钥匙递给客人	双手将欢迎卡和新钥匙递与客人，并祝客人住店愉快	这是您的钥匙，请您收好！如您要撤床，请您通知我们前台，以便及时修改您的房价，祝您住店愉快
7	把加床情况报于客房中心	拨打“78”报客房中心哪个房间加床、加几张，并记录服务员的工号	你好，前台。报××房间加床×张，我工号××，请问您工号是什么？好的，谢谢，再见
8	修改电脑	将客人的新信息输入电脑，并在预订界面的会计信息—记入科目中输入加床和费用，要求处选 EB 并在会计备注中备注清楚×月×日加床×张，HSK 工号	备注：如客人告知第二天撤床，要记录在 LOGBOOK 上，做好交接班，第二日早班要及时跟办
9	开变价单	房价变更，要拿出一式四联的变价单，在相应位置填写客人姓名、变价日期、房号、原价格、变更后价格、变价原因，签上填写人的姓名	请礼宾协助发送到相关部门，并将宾客联放在 FILE 夹中

（二）续住程序

在接近中午 12：00 或下午 2：00 时，如果客人不退房间，要及时询问客人是否要续住。如果客人续住，需要确认有足够的房间给客人，要优先分配给住店客人房间。如果房间已被分配给其他预订客人入住，要考虑需要给预订客人换房或为在住客人换房。与续住客人核实房型、房号、房价、续住日期、退房时间等信息。同时，需要查看客人的付款方式以及客人的押金是否足够，如不足，需要请客人续交押金。最后，在系统中办理延住以及更改入住登记单，并及时告知客人到前台更新房卡。

操作示范

续住程序与标准如表4－7所示。

表4－7　续住程序与标准

<table>
<tr><th>工作步骤</th><th>工作项目</th><th>工作标准</th><th>规范用语</th><th>备注</th></tr>
<tr><td>1</td><td>热情地向客人问好，并询问客人需要什么服务</td><td>微笑，使用礼貌用语</td><td>先生/小姐，您好！请问我可以帮您吗</td><td rowspan="9">1. 办理散客续住，查此时客房是否满房，此房间是否有其他客人预订等，如是请报代班前台主管处理；
2. 此续住房是否与当天BLOCK房有冲突，如有冲突联系当天BLOCK的客人调房；
3. 会议团队续住，先与销售代表确认团队会议续住的天数、价格、结账方式，再与客人说明；
4. 订单上要求保密的房价一律予以保密；
5. 如不是住店客人本人来续住，可有以下解决方案：
①可与之核对住店客人证件，如无证件可核对身份证号码、生日来确认；
②开房人如不是住店客人本人，需让客人打电话给开房人，通过核对身份证号码来确认是否需帮客人做新钥匙</td></tr>
<tr><td>2</td><td>与客人核对身份</td><td>双手接过客人的欢迎卡；调出电脑资料进行核对。如客人没带欢迎卡，就请客人报出自己的证件号码与电脑中的资料进行核对</td><td>可以看一下您的身份证吗？需要和您核对一下身份，谢谢合作</td></tr>
<tr><td>3</td><td>与客人确认续住天数</td><td>简洁、明了</td><td>请问您需要续住几天</td></tr>
<tr><td>4</td><td>查看客人押金是否足够</td><td>查看客人所交押金数额，减去已消费数额，看押金是否还够</td><td>先生/小姐，很抱歉，您的押金已不足，您看方便再续交一部分押金吗</td></tr>
<tr><td>5</td><td>押金足够可直接续过去，不够则需客人续交押金</td><td>如押金不足，需与客人说明，并告知还需续交多少押金</td><td>您还需交××元押金，请续交一下，好吗</td></tr>
<tr><td>6</td><td>及时更改电脑中的离店日期</td><td>及时、准确</td><td>—</td></tr>
<tr><td>7</td><td>重新填写欢迎卡，并重新做钥匙</td><td>入住日期不变，更改离店日期，注意字迹要整洁</td><td>—</td></tr>
<tr><td>8</td><td>客人续交完押金后，将插有钥匙的欢迎卡双手递给客人</td><td>—</td><td>钥匙已经帮您重新做好了，手续也都办完了，祝您住店愉快（双手呈上欢迎卡）</td></tr>
<tr><td>9</td><td>在电脑中及时更改押金数额</td><td>—</td><td>—</td></tr>
</table>

（三）押金服务程序

除非预先安排，所有住客须在登记时预先支付押金或使用信用卡作为押金担保。前台接待员应根据客人入住天数收取房费押金，一般而言，房费押金＝房间价格×2倍房费×房间间数×入住天数。例如，旅行社散客或旅行团队的付费方式为房费由旅行社会员卡结账，入住时需以现金或信用卡预授权作为押金担保，标准为按每间房每晚200元收取，退房时如所有房间查房正常且无任何消费或物品损失赔偿后，统一退还押金；对于自付散客或团队，由需以现金或信用卡预授权作为押金担保，标准为总房费的2倍金额押金，退房时按房间消费情况统一结算。如遇特殊情况不需预先支付押金时，预订部或销售部需提前在预订单及电脑备注上标明：免收押金入住（NO DEPO），退房时一起结，并标明担保人员姓名。由担保人及销售总监在预订单上签字，并由担保人在退房时跟进，将所有费用结清。

操作示范

押金催收程序与标准如表4－8所示。

表4－8 押金催收程序与标准

工作步骤	工作项目	工作标准	注意事项
1	核对押金余额情况	—	每日前台中班14：00—16：00，前台服务员打印客人在店明细报表，逐间核对押金余额情况
2	查看电脑是否备注延迟退房	根据实际退房时间，查看电脑备注	根据实际退房时间查看电脑是否备注延迟退房，或查看是否有延迟退房通知单
3	计算押金余额	客人押金为外币的应根据当日汇率折合为人民币后与消费金额冲抵，计算押金余额	—
4	填写《超预付通知单》	核对所有房间后将超预付确认要催收的房号整理出来，按顺序填写一式四联的《超预付通知单》	若电脑中备注押金为非住客本人交纳，超预付时不催收住客的应按承付单上交款人的联系方式确认催收。押金为支票的应联系押支票上的交款人
5	将《超预付通知单》分别派送	将《超预付通知单》的大堂副理联、宾客联、客房联交行李员分别派送	—
6	《超预付通知单》留存备查	《超预付通知单》的财务联与报表留存备查	—
7	结果反馈给大堂副理并让其签字	22：00后将催收结果反馈给大堂副理，请大堂副理在催付本上签字	—
8	催收未果，及时上报部门领导并交接跟办	当日催收未果的应在交接本上交接，情况特殊或金额过大的应及时上报部门领导或值班经理，并于次日早班上报前台领班继续跟办	—

小知识

酒店前厅部问讯处操作流程

一、岗位职责

负责客人的问讯，查询处理客人信件物品，接待访客留言，掌管客房钥匙。

二、问讯处的服务项目和设备

1. 服务

问讯、咨询、代客联络、代客订餐、找人会客、代言留言、钥匙保管、邮件处理等。

2. 设备

世界地图、中国地图、航空交通图、世界各国主要城市时刻表、电脑查询机、钥匙保管架、东莞电话号码簿、客史档案架、名片册、卡片盒。

三、业务要求

（1）能流利地使用一门以上外语进行服务接待、回答询问。

（2）熟悉酒店服务设施及特色；掌握当地主要餐馆、康乐场所和购物中心的营业时间、交通情况、电话号码；掌握酒店附近银行、邮局、教堂、医院的情况；了解飞机航班、车次的到离时间；懂得公共关系学的基础知识。

（3）熟悉酒店各项规章制度、涉外政策与法规，主要客源国历史、地理及风土人情，掌握酒店房价结构、房间种类及位置、住客情况与保密规定。

（4）懂得外事接待礼仪礼节，对客人提出的各种问题能给予圆满的回答和处理，具有较强的口头表达能力。

（5）熟悉当地各级政府机关、社会团体、外事机构的办公地点和电话号码。

四、问讯处工作内容

1. 咨询

客人咨询的问题涉及面很广，包括酒店内部、外部的信息，如市内交通、旅游方面的问讯等。为了回答客人各种各样的问题，问讯员必须掌握大量的信息，同时要准备好最新的问讯资料，以备客人随时咨询。

2. 查询

问讯处要经常接待非住客人的查询，查找住店客人的有关情况。查询的主要内容有：客人的房号、客人是否在酒店、有无他人来访住客等。若有这样的查询，问讯员应先问清来访者的姓名、与住店客人的关系等，然后打电话到被查询的那位住客的房间，经客人允许后，才可以让来访者上楼层找住店房人。如果客人不在房内，为确保客人的隐私权，不许将住客人的房号告诉来访者，也不可以让来访者到房间找人。

3. 代客留言

分对内留言和对外留言两类，有电话留言和当面留言两种方式。

对内和对外留言的程序：

（1）接到留言要求，准备好留言本，询问需留言的宾客姓名及房号，并在电脑中核对对方提供的姓名和房号是否相符。

（2）将留言者的姓名及所在地点记录在留言条上，询问并仔细聆听记录留言的内容，将留言内容复述一遍以确保无误。

（3）记下留言者的电话号码，告诉留言人将及时转达，并在留言条上标明日期和时间，签上记录者的姓名。

(4) 将留言条放在客人的钥匙孔格内，待客人前来取钥匙时将留言交给客人，如此时该客房钥匙不在，则应开亮该房间内电话机上的留言灯。

(5) 当客人在房间发现留言灯闪亮，打电话来询问时，将留言读给客人听，并询问客人是否需要亲自看留言，如需要，让行李员送至房间。留言处理完毕，关闭客人房间的留言灯。

(6) 对内当面留言，除留言内容由留言者亲自书写外，应对住客姓名、房号、日期、时间等加以核查，有的对内留言是给尚未到达的预期入住客人的，此时将留言信封在预订表上注明，待客人抵店后交予客人。

(7) 对外留言由住店客人亲自书写，经核查后存放在前台，待外边客人打电话或亲自前来询问时，转交客人。

4. 钥匙的分发、保管、遗失处理

(1) 客房钥匙的分发必须严格控制：

①问讯员可直接把钥匙发给熟悉贵宾、长住客人、酒店的常客。

②对于不熟悉的客人，问讯员则应有礼貌地询问其姓名，然后与钥匙架存放的卡条、在店客人名单、客房状况或电脑终端核对，证明无误后才能把钥匙交给客人。

③如有疑问，还可请客人出示房卡（欢迎卡）以供核对，这样做的目的是把钥匙发给真正的住客。

(2) 管理客房的钥匙应注意以下几点：

①注意钥匙、邮件架的安全，不准无关人员拿取钥匙。

②每交接班后，负责检查所有钥匙的放置位置是否正确。

③注意与收银人、行李员楼层服务中心、团队陪同保持联系，提醒离店客人归还钥匙。

④定期擦拭钥匙，发现损坏，立即更换。

(3) 客人遗失钥匙：

①查看钥匙格和附近的钥匙格，看有没有放错。

②追踪钥匙，帮助客人回忆可能遗留的地方，让楼层服务员检查客人房间，仔细查找。

③为其另换一把钥匙，将原设置的钥匙作废，并做遗失记录。

5. 住店客人邮件处理

(1) 收到信件，在电脑中查出房号后，放入钥匙格内，待客人回来交给客人，如客人已经离店也无要求转寄，则将信件退回邮局，请其退回发信人。

(2) 挂号信、包裹单、汇款单、快件等，必须在《信件传递记录表》上登记，并马上通知客人来前台签字领取。如客人不在房间则开启留言灯，并在钥匙格放入留言条以作提醒。

(3) 对于预订未到客人的邮件要注意保存，待客人到达时，按工作程序转交客人。

(4) 错投的处理，邮件错投是邮局发给酒店信函。如果是普通信件，应在邮件上贴上退批条，说明原因，请邮递员取回。挂号邮件或快递类错投，在接收时应先认真仔细地查找，尽量在接收时确认该邮件收件人非住店客人而拒收。

6. 电传和传真的处理

(1) 接到客人的电传或传真以后，首先通过电脑检查客人是否已离店，确认未离店，在《信件传递记录表》上登记，并马上电话通知客人来取电传或传真。如果房间里没有人，则开留言灯。

（2）客人来取电传或传真时，请其在《信件传递记录表》上签字。

（3）21:30 中班统一清点所有电传或传真以及留言，请行李部派人送至客人房间。

7. 客人要求隐匿身份

（1）对于隐匿身份客人的意愿，应予以尊重，接到有隐匿身份的客人的要求之后，一定要马上通知本班同事，并将信息通过交班和交班本传达给其他同事。

（2）在处理查询电话或来访者时，只为客人规定范围的来访者或查询者提供信息。

8. 托转物品处理

（1）处理客人托转物品，必须按要求请客人填写《客人托转物品登记表》（如有较大的行李需要托转，让客人寄存到行李部），并做好交接记录。

（2）托转人姓名、地址、联系电话以及收件人的姓名、地址、电话等，要尽可能地填写齐全。

（3）所托转的物品在存放有效期内还未拿走的应主动按地址、电话与托转人或收件人取得联系。

（4）对于存放并转交机票、大笔现金等，应婉言拒绝不予受理。

9. 代发信函、邮件

由于前台工作条件所限，一般不受理挂号信函和包裹寄出，接到客人交来准备发出的信函、邮件后，先称重量，然后按照邮局提供的邮资表将邮票卖给客人，如果客人没有时间，应为客人代贴邮票，并应在发出件背后加盖酒店收发章，然后将这些邮件统一装进前台邮箱中，待邮递员按时取走。

10. 办理叫醒服务

（1）叫醒单一式两份，一份给总机，一份留给前台。散客要求叫早，在确认时间以后写在叫醒单上，并请其在叫醒单上签名。

（2）团队叫早一般由领队和陪同处理，在他们确认叫早时间以后，必须请其在前台留言表上签字，以示同意所规定的时间，然后将房号抄在表上。

（3）各岗位人员将所有的叫醒申请记录送至总机处。

11. 接待来访者

（1）来访者要找某位客人，问清是否已约好，确认以后打电话通知客人，如果客人不在房间，可请来访者在大厅稍候或告诉其客人可能去何处，但不能让来访者去客人房间等待。

（2）来访者要找总经理，应问清其姓名、单位和其来意后，请客人稍候，打电话给总经理，请示如何处理。

12. 遗失物品的处理

（1）在接到遗失物品时，应问清在何时何地发现的及发现人的姓名。

（2）将遗失物品情况详细记录在遗失物品本上，并通知大堂副理，以便有人来询问时及时回答，并知会同事以交接班。

（3）客人来前台认领遗失物品时，需请客人把所丢物品详细情况说明，待查明物品特征与客人所描述相符时，请其签字认领并记下证件号码，然后将物品交还失主。

（4）客人未来领取的遗失物品，应立即交至客房服务中心，并办理移交手续。

13. 其他有关事项的处理

（1）非本店客人要求发传真、打电话、复印等，可让其到商务中心办理。

（2）非本店客人要求提供洗衣服务，联系楼层服务中心，让服务中心前来收取。

（3）本店员工由于某种原因要求自己或他人使用客房，需得到店领导的有效签字。

（4）遇特殊情况自己难以处理，须及时请示领班、主管、部门经理或值班经理。

第三节　总台客房销售服务

一、总台客房销售的一般工作要求

（一）销售准备

（1）仪表仪态要端正，要表现出高雅的风度和姿态。

（2）总台工作环境要有条理，使服务台区域干净整齐、不零乱。

（3）熟悉饭店各种类型的客房及其服务质量，以便向潜在客人介绍。

（4）了解饭店所有餐厅、酒吧、娱乐场所等各营业场所及公共区域的营业时间与地点。

（二）服务态度

（1）要善于用眼神和客人交流，要表现出热情和真挚。

（2）面部要常带微笑：对客人表示："欢迎，见到您很高兴。"

（3）要用礼貌用语问候每位客人。

（4）举止行为要恰当、自然、诚恳。

（5）回答问题要简单、明了、恰当，不要夸张宣传住宿条件。

（6）不要贬低客人，要耐心向客人解释问题。

（三）销售工作

（1）要善于用描述性语言，准确使用形容词介绍提供的几种客房的优势，说明能给客人带来好处以供客人选择，但不要对几种客房做令人不快的比较。

（2）不要直接询问客人要求哪种价格的房间，应在描述客房情况的过程中，试探客人要哪种房间。

（3）要善于观察和尽力弄清客人的要求和愿望，有目的地销售适合客人需要的客房。

（4）不要放弃对潜在客人推销客房。必要时可派人陪同他们参观几种不同类型的客房，增进与客人之间的关系，这将有助于对犹豫不决的客人促成销售。

二、总台客房销售的技巧

（一）把握客人的特点

不同的客人有不同的特点，对酒店也有不同的要求。总台人员要注意客人的衣着打扮、言谈举止以及随行人数等方面把握客人的特点（年龄、性别、职业、国籍、旅游动机等），进而根据其需求特点和心理，做好有针对性的销售。

（1）商务客人通常是因公出差，对房价不太计较，但要求客房安静，光线明亮（有床头灯），办公桌宽大，服务周到，效率高，酒店及房内办公设备齐全（如安装有宽带网和直拨电话以及电脑、传真机等现代化设备），有娱乐项目。

（2）旅游客人要求房间外景色优美、房间内干净卫生，但经济承受能力有限，比较在乎房间价格。

（3）度蜜月的客人喜欢安静、不受干扰且配有一张大床的双人房。

（4）知名人士、高薪阶层及带小孩的父母喜欢住套房。

（5）年老的和有残疾的客人喜欢住在靠近电梯和餐厅的房间。

（二）熟悉客房

总台员工在销售客房时应明确自己是在销售客房，而非销售价格。因此总台员工应熟悉客房，在销售时应多做客房的具体描述，而尽量少提及价格。具体如下：

总台人员在销售客房时，必须对客房做适当的描述，以减弱客房价格的分量，突出客房能够满足客人需要的特点。

比如，不能只说："一间 198 元的客房，您要不要？"而应说："一间刚装修过的、宽敞的房间""一间舒适、安静、能看到临街景色的客房""一间具有民族特色的、装修豪华的客房"，等等。这类形容词是无穷无尽的，只有这样容易为客人接受。

要准确地描述客房，必须首先了解客房的特点。这是对总台员工的最基本要求之一，比如带他们参观客房，并由专人讲解客房的特点，以加深印象。

（三）注重客房"报价"技巧

"报价"是一种艺术，巧妙的报价方式，可提高酒店产品的推销与营业收入。报房价，不仅要报全价，还要主动向客人介绍产品的特点，要对房价差异产生的因素有所了解，使决定权潜意识地转向酒店，在推销中，房价可以在三个地方说，即开头、结尾和中间。

1. "冲击式"报价

"冲击式"报价即先报价格，再提出房间所提供的服务设施与项目等，这种报价方式比较适合价格较低的房间，主要针对消费水平较低的顾客。

2. "鱼尾式"报价

先介绍所提供的服务设施与项目，以及房间的构造特点，最后报出价格，这种报价方式适合价格较高的房间，突出物美，加深客人对美的第一印象，减弱高价对客人的影响。它较适合消费水平高、有一定地位和声望的顾客。

3. "夹心式"报价

将房价放在提供服务的项目中间进行报价。这种方式适合于中档房，先介绍房间类型再报价，如果客人觉得比较贵再补充介绍特点，加强美的印象，从两面冲弱价格的强度。

当然，价格什么时候报、报几种，要针对不同客人的特点与消费心理，切不可夸大其词，否则会适得其反。在洽谈房价的过程中，总台服务人员的责任是引导客人、帮助客人进行选择，而不应该硬性推销。客人可能会因为不喜欢某类客房而找托词，总台人员不要坚持为自己的观点辩护，更不能贬低客人的意见，对客人的选择要表示赞同与支持。要使客人感到自己的选择是正确的，即使他选择了一间最便宜的客房。

在口头推销中，向客人推荐的价格以一两种为宜，最多不能超过三种，因为价格种类太多，客人记不住。

小知识

客房销售的报价艺术

总台对客报价是酒店为扩大自身产品的销售，运用口头描述技巧，引起客人的购买欲望，借以扩大销售的一种推销方法。其中包含推销技巧、语言艺术、职业品德等内容，在实际推销工作中，非常讲究报价的针对性，只有适时采取不同的报价方法，才能达到销售的最佳效果。掌握报价方法，是搞好推销工作的一项基本功，以下是酒店常见的几种报价方法：

(1) 高低趋向报价：这是针对讲究身份、地位的客人设计的，这种报价法首先向客人报明酒店的最高房价，让客人了解酒店所提供高标准房间及与其相配的环境和设施，在客人对此不感兴趣时再转向销售较低价格的客房，接待员要善于运用语言技巧说动客人，高价伴随的高级享受，诱使客人做出购买决策，当然，所报价格应合理，不宜过高。

(2) 低高趋向报价：这种报价可以吸引那些对房间价格做过比较的客人，为酒店带来广阔的客源市场，这种报价法有利于酒店保持竞争优势。

(3) 排列报价法：这种报价法是将酒店所有现行价格按一定排列顺序提供给客人，即先报最低价格，再报最高价格，最后报中间价格，让客人有选择适中价格的机会，这样做，酒店既坚持了明码标价，又维护了商业道德，既方便客人在整个房价体系中自由选择，又增加了酒店出租高价客房，获得更多收益的机会。

(4) 选择性报价：采用此类报价法要求总台操作人员善于辨别抵店客人的支付能力，能客观地按照客人的兴趣和需要，提供适当的房价范围，一般报价不能超过两种以上，以体现估量报价的准确性，避免选择报价时犹豫不决。

(5) 利益引诱报价：这是一种对已预订到一般房间的客人，采取给予一定附加利益的方法，使他们放弃原预订客房，转向购买高一档次价格的客房。

(6) 弱化价格重要性报价：此类报价是将价格置于所提供的服务项目中，以减弱直观价格的分量，增加客人购买的可能性，此类报价一般由总台接待人员用口头语言进行描述性报价，强调提供的服务项目是适合客人利益的，但不能太多，要恰如其分。

(7) 灵活报价：灵活报价是根据酒店的现行价格和规定的价格浮动幅度，将价格灵活地报给客人的一种方法。此报价一般是由酒店的收益管理中心决定，根据酒店的具体实际情况，在一定价格范围内适当浮动，灵活报价，调节客人的需求，使客房出租率和经济效益达到理想水平。

（四）注意使用适当的推销语言

总台员工在推销客房、接待客人时，说话不仅要有礼貌，而且要讲究艺术性。比如，应该说：“您运气真好，我们恰好还有一间漂亮的单人房！”而不能说：“单人房就剩这一间了，您要不要？”

（五）多提建议

客人犹豫不决时，是客房销售能否成功的关键时刻。此时，总台接待员要正确分析客人的心理活动，耐心地、千方百计地去消除他们的疑虑，多提建议，不要轻易放过任何一位可能住店的客人。这种时候，任何忽视、冷淡与不耐烦的表现，都会导致销售的失败。总台人员在必要时还可以建议客人进房参观。

（六）展示客房

总台在销售客房时，应适时展示客房，在展示客房的过程中，要自始至终表现得有信心、有效率、懂礼貌，并注意对客人的称呼，及时解决客人存在的疑虑。如客人不打算租用酒店的客房，总台人员也应对客人的光临表示感谢，并告诉客人，欢迎他以后有机会再来。

（七）达成交易

总台人员与客人达成交易是销售客房的最后一项工作，也是销售客房的关键。当总台人员意识到客人对所推荐的客房感兴趣时，应强调现在就订的好处，用提问的方式促使客人做出选择。例如，可以用这样的方式结束推销：“××先生，您试试这间客房可以吗？”

“您会认为花这个价钱是值得的。”

“您愿意试住一个晚上吗？××先生，如果不满意的话，我明天再为您换一间。”

“您现在要办理入住登记手续吗？”达成交易后，总台人员还应诚挚地向客人表示谢意，应尽量缩短客人的等候时间，给客人办理入住登记手续。

第四节　行政楼层服务

一、行政楼层的服务要求及标准

（一）入住登记程序

（1）客人到达后，接待员应见客起立、微笑、主动礼貌地打招呼。

（2）热情地询问客人有无预订。

（3）请客人出示证件，并核对证件是否与持证人相符，再向客人表示感谢。查找预订，与客人确认入住天数、房型、房价后表示感谢。迅速确定房号，并在电脑里做C/I。

（4）将证件扫描并输入房号。

（5）仔细、完整地填写登记单。符合公安部门的要求，字迹清楚无误。

（6）让客人确认后签字。

（7）准备钥匙和房卡。

（8）询问客人付款方式并收取押金。

（9）把房卡及钥匙交给客人，并告知客人的用早餐时间、地点，并祝客人愉快。

（10）迅速地将客人的资料准确输入电脑（含外管处信息栏），并复查。

（11）立即报相关部门，并做好记录，以供查询。

（二）VIP欢迎水果送房程序

（1）填写水果配送单，写清日期、房号（或楼层）、数量，由批准人签名，注明承担费用部门及申请人姓名。

（2）将白、红两联送交餐厅，黄联留存。

（3）检查水果质量，确保新鲜，表面无斑痕、无污迹。如有质量问题应立即通知餐厅更换。

（4）准备餐车或托盘，按已预订房号逐一送房（按进房程序操作）。

（5）摆放要求：水果盘应放于茶几上或写字台上。果盘靠左上方，垫盘靠右下方。水果造型美观，口布折叠后放于垫盘上，左叉右刀斜放在口布里，露出刀叉手柄。水果应在客人 C/I 以前送进房内。

（6）如客人房间显示“请勿打扰”，不能擅自进房。

（三）送茶或咖啡服务程序

（1）准备相关物品，如：一个托盘或一辆手推餐车（餐车上铺干净的垫布）；茶杯碟；茶匙；糖缸；奶盅；茶壶或咖啡壶；瓶花、杯盖、白脱碟和3片柠檬（配柠檬茶）。

（2）查阅需求记录单，在叫早时间过5分钟后，主动打电话询问客人是否需要送茶或咖啡服务。

（3）送房服务。

①按进房程序操作，并讲：“早上好，××先生或小姐：管家服务，我能为您送茶或咖啡吗？”

②如房显示“请勿打扰”，应先打电话征得客人同意后再送。

③如客人不便开门，应先送其他房间后再返回。

将茶或咖啡轻轻放在咖啡茶几上，并请客人慢用。进房时如察觉客人还未睡醒，不要打扰他，应告知其过一会儿再来。离开房间时，轻轻将门关上并祝客人愉快。

二、行政楼会议室接待服务程序

（一）会前准备工作

提前15分钟做好各项准备工作。对客人租用的设备进行检查和调试，确保正常使用。

检查会议室空调，确保正常运转。做好会议室和客厕的清洁卫生工作。

（二）会中接待工作

客人到达后，服务员应笑脸相迎，主动问候客人，引领客人进入会议室。提供上茶服务，从主客起依次服务。倒茶时，应左手拿茶壶，右手拿茶杯，上茶后应说“请用茶”。茶杯手柄应向右呈45°。上茶时手不能碰到杯口。一般每隔20分钟上一次茶。并及时更换烟缸，比如上茶时如发现烟缸里有两只烟头就要更换。换时先用干净烟缸盖在脏烟缸上，以免烟灰飞散，两只烟缸叠在一起后放入托盘内再将干净烟缸放到桌上。

在服务中要集中注意力，随时服务于客人。督促楼层服务员保持客厕清洁卫生。卫生纸、面巾纸等用品及时补足。若客人开会时间超出预订时间，要婉转地提醒客人，避免影响下一批开会客人。

（三）会后后续工作

开出杂项收费单让客人确认后签字。检查是否有客人遗留物品，应及时交还客人。如客人已离开应在15分钟内交到房务中心并在交接本上作记录。清点和检查租用设备确保完好，及时归还。

及时清理，做好清洁卫生工作。

本章实训任务

本章实训任务如表4－9、表4－10、表4－11、表4－12所示。

实训任务一：

表 4－9　熟悉和掌握办理入住登记手续的程序

实训项目	熟悉和掌握办理入住登记手续的流程和操作规范
实训要求	通过了解和熟悉总台接待人员的工作职责，掌握办理宾客入住登记工作的服务流程和规范
实训地点	教室或模拟酒店实训室
实训材料	多媒体等
实训内容与步骤	一、实训准备 学生分两组，一组扮演宾客，一组扮演行李员、前台接待员。 二、实训开始 1. 制作《散客入住登记表》； 2. 制作《团队宾客入住登记表》； 3. 模拟办理散客入住登记手续的服务流程； 4. 模拟办理团队宾客入住登记手续的服务流程。 三、实训考核、点评 指导老师点评、总结任务要点。指出和纠正实训过程中存在的不足，并强化学生掌握办理散客和团队宾客入住登记手续的服务流程和服务接待标准

实训任务二：

表 4－10　熟悉和掌握入住接待服务的流程和操作规范

实训项目	熟悉和掌握入住接待服务的流程和操作规范
实训要求	通过了解和熟悉总台接待人员的工作职责，掌握办理散客、团队宾客以及贵宾入住接待工作的服务流程和规范
实训地点	教室或模拟酒店实训室
实训材料	多媒体等
实训内容与步骤	一、实训准备 学生分两组，一组扮演宾客，一组扮演行李员、前台接待员。 二、实训开始 1. 模拟散客入住接待的服务流程； 2. 模拟团队宾客入住接待的服务流程； 3. 模拟贵宾入住接待的服务流程。 三、实训考核、点评 指导老师点评、总结任务要点。指出和纠正实训过程中存在的不足，并强化学生掌握散客、团队宾客和贵宾入住接待工作的服务流程和服务接待标准

实训任务三：

表 4－11　熟悉和掌握换房、续住等服务流程和操作规范

实训项目	熟悉和掌握换房、续住等服务流程和操作规范
实训要求	通过了解和熟悉总台接待人员的工作职责，掌握办理宾客换房和续住等要求的服务流程和操作规范

续表

实训地点	教室或模拟酒店实训室
实训材料	多媒体等
实训内容与步骤	一、实训准备 学生分两组，一组扮演宾客，一组扮演行李员、前台接待员。 二、实训开始 1. 模拟办理宾客换房要求的服务流程； 2. 模拟办理宾客续住要求的服务流程。 三、实训考核、点评 指导老师点评、总结任务要点。指出和纠正实训过程中存在的不足，并强化学生掌握办理宾客换房、续住等要求的服务流程和服务接待标准

实训任务四：

表 4-12　熟悉和掌握行政楼层的服务项目及操作规范

实训项目	熟悉和掌握行政楼层的服务项目及操作规范
实训要求	通过了解和熟悉行政楼层接待人员的工作职责，掌握办理行政楼层宾客入住登记、送水果、送饮品以及会议室接待等工作的服务流程和操作规范
实训地点	教室或模拟酒店实训室
实训材料	多媒体等
实训内容与步骤	一、实训准备 学生分两组，一组扮演宾客，一组扮演行政楼层接待员。 二、实训开始 1. 模拟办理行政楼层宾客入住的接待服务流程； 2. 模拟办理行政楼层送水果入房的服务流程； 3. 模拟办理行政楼层送饮品入房的服务流程； 4. 模拟行政楼层会议室接待的服务流程。 三、实训考核、点评 指导老师点评，总结任务要点。指出和纠正实训过程中存在的不足，并强化学生掌握行政楼层入住登记、送水果、送饮品以及会议接待等服务的流程和服务接待标准

知识归纳

前厅接待服务是宾客进入酒店之后的首要环节，这一过程服务质量的好坏将直接影响抵店宾客对酒店的“第一印象”。同时，前厅还是宾客离店时最后一个服务环节，还会给宾客塑造一个“最后印象”。因此，只有规范服务流程、提升服务质量水平，才能让宾客对酒店产生如“热情周到、细致体贴”这样始终如一的良好形象。本章节重点介绍了酒店前厅接待服务工作的主要内容。通过本章的学习，使学生了解办理入住登记手续的目的、熟悉办理入住登记手续的程序、熟悉总台排房的原则、掌握入住接待服务的流程和操作规范以及掌握行政楼层的服务项目及相关操作规范，从而使学生具备酒店接待服务的相关素质和服务技能。

典型案例

客人要游览长城

一个星期天，一位英国来华的乔治先生在北京某宾馆服务台问讯台前踌躇，似有为难之事，问讯员小胡见状，便主动询问是否需要帮助。乔治先生说："我想去游览八达岭长城，乘旅行社的专车去他们配有讲英语的导游，对我游览有很大的帮助。"小胡问："乔治先生，你昨天预订旅行车票了吗?"乔治答："没有，因为昨天不想去，今天我又冒出想去的念头。"小胡知道，宾馆规定，去长城游览的客人必须提前一天登记，这样旅行社的车第二天才会到宾馆来接客人，而昨天没有一个客人登记，旅行社的车今天肯定不会来了，小胡想了想对乔治先生说："请您稍等，我打电话给旅行社，若还没发车，请旅行社开车到宾馆来接您。"小胡马上打电话给旅行社，旅行社告之：去八达岭的车刚开走，请直接与导游联系，并告之导游的手机号，于是，小胡又马上给导游联系，导游同意并说马上将车开到宾馆接乔治先生。小胡放下电话，对乔治先生说："乔治先生，再过10分钟旅行车就来接您，请您稍等。"乔治先生很是感动地连声说："谢谢！"

案例分析：问讯员小胡对乔治先生的接待是积极主动、热情礼貌的，如见到在前台问讯处踌躇的乔治先生，主动询问："乔治先生，您有什么事需要我帮助吗?"当得知情况后，便马上帮乔治先生联系旅行社。这体现了小胡真正视客人为上帝的职业精神。此外，小胡既遵守宾馆的规定，又在不违反原则的情况下，为乔治先生提供超常规服务，表现了小胡善于动脑，思维敏捷，办事效率高的特点，使乔治先生实现了自己游八达岭长城的愿望。

前厅部的工作决定了酒店在客人心目中的"第一印象"和"最后印象"，这些印象（工作人员的工作态度、责任感、言谈举止、礼貌礼节），决定着客人对酒店的总体评价，这些评价又影响着客人对酒店的选择，对客人询问问题的回答、帮助，更会给客人留下非常独特的印象和感受。由此前厅部工作质量的好坏、效率的高低，对酒店整体形象、业务的开展、订房率的高低带来的影响是非常大的。本案例中的问讯员小胡深知这一点，因此他在工作中观察细心，主动及时地给予乔治先生帮助，这给客人留下了美好的印象。

复习思考

一、填空题

1. 办理________是酒店与客人之间建立正式合法关系的最根本一步。

2. 客房分配应按一定的顺序进行，优先安排________和________。

3. VC 是指________。

4. S/O 是指________。

5. 填写水果配送单，写清________、________、________，由批准人签名，注明承担费用部门及申请人姓名。

二、不定项选择题

1. 一名客人拿一个证件来前台登记两间客房（　　）。

A. 直接给客人登记

B. 一人多证登记

C. 不给登记

D. 询问客人几人入住，并提示客人必须一人一证登记

2. 服务员在过道上遇见迎面而来的客人应（　　）。

A. 侧让一旁　　B. 主动问候并侧让一旁

C. 直接走过去　　D. 注视对方

3. 服务员正在接听电话，而客人前来时应（　　）。

A. 不予理睬　　B. 礼貌示意，尽快结束通话并致歉

C. 让客人等候　　D. 立即挂断电话

4. 下列不属于前台职能的是（　　）。

A. 销售客房　　B. 控制房态　　C. 建立客户档案　　D. 整理房间

5. 接受预订信息包括（　　）。

A. 到店日期　　B. 入住天数　　C. 房型　　D. 间数

6. 入住接待的手续包括（　　）。

A. 请客人出示身份证

B. 尽量帮助有困难的客人填写《临时住宿登记单》

C. 请客人签名

D. 客人证件扫描

7. 为客人留言的注意事项有（　　）。

A. 不可为未入住的预订的客人留言

B. 可将客人的房间号告诉留言者

C. 请访客自己书写留言

D. 放入专用信封，并写上房号和住店客人的姓名和称谓

8. 总台在接待会议入住时应注意（　　）。

A. 根据会议人数做好留房

B. 要清楚会议上有何要求，并和会务组保持联系是否开通电话服务

C. 在确认是由会务组统一结账时，要认真填写会议入住登记本，记录好入住时间、退房时间，并由会务组负责人签字认可

D. 征求会议人员的意见，并及时做好记录

9. 前台销售客房的要求有（　　）。

A. 熟悉掌握酒店的基本情况及产品的特点

B. 根据客人的类型与特点，判断其需求，加强宣传推销的力度

C. 加强推销酒店的他产品

D. 掌握报价方法

10. 客人发脾气或说不礼貌的话时应怎样处理？（　　）

A. 保持冷静和克制的态度，使用礼貌的语言，绝对不要和客人争执、谩骂

B. 检查自己是否有工作不周的地方，待客人平静后加以解释

C. 征求客人的意见，请其到不影响其他客人的地方

D. 客人火气尚未平复，应及时向上级报告，请上级出面解决

三、简答题

1. 为什么一定要办理入住登记手续？
2. 简述无预订散客入住的流程。
3. 简述职员用房开房程序。

四、论述题

论述销售客房的报价方式及其特点。

五、案例分析

开房的抉择

2002 年圣诞前夕的下午，南京天京大酒店公关销售部施经理正在大堂忙忙碌碌地张罗圣诞节的环境布置，只见一位身穿西装的先生带着一位身穿夹克衫的男子急匆匆地走到他跟前，轻轻地对他说："施经理，有件事跟您商量一下。我是北京 × ×公司的总经理，这几天和另一位同事住在贵店，开了一间房。这位先生是我的南京客户，刚才和我一起吃完饭，多喝了点酒，我想给他另开一间房，让他休息一下，晚上住一宿，顺便谈点生意。可总台服务员说我已经开了一间房，不能再开了。而这位客户正好没带身份证，也不让登记，这就麻烦了。施经理，您就帮忙再开一间房吧。您看，这是我的身份证。"他边说边递上身份证，下面还有一张没有填写的住房登记表。"施经理，您就行个方便吧。"旁边那位男子也递上名片求情。

此刻，施经理感到很为难：这位北京某大公司的总经理是本酒店的常客，他的要求应该尽量满足，如果处理不当，就会失掉一个很有潜力的常客，但如果答应让其客户无身份证入住，又不符合饭店住宿的一般规程。他试图找到一个变通办法，便询问那位男子："您有没有证明你身份的其他证件？"男子摇了摇头。"那可不行啊。"施经理显得无可奈何。那位先生有点急了，赶紧说："这是特殊情况嘛，请允许我用我的身份证来担保他入住吧。""好，就这么办吧。"施经理略一沉思，下定决心答应下来。两位客人喜出望外，连声道谢，表示今后有机会一定再住天京大酒店。

施经理领两位客人到总台办完入住登记后，又给楼层服务台打了个电话，向值台服务员介绍了那位新入住客人的特殊情况，请她要多加注意。

案例讨论：案例中施经理的做法对吗？如果是你遭遇此种情况该如何处理？

第五章

总机及商务中心服务

学习目标

1. 了解总机服务的基本要求
2. 熟悉和掌握总机相关服务的操作规范
3. 熟悉和掌握总机的常用用语
4. 熟悉和掌握商务中心的服务规范

主要知识点

1. 熟悉和掌握总机相关服务的操作规范
2. 熟悉和掌握商务中心相关服务的操作规范

本章主要阐述星级酒店总机工作人员的服务标准及要求，应对日常工作中宾客的咨询、投诉等问题的解决措施，通过话务人员的语言交流技巧，让宾客真正信任酒店、支持酒店，让总机成为酒店服务的拳头部门，从而搭建更为广泛的客源关系，提高酒店形象，突出酒店服务的特色，传播具有吸引力的企业文化，让宾客闻声而来。

第一节　总机服务

提高酒店的服务质量、提升自身的竞争力，是酒店取得相对优势的最为直接的途径。从根本上说服务质量是酒店生存与发展的基础，酒店之间的竞争，本质上是服务质量的竞争。因此，不断提高酒店服务质量，以质量求效益是酒店发展的必经之路，也是酒店管理者共同努力的目标和日常管理的核心。随着酒店业的日趋激烈的竞争，宾客对酒店服务质量的要求越来越高，细节服务的要求也越来越值得关注，除了看得见的服务，听得到的服务应该更加引起重视，声音与语言传播的力量同样能为客人带来宾至如归的体验，让客人流连忘返。那么，如何做到用声音打开宾客的心门，用语言留住客人的脚步，酒店总机服务工作，通过话机听筒传递温暖，让服务与礼仪通过耳膜使大脑产生振动。酒店总机连通宾客与酒店的同时也维持着酒店内部运作的系统，传递着与酒店相关的多种信息，在大量信息系统交会融合中帮助酒店各部门的协调与工作，是酒店更加稳定有序工作的重要二线部门。因此，保证酒店总机有一个良好的运行环境以及专业的工作程序是一个星级酒店管理者必需的资源储备。

一、总机服务的基本要求

（一）总机与总机服务

总机，多是酒店前厅部门的构成成分之一，按酒店规划不同也有与酒店客房服务中心合并的现象，但总机处理事务较多，大多数还是独立单个成分。一间办公室内配置多部服务话机和适量的话务操作台（与话机相连接，用键盘拨号的电脑），总机工作员工通常被称作话务员或者接线员。电话是服务部门最常用的通信工具之一，在对客服务过程中扮演着十分重要的角色。因此，专门负责为客人提供电话服务的总机房就具有非常重要的作用。总机人员主要工作就是接听电话，处理包括内线、外线的各项事务，传递每一个工作环节需要的信息，酒店工作较忙，同时进来五六线电话是经常有的事，所以对工作人员的处理能力要求很高。作为服务人员每天面对的是来自五湖四海的客人以及个性、心境、期望各不相同的团体。所以，总机人员既要有个性化的表达沟通，又必须掌握许多有共性的表达方式与技巧来为客人服务。同时，作为话务员最重要的是通过有声语言与客人沟通交流，同时配合其他一线部门共同完成对客服务。

（二）总机工作人员的素质及形象

很多人都说总机的工作适合老年人，这话其实不假，接听电话不需要你一定年轻美貌，重要的是声音传递出美。在总机工作中的女性居多，声音更具有亲和力，接听电话的时候声音甜美。酒店在培训总机员工的时候要让她们的亲切感超越移动的客服电话，铃响三声内必须接听电话，同时要将柔和的笑容和积极乐观的态度从电话中传播过去。酒店总机因为需要第一时间回答客人的提问，所以必须熟悉酒店内外及当地的公共设施，很多酒店聘用稍年长的女性来接听电话，因为她们从容淡定、阅历丰富，有很好的语音控制技巧，在电话中听她们似乎永远保持着二十岁的音色。因此，不要求接线员的形象有多好，她（他）可以相貌平平，但必须仪容整洁，将自身的自信和酒店的形象通过电话传递出去，在电话另一边收听的时候，她（他）永远那么美。她（他）通过工作所体现出来的不仅是素质，而且是良好的修养。

（三）总机服务工作所需要的准备

（1）熟练使用办公软件。因为总机经常是在电话与电脑之间切换，必备的软件使用是不可缺少的。

（2）熟悉所在地的各种公共设施及电话，交通线路，重要枢纽点到酒店的乘车路线及费用、往来时间，公共游乐设施的距离及费用，如果客人要求话务员帮忙设计一下出游路线或者去往医院等，需要第一时间对其做出答复。

（3）熟悉甚至能够背诵酒店具体概况，包括：酒店地址，对外电话，传真，近一个月内所有活动的具体方案及价目表，所有房型房态及其近期门市价、前台价、网络价，熟悉每个餐厅及活动场所的方位，熟悉会议室大小及其不同的摆桌容量，这些都是客人来酒店经常会问到的东西，如果不熟悉会影响下一个电话的接听时间。

（4）熟悉酒店二级以上所有领导的电话，以便在接听时称呼其职位。

（5）背诵酒店各部门各房间的电话号码，包括洗衣库房等，以便同事或客人需要转接电话时在5秒内完成接通。每次总机在培训新员工入职的时候大量的背诵都是极大的挑战。

（四）总机员工上岗要求

（1）熟悉本组范围内的所有业务和知识；
（2）认真做好交接班工作；
（3）按工作程序迅速、准确地转接每一个电话；
（4）对客人的询问要热情、有礼、迅速地应答；
（5）主动帮助宾客查找电话号码或为住客保密电话；
（6）准确地为客人提供叫醒服务；
（7）掌握店内组织机构，熟悉店内主要负责人和各部经理的姓名、声音；
（8）熟悉市内常用电话号码；
（9）熟悉有关问讯的知识；
（10）掌握总机房各项设备的功能，操作时懂得充分利用各功能键及注意事项；
（11）在工作中，不闲扯，不谈笑，不看书、报、手机；
（12）如下情况，必须严格保密：
①客人的情况；
②宾客不对外公开的情况；
③客人的房号。

（五）总机话务员接电话必须遵守的三个原则

（1）铃响三声内接听电话。
（2）通话结束后，要等客人先挂电话方可轻轻挂断电话。
（3）无论心情如何，都要将笑容传入听筒。

小贴士

话务员的工作流程与标准如表5－1所示。

表5－1　话务员的工作流程与标准

程　序	标　准
1. 上岗前	①需提前5分钟到客办签到，填写到岗时间，上岗交接班； ②交接班时，需特别注意本部门的有关通知和重要情况及特殊事宜； ③需将总机业务常用的电话号码、手机号码等需要查询的相关资料摆放好，以便查询
2. 上岗后	①每天早上07：30之前将酒店部分固定电话的权限打开，分别在18：00、19：30、20：00和23：00四个时间段将对应电话的权限关闭，如在关闭时间之外需要打开电话权限，应记录好通知时间和通知人； ②每天的夜班在00：00之后需将设置免打扰的房间进行核查，将以C/O的房间电话免打扰取消，避免造成二次入住的宾客电话无法正常转接； ③如一人在岗，有事需离岗时（去洗手间……），需联系房务中心文员，等房务中心文员到总机岗位方可离岗。如有事需外出必须经当值主管同意后方可离开； ④每天白班人员在17：00下班前，需填写总机安全巡查记录本； ⑤白班和夜班人员随时查看酒店内网的大型活动通知单，并做好记录； ⑥接到宾客和其他岗位通知总机做叫醒服务时，在交接本和叫醒记录本记录后，做好闹铃设置，并立即对宾客信息进行核对，以免造成叫醒失误；

续表

程　序	标　准
2. 上岗后	⑦在天气突变的情况下，做好特殊天气预案处理。通知酒店相关部门注意及时关好门窗等准备工作； ⑧接到客人需开房间门的电话，应将电话转接到前台进行客人信息核对； ⑨严禁在总机房翻阅报纸、杂志等与业务无关的书籍，不能在岗中吃零食； ⑩交接班时应将本班次未完成的事项和下一班次交接清楚，双方签名后方可离岗； ⑪如接到宾客办理事宜恰逢所转部门在下班时间之内，总机人员应及时联系部门相关人员将信息进行反馈； ⑫总机窗户应定时开关，以保证总机房内的空气新鲜，设施设备及时散热； ⑬总机话务台在夜班电话不忙时，两台应交换使用，延长话务台的使用寿命； ⑭总机人员应熟记通信公司相关人员的电话联系方式，在发现话务台异常，如出现无法正常开关电话权限等问题，应及时联系相关人员将问题的具体情况进行反馈，并将此问题及时上报； ⑮接到无条件转入房间的外线电话，应核对房间的电话号码与宾客所拨电话号码是否一致，在一致后方可转接； ⑯如频繁接到宾客要开外线的电话，需及时与前台登记的宾客信息进行核对，如前台接待已将宾客入住房间的电话权限设置成国际长途，总机人员应及时查看与前台联网的中软系统，并重启。对电话权限出现异常的房间电话手工打开
3. 下班前	填写交接班记录，书面、口头交接清楚后，去客办填写二次签到表后离岗

二、总机服务相关操作规范

（一）接听报岗

总机工作人员接听电话第一步要做的就是报岗，让致电者清楚是哪里在接听电话，具体操作内线、外线是不一样的。因为话务员一接起电话就要马上反应报岗内容，所以对这段语言应非常熟悉，达到惯性本能的反应。具体操作如下：

外线：您好，某某酒店，请问有什么可以帮您？

Good morning/afternoon/evening，××hotel，may I help you?

内线：早上好/下午好/晚上好，电话服务中心，请问有什么可以帮您？

Good morning/afternoon/evening，this is guest service center ×× speaking，may I help you?

（二）电话转接及留言服务

（1）向来电话者热情问好，然后认真聆听客人讲话再转接，并说，“好的，马上为您转接”，如果客人需要其他咨询、留言等服务，应对客人说：“好的，马上为您查询。”

（2）在等候转接时，为客人播出悦耳的音乐。

（3）接转之后，如果对方无人接听，话务员应在铃响五次之后向客人说明：“对不起，电话没人接，请问您是否需要留言？”若是需要留言，则问清客人是要语音留言还是文本留言。多数情况下为语音留言，则马上将电话转至需要留言的房间话机。若是给酒店管理人员的留言，则由话务员清楚地记录下来，通过寻呼或其他方式尽快将留言转达给有关人员。

操作示范

转接电话的工作流程与标准如表 5－2 所示。

表 5－2 转接电话的工作流程与标准

<table>
<tr><th colspan="2">程 序</th><th>标 准</th></tr>
<tr><td colspan="2">1. 有电话进入</td><td>①需三声铃响之内接起电话；
②若铃响超过三声接起电话，应立即向宾客致歉，“对不起，让您久等了”；
③语调柔和，清晰地问候，表示愿意为宾客提供服务</td></tr>
<tr><td rowspan="2">2. 转接电话</td><td>外线</td><td>①“Good morning/afternoon/evening，××hotel，您好，××酒店”；
②仔细聆听并重复宾客所要接通的电话号码；
③对宾客说：“请您稍候。”并准确迅速地接通所需转接的电话</td></tr>
<tr><td>内线</td><td>“Operator，您好，总机。”</td></tr>
<tr><td colspan="2">3. 电话占线</td><td>①及时向宾客说明电话占线情况：“对不起，电话占线，请您稍后再拨好吗？”
②若对方确有急事或长途电话要求一定与被叫宾客通话，需问清宾客姓名、地点，使用 Insert 强插键，对客人解释：“您好，我是总机，对不起打扰一下，有某地、某位先生/女士给您打来电话，请问您要接听吗？”
a. 若宾客接听，提醒宾客挂机，为宾客转接电话；
b. 若宾客不想接听，向客人道歉：“对不起，打扰了！”并告知来电宾客说：“对不起，电话占线，请您稍候再拨，好吗？”
c. 非特殊情况下不可使用强插功能</td></tr>
<tr><td colspan="2">4. 电话无人接听</td><td>告知宾客：“对不起，先生/女士，您拨打的电话暂时无人接听，请问您需要留言吗？”若对方需要留言，填写留言单，并做好记录；若宾客不需要留言，请其稍候再拨</td></tr>
<tr><td colspan="2">5. 多部电话进入</td><td>若需要选择接听，按 End 键，选择所要接听电话的序号，再按 Enter 键接听</td></tr>
</table>

（三）回答问询及查询服务

无论是店内还是店外的客人，常常会向酒店总机提出各种问讯。因而，话务员必须了解店内外一般的信息资料，特别是酒店各部门及酒店附近的主要有关单位的电话号码，以方便客人。查询电话服务的工作程序通常是：

（1）如果客人查询的是常用电话号码，话务员须以最快的速度对答，体现工作效率。因此，话务员平日应将那些常用的电话号码熟记、背诵。

（2）如果客人是查询非常用电话号码，话务员必须请客人稍等，保留线路，而后以最有效的方式为客人查询号码，在确认号码正确无误后，再及时通知客人。如果所查询的号码比较难查，一时之间查不出来，则应请客人留下电话号码，等查清后再主动与客人联系，将号码告诉客人。

（3）如果来电是查询客人房间的电话，话务员务必要注意为客人保密，不能泄露住客的房号，应先接通，然后让客人直接与来电人通话。来电时如果总台电话占线，话务员可通过电脑为客人查询。

（4）若来电找人，则问清要查询的客人是酒店员工还是住店客人，若是酒店员工，则问清要查询人的姓名、部门，确有此人马上将电话转接之相关部门或人员。若查询住店客人，则问清客人要查找人的姓名、单位、国籍等相关信息，核对后将电话转入客人房间，如果转接时间在客人休息中，则问清住店客人是否接听，如果接听马上将电话转入，如果不需要接听则告知来电者这个时间段客人不方便接听。

（四）“免电话打扰”服务

（1）话务员要将所有提出免电话打扰服务要求的客人姓名、房号记录在交接本上，并注明接到此通知的时间。

（2）话务员将这些客人房间的电话号码通过话务台锁上，并要及时准确地把这一信息通知给所有的当班人员。

（3）客人取消了免打扰服务后，接到通知的话务员应立即通过话务台释放被锁住的电话号码，并在交接班本上注明取消的时间。

（4）在客人接受免打扰服务期间，若有来人来电要求与客人通话联系，话务员应将客人不愿意被打扰的信息礼貌地告知来人，并建议其留言或是等客人取消免打扰服务之后再联系。

操作示范

免打扰服务的工作流程与标准如表 5 - 3 所示。

表 5 - 3　免打扰服务的工作流程与标准

程　序	标　准
1. 接到电话	①宾客打电话到总机要求提供保密/免打扰服务，话务员需问清宾客房号、免打扰时间、级别，并重复确认； ②将信息准确记录在工作日志上，以备查询
2. 作标记	①输入房间号码—OK； ②确认
3. 取消标记	①接到宾客取消免打扰的电话，需在工作日志上做好记录，并记录接到电话的时间； ②每天早上 6：00、中午 12：00、晚上 6：00、夜间 12：00，在岗员工通过系统核对免打扰要求是否设置或取消，如果记录与系统不一致，应向前台查询； ③接到前台或房务中心取消免打扰的电话，需在工作日志上做好记录； ④取消：输入房间号码—OK

（五）叫醒服务

（1）对每一个来自酒店内部客人的叫醒服务申请，话务员都要进行确认。

（2）将叫醒日期、房号、时间、话务员工号及收到申请的时间都清楚地记录在记录本上，并把信息输入电脑，检查是否正确。

（3）夜班的话务员把叫醒记录按时间顺序整理记录记在交接班本上，注明相关信息并签字。

（4）当班的话务员务必在当日的最早叫醒时间之前先检查叫醒机是否工作正常，一旦发现问题，应及时通知相关的部门进行处理。

（5）话务员务必在客人要求的时间叫醒客人，如果耽误客人的飞机、会议等重要事件，情况会非常严重。

（6）在叫醒时，话务员一旦发现有异常情况，要及时通知有关部门派客房服务人员查看情况，并准确记录在交接班本上。

（7）客人如需二次叫醒，则需要话务员在电脑叫醒后提供人工叫醒，以下是叫醒的具体操作标准用语：

①好的，××先生/女士，您需要的早上/中午/下午××点的叫醒，对吗？

②已经为您设定，请问您还需要二次叫醒吗？

③请问您的二次叫醒是在五分钟后还是其他时间呢？

④好的，××先生/女士，我再为您重复一遍。

注意，叫醒时间一定要为客人重复确认，是早上6：00还是晚上6：00，不要怕麻烦，以确保万无一失。下面是正式二次叫醒用语：

“早上好，××先生/女士，这里是电话服务中心，现在是早上/中午/下午几点，您的叫醒时间已到，今天的天气是××，气温是××，祝您今天过得愉快。”

操作示范

叫醒服务的工作流程与标准如表5－4所示。

表5－4　叫醒服务的工作流程与标准

程　序	标　准
1. 接到电话	①宾客打电话到总机，要求叫醒服务，话务员应问清房号、叫醒时间、是否需要二次叫醒，重复确认后，祝宾客晚安或做个好梦； ②将信息准确记录在工作日志和叫醒记录表上，以备查询
2. 叫醒	①按宾客要求的叫醒时间打电话到宾客的房间； ②告知宾客：“××先生/女士您好，我是总机，现在是北京时间××分，这是您的叫醒电话”，报告当天天气情况，询问是否需要二次叫醒服务，并祝宾客愉快
3. 输入叫醒时间	①若宾客希望提供二次叫醒服务，则在话务台系统中做相应设置； ②输入叫醒时间—房间号码—OK； ③确认
4. 为VIP客人提供叫醒服务	①接到VIP宾客做叫醒服务的要求，需问明时间、姓名，重复确认后，祝宾客晚安或做个好梦，并做好记录； ②叫醒： a. 按VIP宾客要求的时间打电话到宾客房间； b. 用亲切温和的语气问宾客，“×先生/女士，早上好，我是总机，现在是北京时间××分，这是您的叫醒电话”；报告当天天气情况，询问是否需要二次叫醒服务，并祝宾客愉快
5. 备注	①晚上夜审结束后，将所有记录的叫醒电话重新检查、确认一遍； ②夜班话务员还应做好宾客的叫醒服务以及免打扰服务的查询； ③第一遍叫醒服务为人工叫醒，若客人需要可设置第二遍机器叫醒； ④如电话无人接听，需打电话到房务中心确认宾客是否已离开房间

（六）火警电话的处理

话务员在接到火警电话时，千万别急或做出不当的主张，一定要依照下列程序和办法去处理。

（1）当班的话务员接到火警电话时，要保持极其清醒的头脑，弄清火灾发生的地点及火情。

（2）立即通知总经理及驻店经理，并说明有关情况。

（3）通知工程部、保安部、医务室等有关部门及火灾区域部门领导立即赶到火灾发生地点，在通知时要清楚地说明火情及具体地点。

操作示范

消防中心报警的工作流程与标准如表 5－5 所示。

表 5－5　消防中心报警的工作流程与标准

程　序	标　准
1. 接到报警电话	①需仔细听清报警内容，并重复确认； ②对相关内容做好详细记录，以备查询
2. 通知有关部门	①白天：保安部值班、工程部值班、总经理办公室、大堂副理； ②夜晚：保安部值班、夜值经理、工程部值班
3. 填写记录	需记录下报警时间、地点、报警内容、报警人姓名

操作示范

宾客及员工报火警的工作流程与标准如表 5－6 所示。

表 5－6　宾客及员工报火警的工作流程与标准

程　序	标　准
1. 接到报警电话	①需保持冷静； ②需询问对方姓名、所在部门或房号、出事地点、火势大小、起火原因、燃烧物质等内容； ③需记录在案，并重复确认； ④需告知对方要冷静，立刻通知有关部门及人员
2. 通知消防中心	①报警人姓名、地点、时间、火情等相关内容； ②话务员姓名
3. 记录报警	需记录报警人姓名、发生地点、发生时间、电话号码及话务员姓名
4. 备注	重大火警需接到酒店领导的指令后，方可报 119

（七）要求服务

住店客人通常会有很多额外的要求服务，比如：点餐、洗衣、租车、购买物品等。话务员接到这样的要求电话时一定要清楚地表达需要加收 15% 的服务费，然后征询客人是否继续需要该项服务。以下是具体操作程序（以送洗衣物为例）：

“××先生/女士，您是需要现在洗衣对吗？”/“是的。”

“我们的洗衣服务需要在每件衣物上加收 15% 的服务费，您看可以吗？”/“可以。”

“好的，您的电视柜抽屉里有洗衣单，请您现在填写一下，我马上派服务生去您房间取衣物和单子。”

（八）跟进服务

一般地，处理完客人的要求后要跟进一下结果，看看客人是否满意。

1. 要求处理前跟进

比如：“××先生/女士，您是需要一床新被子对吗？”/“是。”

“请问还有什么可以帮你的吗？”/“不用了，谢谢。”

这里的“请问还有什么可以帮您的吗？”就是服务前跟进。

2. 要求处理后跟进

满足客人的要求后，打电话到客人房间跟进处理的结果情况。比如：

“××先生/女士，您需要的一床被子已经送到，请问您还满意吗？”/“谢谢，满意。”

“好的，祝您今天过得愉快！”

（九）骚扰电话

我们在为客人提供服务的同时，当然不会排除遇到一些无聊的客人打来骚扰电话和你聊天，这个时候我们要态度坚决地拒绝他们的要求，如果来电者出言不逊，我们可以这样回复：

“先生，您好，请问有什么可以帮您的吗？”/“我喝多了睡不着，小妹你陪我聊聊天吧。”

“先生，您喝酒了是吗，我让服务生给您送杯茶水好吗？”/“我不需要，我就是要让你陪我说话。”

“对不起，先生，现在是上班时间，不允许打电话聊天，先生如果没有其他事请您挂断电话好吗？”

这里注意，话务员是不允许挂客人电话的，必须等客人挂断电话方可轻轻挂断。如果客人还不挂电话，则告诉他：

“先生，请您马上挂断电话，我们的所有通话都在监控当中，如果您再不挂断的话，我们的保安员将在五分钟后到您的房间。”

这样说通常情况下骚扰电话都会自动挂断。

（十）过滤电话

过滤电话使用在接听外线电话时查询住店客人或酒店高层领导人所必经的一个环节，如果住店客人有免打扰或有其他原因，对来访电话有所要求，我们必须经过过滤才可进行转接，还有酒店高层领导的电话不是谁都可以打进的，通常情况下这种电话我们可以直接转到领导秘书那里进行过滤。具体操作如下：

1. 替客人过滤电话：

“您好，先生，您是要找杜乐乐女士对吗？”/“对，是的。”

“好的，马上为您查询。”（放音乐保留来电者的电话。通过电脑查询后确定有这位女士，但这个时间段杜女士设定了免打扰。马上致电杜女士。）

“杜女士您好，这里是电话服务中心，很抱歉打扰您，外线有一位先生需要和您通话，请问您需要接听吗？”/“哦，你帮我问问是谁吧。”

（接起保留电话）“先生您好，您能提供一下您的姓名吗？”／“××。”

“杜女士，是××先生在线上，请问您需要接听吗？”／“接听。”（再次保留来电者电话，穿梭通话到杜女士。）

“好的，马上为您接通。”

如果客人不想接听，则回复来电者：“杜女士现在不方便接听电话，请您稍后再打来好吗？”

2. 替内部工作人员过滤电话

“您好，您是要找我们酒店的营销部赵总对吗？”／“是的。”

“您好，这里是电话服务中，外线有客人找赵总，我把电话转过去可以吗？”／“可以，转过来吧。”（保留来电，拨通赵总秘书的电话。）

秘书如果需要再过滤一下，话务员则穿梭回到来电：

“您好，您能提供一下您的姓名和公司吗？”

提供后将电话再次保留，穿梭到秘书回复，接听则转，不接则委婉回复来电者：“对不起，赵总正在开会，不方便接听电话，请您稍后再打过来好吗？”

第二节　商务中心服务

一、打印服务

1. 询问打印要求

（1）客人要求打印文件时，商务中心接待员首先要了解客人需打印的内容、数量、需要完成的时间。

（2）根据客人要求，确认是否可以在客人要求的时间内完成。如无问题，向客人说明打字收费标准。

（3）仔细阅读资料内容，如字迹模糊的，应先与客人口头核对一遍。

（4）了解客人的要求（如字体、字号、格式）并向其确认最快的完成时间。

（5）问清客人房号，请其留下联系电话，以便随时联络。

2. 打印文件

（1）接待员迅速上机打字，要按照客人的要求准确地打印。

（2）检查打印的初稿是否有错字、漏字和漏段。

（3）若客人较多或暂时不能给客人打字时，应有礼貌地向客人解释，若客人不急，告诉客人打好后，会打电话通知其前来校对。

3. 修改文件

（1）接待员请客人校对打印出的文稿。

（2）若客人要求修改，应及时上机进行修改。

（3）将修改后打印出的正稿交给客人并请其检查确认。

二、复印服务

1. 询问复印要求

（1）接待员主动热情地迎待客人，确认客人是住店客人还是非住店客人。

（2）询问客人要求复印的数量、形式（是单面还是双面复印，字体是否需扩大或缩小，颜色是加深还是变淡），并向其介绍收费标准。

2. 复印

（1）商务中心文员按照客人的要求，选择合适的纸张放入送纸箱。

（2）将复印原件在复印平面上定好位置，选择复印规格，按动复印键，先复印一张，请客人查看复印效果。

（3）如客人无异议，则可按照客人要求的数量连续复印。

（4）复印完毕，取出复印原件交给客人（若原件是若干张，注意不要将顺序弄乱），并按照客人要求为其装订。

3. 结账

（1）接待员根据复印张数和规格，填写收费单，注明服务项目、页数、收费。收费单一式三联，开好后将二、三联撕下，第二联交商务中心收银处，第三联交给客人，如客人不要，立即做粉碎处理。

（2）若客人要求挂账，请客人出示房卡，并在单据上签字；非住店客人须付现金。

（3）若客人要求开发票，将发票第二联交给客人，第三联连同收费单的二、三联交前厅收银处。

三、传真服务

1. 准备工作

（1）客人来到商务中心要求接收或发送传真时，接待员应根据服务规范向客人说明收费标准。

（2）接待员将收到的传真根据传真上的传真号和所标的页数分好并用订书器订好。

（3）检查客人准备好的文件、资料或帮助客人打印的文件、资料是否符合传真要求，请客人确认要发送的国家及地区代号、传真号码等。

2. 收、发传真

（1）发送传真。

① 接待员按照发送传真的程序将所有传真文件正文朝下，放入纸槽内，拨国家代号或地区区号、传真号码，听到对方传真信号后，按启动键。

② 若对方的传真与电话为同一线路而对方处于通话状态，需拿起电话告知对方接通传真机，听到传真信号后再按常规方法发送。

③ 发送完毕后，将传真号码、发送页数及所用时间写在收费单上。

④ 若客人多或线路不通暂时发不出去，应礼貌地向客人解释；若客人不着急，告诉客人发出后将把原件送回房间，填写收费单，请客人先签单；若非住店客人，需先付100%的押金，发出后通知客人来取原件。

（2）接收传真。

① 接待员打电话通知客人，告诉客人商务中心刚收到他的传真，按客人的要求由行李员将传真和商务中心收费单一同送到客人的房间交给客人，由客人在商务中心收费单“客人签字栏”中签字。

② 若客人不在，可请总机用留言的方式通知在店的客人。

③ 若是当日有预订的客人的传真，填好商务中心收费单，并连同传真送到前厅接待处，并请总机用留言的方式通知客人。

3. 办理结账、登记

（1）接收或发送完毕后，接待员将传真原件及发送报告交给客人。

（2）若是住店客人确认其挂账，则将客人的传真和商务中心收费单送到前厅接待处，放入客人的档案夹中；非挂账或非住店客人则请其直接付账。

四、提供秘书服务

1. 报价

（1）客人提出秘书服务时，接待员应向客人了解具体的服务要求。

（2）根据客人的要求，联系可提供服务的公司，确认收费、具体工作、时间等并向客人报价。

2. 提供秘书服务

（1）客人接受报价后，接待员与服务公司敲定秘书人员的接洽时间与地点并请客人确认。

（2）填写服务确认书（中文或英文版）并请客人在服务确认书上签名认可。

（3）向客人收取订金，告知客人如临时取消，订金将作为损失费，不予退回。

（4）对客人已确认（指已书面确认并支付预付金）的秘书服务，应按客人的要求及服务公司的报价填写秘书服务确认书，签名确认并盖上商务中心专用章，填写日期。

（5）经前厅部经理签名确认后，将该秘书服务确认书发送至服务公司，要求服务公司签名、盖章确认并回传。

（6）预约当天，秘书人员到达后，将其介绍给客人并跟踪服务过程。

五、借用物品服务

1. 提出借用物品的要求

（1）客人提出借用物品的要求时，接待员应询问客人借用物品的种类、借用期限和归还日期。

（2）检查需借用的物品是否可借出，无法借出的应向客人解释说明。

2. 借用物品

（1）若物品可以借出，接待员填写借条并请客人签字后，将物品交给客人。若客人要求送到房间，则通知行李员携物品和借条到客人房间，请客人在借条上签名确认。

（2）借出物品后，通知楼层客人借用的物品，请其在客人归还时暂代保管；对于已退房但仍未归还物品的，由客房服务员协助在房内查找。

（3）在电脑的“退房留言”栏内输入“请联系商务中心”。

（4）写交班记录，交代清楚情况，请同事在归还时间内跟办归还工作。

3. 收回借用物品

（1）若客人到退房当天仍未归还，接待员应致电前厅收银处，请其在客人退房时通知本组。

（2）若客人退房时前厅收款来电查询，要礼貌地向客人索取物品。

（3）客人归还物品时，检查是否损坏，出现损坏马上请领班处理赔偿事宜。

（4）物品归还后，将借条当面撕毁或还给客人并立即把“退房留言”取消。若出现损坏，借条暂不交还客人。

六、出租电脑服务

1. 介绍电脑出租信息

（1）客人要求租用电脑时，接待员应向客人介绍可出租的电脑型号和收费标准。

（2）了解客人要使用的软件。

2. 检查设备

（1）根据客人要使用的软件，接待员选择与其相匹配或兼容的电脑型号并检查设备运行是否正常。

（2）对于客人自带的软件或磁盘，应在使用前杀毒。

3. 出租电脑

（1）接待员开启电脑，安装客人要使用的软件，然后由其自行操作并开始记录客人的使用时间。

（2）客人使用结束后，停止计时，检查电脑是否完好。

4. 结账

（1）接待员根据客人使用时间，开具商务中心收费单，询问客人的付款方式。

（2）若客人要求挂账，则请其出示房卡并签单确认，将收费单交前厅收银处入账。

七、会议室出租服务

1. 确认有无可租用的会议室

（1）客人要求租用会议室开会，接待员应了解参会人数以及会议召开日期。

（2）根据这两项基本信息查找会议订单，确认客人在所需日期是否可提供适用的会议室。

2. 确定会议的具体要求

（1）若有合适的会议室，接待员应问清会议室的摆位方式（一般分课堂式、座谈式、剧院式等)、会议所需设施（纸、笔、白板、投影机、麦克风、电视机、录影机等)。

（2）了解客人是否需在会场内摆放绿色植物或鲜花，如需要应将所需摆放的品种、数量提前知会酒店以做好准备。

（3）清楚记录预订人的姓名、单位、联系电话。

（4）复述会议室的预订日期、时间、人数、摆位方式、所需设备及其他会议的特殊要求、预订人的联系资料。

（5）确保无误后，问清客人是否需提前过来看场以及费用如何支付，如客人表示单位有专人签单的，请其提供签单人的姓名。

3. 下发会议租用通知单

（1）所有资料落实后，接待员填写会议室租用通知单，将所有资料准确无误地记录在通知单上。

（2）将会议通知单分别派送到客房办公室、会场负责楼层、前台收银处、前厅接待处，商务中心保存一联以备查询。

（3）将会议室的预订资料写在交班本上，并输入电脑系统的预订日历上，发送至相关部门（总经理室、公关营销部、客房部等）。

八、票务委托服务

1. 填写订票单

（1）客人委托订票时，票务员应问清客人要订的票务种类和信息。

（2）根据客人提供的信息填写订票单并再次与客人核对信息。

① 代订机票时，要填写航班时刻、目的地名称、票价、客人姓名、有效身份证件号码及联系方式等。

② 代订火车及船票时，要填写班次、目的地名称、票价、客人姓名及联系方式等。

③ 代订演出票时，要填写剧院名称、演出名称、开始时间、票价、客人姓名及联系方式等。

2. 购票

（1）票务员按客人的要求及时与民航、铁路、轮船公司或汽车公司联系订票。

（2）若客人所定时间的机票、车票、船票已售完，或没有机票有火车票，或没有客人要求的班次而有另外的班次时，要及时征询客人的意见，客人同意改订时即向有关交通部门确定。

（3）送票员将票送到后，要仔细核对票面信息与订票单是否相符。

3. 取票

（1）票务员通知客人携带相关证件（护照、身份证、出差证明或工作证）到商务中心取票。

（2）客人取票时，要将客人的证件审查清楚，请客人认真核对票上的日期、时间、车次及票务种类。

（3）核对正确后，向客人收取票款和手续费。若客人要求挂账，则请其出示房卡并签单确认后入账。

（4）若客人要求将票送到房间，则通知行李员将票送到房间面交客人并收取票款和手续费。

本章实训任务

本章实训任务如表 5 -7、表 5 -8 所示。

实训任务一：

表 5 -7 熟悉和掌握总机相关服务的操作规范

实训项目	熟悉和掌握总机相关服务的操作规范
实训要求	通过了解和熟悉总机服务的岗位职责，掌握接听报岗、电话转接、留言服务、回答问询、“免电话打扰”服务、叫醒服务和过滤电话等总机接待的服务流程和操作规范
实训地点	教室或模拟酒店实训室

续表

实训材料	多媒体、电话等
实训内容与步骤	一、实训准备 学生分两组，一组扮演宾客，一组扮演总机话务员。 二、实训开始 1. 模拟接听报岗的服务流程； 2. 模拟电话转接的服务流程； 3. 模拟留言服务的服务流程； 4. 模拟回答问询的服务流程； 5. 模拟“免电话打扰”的服务流程； 6. 模拟叫醒服务的服务流程； 7、模拟过滤电话的服务流程。 三、实训考核、点评 指导老师点评、总结任务要点。指出和纠正实训过程中存在的不足，并强化学生掌握总机相关服务的操作流程和服务标准

实训任务二：

表 5-8 熟悉和掌握商务中心相关服务的操作规范

实训项目	熟悉和掌握商务中心相关服务的操作规范
实训要求	通过了解和熟悉商务中心的岗位职责，掌握打印服务、复印服务、传真服务、借用物品、会议室出租、票务委托服务等商务服务的流程和操作规范
实训地点	教室或模拟酒店实训室
实训材料	多媒体、传真电话等
实训内容与步骤	一、实训准备 学生分两组，一组扮演宾客，一组扮演商务中心接待员。 二、实训开始 1. 模拟打印文件的服务流程； 2. 模拟复印文件的服务流程； 3. 模拟传真服务的服务流程； 4. 模拟借用物品的服务流程； 5. 模拟出租会议室的服务流程； 6. 模拟委托购买票务的服务流程； 三、实训考核、点评 指导老师点评、总结任务要点。指出和纠正实训过程中存在的不足，并强化学生掌握商务中心相关服务的操作流程和服务标准

知识归纳

总机服务在酒店对客服务中扮演着重要角色。电话总机是酒店内外沟通联络的通信枢纽和喉舌，以电话为媒介，直接为客人提供转接电话，挂拨国际或国内长途，提供叫醒、查询等服务。话务员必须以热情的态度、礼貌的语言、甜美的嗓音展开对客服务，使客人通过电话感觉到来自酒店的微笑、热情、礼貌和修养，甚至感受到酒店的档次和管理水平。现代酒店，尤其是商务型酒店通常都设有商务中心，为客人提供复印、传真、电传、文字处理、翻译、文件抄写核对、会议记录以及秘书工作等服务。通过本章的学习，使学生熟悉和掌握酒店总机相关服务的操作流程和服务标准，熟悉和掌握酒店商务中心相关服务的操作流程和服务标准，从而具备相关岗位的服务技能，承担起酒店相关部门的工作任务。

典型案例

叫醒服务忘记询问房间号

小尧是刚从旅游院校毕业的大学生，为了让他从基层开始锻炼，被分配到某酒店房务中心。今天是他到房务中心上班的第二天，轮到值大夜班。接班没多久，电话铃响了，小尧接起电话："您好，房务中心，请讲。""明天早晨5点30分叫醒。"传来一位中年男子沙哑的声音。"5点30分叫醒是吗？好的。没问题。"小尧知道，叫醒虽然是总机的事，但一站式服务理念和首问负责制要求自己先接受客人的要求，然后立即转告总机，于是他毫不犹豫地答应了。当小尧接通总机电话后，才突然想起来，刚才竟忘了问清客人的房号！再看一下电话机键盘，把他吓出一身冷汗——这部电话机根本就没有号码显示屏！小尧顿时心慌了，立即将此事向总机说明。总机告称也无法查到房号。于是小尧的领班马上报告值班经理。值班经理考虑到这时已是三更半夜，不好逐个房间查询。再根据客人要求一大早叫醒情况看，估计十有八九是明早赶飞机或火车的客人。现在只好把希望寄托在客人也许自己会将手机设置叫醒。否则，只有等待投诉了。

第二天早晨7点30分，一位睡眼惺忪的客人来到总台，投诉说酒店未按他的要求叫醒，使他误了飞机，其神态沮丧而气愤。早已在大堂等候的大堂副理见状立即上前将这位客人请到大堂咖啡厅接受投诉。原来，该客人是从郊县到省城过夜，准备一大早赶往机场，与一家旅行社组织的一个旅游团成员会合后乘飞机出外旅游。没想到他在要求叫醒时，以为服务员可以从电话号码显示屏上知道自己的房号，就省略未报。

酒店方面立即与这家旅行社联系商量弥补办法。该旅行社答应让这位客人加入明天的另一个旅游团，不过今天这位客人在旅游目的地的客房预订金270元要由客人负责。接下来酒店的处理结果是：为客人支付这笔订金，同时免费让客人在本酒店再住一夜，而且免去客人昨晚的房费。这样算下来，因为一次叫醒失误，导致酒店经济损失共计790元。

案例分析：因为一次叫醒的失误，酒店竟为此付出790元的代价。由本案得出的教训和应采取的改进措施有：

一是所有"新手"上岗，都应当有"老员工"或领班带班一段时间，关注他们的工作情况，包括是哪怕接一次电话的全部过程。比如与客人对话是否得体完整、是否复述、是否记录等。必要时要做好"补位"工作。

二是所有接受客人服务来电的电话机都必须有来电显示屏，并有记忆功能。这样既利于提高效率、方便客人，也可防止类似本案事件的发生。

要杜绝类似本案事件的发生，是否应当让当事人"买单"？而且让当事人的上司负连带责任？对此，暂且不论，但是不论怎样处理这两位员工，倘若不接受教训并采取有效改进措施，将来还有可能产生"小尧第二"，甚至可能有人不愿意充当"小尧"。因此，总结教训，采取相应的改进措施（比如换上有来电显示的电话机，新手由领班"跟踪"一段时间），防患于未然才是根本的解决办法。酒店各级管理人员应当充分利用自身的工作经验和教训，有预见性地去寻找问题，并采取预防性的措施，这才是提高管理水平和服务质量的关键。

复习思考

一、填空题

1. 叫醒服务时话务员需要记录的信息有________、________、________、________及________。

2. 客人如需二次叫醒，则需要话务员在电脑叫醒后提供________。

3. 当班的话务员接到火警电话时，要保持极其清醒的头脑，弄清火灾发生的________及________。

4. 英文翻译“请拼出客人的名字好吗？”________________________

5. 翻译“您好，先生。这里是总机，您有一个外线电话，介意我接入您的房间吗？”

____

二、不定项选择题

1. 话务员应该在电话铃响（　　）声内接听电话。

A. 1　　B. 2

C. 3　　D. 4

2. “免电话打扰”服务时话务员需要记录的信息有（　　）。

A. 客人姓名　　B. 房号

C. 接到此通知的时间　　D. 注明取消的时间

3. 客人要求打印文件时，商务中心接待员首先要了解客人的（　　）信息。

A. 需打印的内容　　B. 需打印的数量

C. 需要完成的时间　　D. 装订的要求

4. 代订机票时，要填写（　　）。

A. 航班时刻　　B. 目的地名称

C. 票价　　D. 客人姓名

三、简答题

1. 简述总机话务员接听电话所遵守的三个原则。

2. 简述商务中心的复印服务程序。

3. 简述商务中心的出租电脑服务程序。

四、论述题

论述商务中心的传真服务程序。

五、案例分析

某公司的毛先生是杭州某三星级酒店的商务客人。他每次到杭州，肯定入住这家三星级酒店，并且每次都会提出一些意见和建议。可以说，毛先生是一位既忠实友好又苛刻挑剔的客人。

某天早晨8：00，再次入住的毛先生打电话到总机，询问同公司的王总住在几号房。总机李小姐接到电话后，请毛先生“稍等”，然后在电脑上进行查询。查到王总住在901房间，而且并未要求电话免打扰服务，便对毛先生说：“我帮您转过去。”说完就把电话转到了901房间。此时901房间的王先生因昨晚旅途劳累还在休息，接到电话就抱怨下属毛先生不该这样早就吵醒他，并为此很生气。

案例讨论：总机李小姐的做法是否妥当？

第六章

总台收银服务

学习目标

1. 了解总台收银的班组管理
2. 熟悉和掌握总台收银入住和退房服务程序
3. 熟悉和掌握夜审工作的流程
4. 了解和熟悉收银单据的管理
5. 熟悉和掌握收银及兑换外币服务
6. 熟悉和掌握保险箱使用的程序

主要知识点

1. 熟悉和掌握总台收银入住和退房服务程序
2. 熟悉和掌握保险箱使用的程序

前厅收银服务工作，直接体现了酒店的服务水平。因此，要求每一名收银员熟练地掌握自己的工作内容及工作程序，做到结账工作忙而不乱、资金收回准确无误，及时与营业部门沟通，掌握第一手资料。本章将围绕着酒店总台收银的特点，介绍总台收银人员的工作流程和服务标准。

第一节　总台收银的班组管理

一般酒店总台收银的工作分成三个班组来展开。

一、早班主要工作内容

（1）提前 10 分钟到岗，检查自己的仪容仪表；
（2）与上班同事交班，阅读重点交接班本，了解每日活动日报；
（3）查看钥匙交接；
（4）整理参观、维修、保养的房间；
（5）做台面卫生，保持舒适的工作环境；整理相关使用的文具，保证其充足；
（6）打印预离客人名单，做好离店、续住、提前退房的记录；

（7）打印在住客人名单，查看所有住房账目，督促办理各类账目问题；

（8）整理预订单，输入电脑，并做好特殊预订的准备工作（团队、会议、VIP），整理可售房；

（9）核实房态，做好房态表的更新管理；

（10）帮助客人办理离店退房的手续，保证快捷、准确无误；做好客人的意见表，确保及时反馈；

（11）中午 12：00 打印当日离店名单，整理已离店客人的留言；

（12）打印预离客人名单，与客人确认离店或续住的时间；

（13）记录当班过程中重要通知或有待下班解决的问题；收银员结账，记录交接备用金情况；

（14）核查钥匙领用记录本；

（15）接待客人的有关问讯工作；

（16）帮助大堂副理处理客人的投诉。

二、中班主要工作内容

（1）做好班前工作准备（同早班一样）；

（2）查看交接班本和新接文件通知，一定要阅读理解；

（3）办好客人入住退房手续；

（4）跟进催租事宜；

（5）检查入住单房价是否和电脑房价相符；

（6）做好各营业点备用金零钱领用的工作；

（7）各营业点下班后，清点好营业部门收银交来的营业款，核对是否与报表相符，无误后签名，将营业款投入投款箱，交接好各营业部门收银交来的备用金及钥匙，并收妥存放；

（8）整理好当天所有的余款，并把所有的余款用便签做好登记（写明时间、房号、客人姓名、押金单号、余款金额），把登记好的便签和所有的余款一起用现金袋装好，由第二天早班收银来清点鉴证投款；

（9）整理工作台面，填写交接班本，做好交接工作，关闭收银系统。

三、晚班主要工作内容

（1）做好工作前的准备（同早班、中班一样）；

（2）查看交接本和新接文件通知，一定要阅读理解；

（3）办好客人入住退房手续；

（4）检查入住单房价是否和电脑房价相符；

（5）核查客人消费数是否和电脑数相符，如有不符应及时解决，保证早班退房正确结账；

（6）各营业点下班后，清点好营业部门收银交来的营业款，核对是否与报表相符，无误后签名将营业款投入投款箱，交接好各营业部门收银交来的备用金及钥匙，并收妥存放；

（7）准时打印本班报表，点出本班营业款用信封装好，由第二天早班收银来清点鉴证投款；

（8）在过夜审前打印相关报表，准时清点房租（一般早上 4：00 左右），及时清机。完成后关毕夜审系统，再重新进入夜审系统看营业日期是否跳到第二天的日期。无误后进入报表管理系统打印相关报表，结束后打开收银系统再次检查系统日期；

（9）早上6：00左右整理工作台面，7：30清点出四点后的营业款用信封装好并做好交接，填写交接班本，做好交接工作，关闭收银系统。

第二节　总台收银入住和退房服务程序

一、总台收银入住服务

（1）首次与客人见面，收银员自身要精神饱满，与客人交流时注意距离适当，笑容可掬，眼光停留在客人的眼鼻三角区，不左顾右盼、心不在焉，不倚靠他物。说话时，不能有指手画脚、修甲、打饱嗝、玩手机等不良举止。

（2）当客人在总台接待办理入住手续时，收银员应该主动上前，待总台接待手续办理完毕引导客人前往收银处交纳押金，引导客人时注意手势规范，并且要注意对客人的尊称，礼貌文明用语：“××先生/小姐/女士这边请。”

（3）耐心详细地告诉客人所住房型应交纳的押金总额，注意与客人对话时的语速和态度，时刻保持礼貌微笑；待客人确认之后，询问客人支付押金的方式，然后双手接过客人的押金并微笑向客人表示感谢。

（4）在开押金单、刷预授权时，要求收银员做到迅速、准确、娴熟，避免客人等待太久而导致心情烦躁。

（5）开好押金单、预授权POS单后，应将单据的正面朝向客人，并将笔一同递上让客人签名，注意笔尖朝向自己，表示对客人的尊重；递上单据的同时应向客人解释清楚此单据的用途，避免客人产生误会，尤其是预授权POS单。

（6）待客人签名确认之后先微笑向客人表示感谢，然后双手将押金单的副联递给客人，并嘱咐客人将押金单保管好。

（7）目送客人离开总台，并祝客人入住愉快。

（8）收银员应该熟知客史，以便给客人提供个性化、情感化的细节服务。

二、总台收银退房服务

（1）客人走出电梯到总台收银处之前，事先要与客人眼神接触并且面带微笑，当客人走近之后收银员应主动迎上前去向客人问好，并礼貌地询问客人是否退房。

（2）客人确认要退房时，收银员应面带微笑地询问客人所退房号，并礼貌地向客人取回房卡，确认所退房间信息。

（3）与客人核对完退房信息之后，由于需要告知房务部安排员工进行退房检查，并微笑着请客人等待片刻。此外，一些酒店还实行了非本地客免等待查房的规定，这种情况下，就需要收银员礼貌地询问客人是否有使用过房间内的饮料、保险箱内是否存放贵重物品、是否有东西遗留在房间内，在得到答案后微笑着请客人稍等，并迅速为其办理退房手续。

（4）待房间消费账单打印出来，收银员双手将账单与笔递给客人签名确认，并注意账单正面朝向客人，笔尖朝向自己。

（5）客人签名确认之后向客人表示感谢，然后礼貌地询问客人想使用什么样的方式结账，待客人确认后收银员微笑着请客人稍等，然后要迅速、准确地进行退房核算。

（6）收银员核算完毕之后，将押金余款双手递给客人向客人表示感谢（消费 POS 单请客人签名确认），并询问客人发票应该如何开，收银员切记集中精力听完客人的口述内容，以免客人重复表达造成服务上的失误。

（7）发票开完后双手递给客人请客人核对，待客人核对完毕将发票连同电脑账单装进信封，双手递给客人再次向客人表示感谢，并向客人致意："欢迎下次光临。"微笑着目送客人离开总台收银。

（8）收银员应该熟知客史，以便给客人提供个性化、情感化的细节服务。

小知识

其他账单的收银处理程序

1. 代买单操作程序

（1）入住代交押金，需接待开出入住单，注明是部分费用还是全部费用。

（2）转房账必须经转入房客人同意并在账单上签名。

2. 接收各部门转来单据程序

（1）接收接待转来入住单、团队入住资料、免费/折扣房申请核对客人姓名、房租、入住离店日期、押金，检查电脑是否按相关单据、文件、政策执行，并放在相应的房间账夹内或团队账夹内。

（2）换房单，检查电脑是不是已转房，房价是否按相关政策进行修改。

（3）签收酒水单、洗衣单、转房客账单需打开电脑核对是否入账，核对客人签名，无误后按规定签收。

（4）杂项单、商务中心单等资料核对签名无误后，入进相应账房中。

（5）各房间的消费单据整齐地放在相应的房间账夹内或团队账夹内，不可缺单、漏单。

如果是收现金的消费单据要盖上现金收讫，并录到杂项收费单里，待本班下班时做临时结账，将所有的收现金的消费单据夹到账单上上交财务；如果客人有开房间要挂客账的，收到单据首先要确认这间房间是否可以挂客账、押金是否充足，无误后直接录入相应的房间内，把消费单据入到相应的账单夹内，待退房时一起结账。

3. 刚入住时已结一天房费操作程序

当客人入住时，先结房费（现金、刷卡），要收取这位客人现金（不可多收也不可少收），进入相应房间后，从贷方入账录入金额入账，并在备注栏注明是已结一天房费，在打印账单，让客人签字后把客户联放到相应的账单夹内，另两联直接上交财务。（在没有权限人员担保或不是挂账签单人的情况下，要收取一定的押金。）

4. 退房但未结账便已离店（自动退房）的顾客

针对这种情况，对其消费可作如下处理：

（1）如果客人是用现金做押金的，可以先把房间退出来，把余款登记在余款登记本上，余款交接到中班下班时归总给财务。客户联不能遗失，等下次客人拿押金单回来退余款时，收银员开出现金支出单，请客人签名，客户联和余款一起交由客人，收银员凭现金支出单到财务领钱或抵相应的营业款。

（2）如果客人用信用卡做押金而自动退房的，收银员可以做离线操作，预授权联、持卡人存根客户联和账单客户联放于总台并登记，以备客人查询。

5. 提前结账处理程序（已有产生的消费要先结，房间不退）

在电脑上作提前结账处理，进入相应的房间，点选项再按过滤条件找出相应的要先结的项目，并选中（一定要勾起来才可以），按临时结账，选择正确的付款方式，入账后打印出账单让客人签名后，客房联交给客人，另两联和结算的消费单据订在一起交到财务。

6. 超定额客房挂账催款程序

一般而言，酒店对所住宾客（尤其是长住宾客）都有一个挂账额度，一旦到达这个额度上限，酒店就会对客人进行催款。催款程序一般为：

（1）打印一份超定额客房挂账清单。

（2）在明细清单上注明客人离店日期。

（3）取消长住户超定额挂账，待月结账一次发单催款。

（4）对持信用卡的客人，如费用发生额超出该信用卡最高限额，应与信用卡公司联系要授权号码，此客人不列为发单催款之内。

（5）编制宾客欠款明细表，转交前厅部经理查阅宾客欠款表，前厅经理根据客人的情况，决定实际发单催款名单。由收银主管签发催款通知书，如果客人仍不付款，则由财务经理签发催款通知书。

操作示范

总台收银服务标准如表 6－1 所示。

表 6－1　总台收银服务标准

<table>
<tr><th>程序</th><th colspan="2">具体操作</th><th>规范语言</th></tr>
<tr><td>主动问候表示欢迎</td><td colspan="2">客人进门三秒内接待员应目视客人并微笑致意，三米处应主动问好，如知其姓名（职位）应用姓名（职位）称呼客人</td><td>您好，欢迎光临
××先生（女士）或××主任（职务），您好（下午好、晚上好）</td></tr>
<tr><td rowspan="4">收款服务</td><td>预收订金</td><td>确认预收数额：百元取整，确认现金/信用卡/签单结账，（签单需由签单有效人通知，或由相应营销经理通知）</td><td>先生/小姐，请问您是现金还是刷卡？
请您交××钱预订金？/请您出示您的银行卡，为您做××钱预授权？
先生/小姐，收了您××钱押金/刷了您××钱预授权
请您签字确认；
这是您的押金单/这是您的卡单，请您收好；
请您在信誉单上签字，并留下您的联系方式；
对不起，我们暂时没有接到您签单的预订；
请稍等，我们马上与销售经理联系</td></tr>
<tr><td rowspan="3">记账/挂账服务</td><td>确认客人身份</td><td>先生/小姐，请您房间号是多少？
先生/小姐，请问您房间登记的姓名是什么？
请出示一下您的房卡</td></tr>
<tr><td>确认记账额度</td><td>对不起先生/小姐，您房间押金不足，请您续交押金；
先生/小姐，您的消费可以记入房账</td></tr>
<tr><td>记账服务（电脑输入记账金额）</td><td>先生/小姐，您的房间号是 20303，挂账金额是×××元，请您签字</td></tr>
</table>

续表

程序	具体操作	规范语言
催押程序	确认客人是否离店或续住	先生（女士），请问您的房间需要续住吗？ 先生（女士），请您到总台办理续住手续，顺便给您续一下房卡，以方便您的出行。（续住的客人）； 先生（女士），提醒您一下，酒店的退房时间是中午 12：00，超过下午 2：00 会加收您半天的房费。（退房的客人）
结账服务	快速准确地为客人办理离店结账手续，节省客人的等待时间	先生/小姐，请出示您的押金单/银行卡； 您房间合计消费 × ×钱，退您余款 × ×钱，请收好，这是您的账单，请过目； 先生/小姐，给您确认 × × ×钱，请您签字。 先生/小姐，请问您是否需要发票。 请您写一下发票名称

第三节　夜审稽核工作

夜审稽核是指在夜间进行核算工作或从事夜间核算工作的人员。夜间审核的工作对象是各收银点的收银员以及各营业部门交来的单据、报表等资料，其工作目的是要有效地审核由于客人消费而产生的收入，保证当天酒店收益的真实正确、合理和合法。夜审需具有发现错弊、查找根源的能力，以及一丝不苟的工作态度。

因酒店部分营业点暂未开放，故此目前夜间审核主要分为四部分，包括：客房收入、餐饮收入、康体收入、俱乐部收入。

其工作内容主要包括四项：一是审核各消费点的营业收入，并编制酒店营业收入报表；二是完成系统清机；三是抽查各收银点的发票、备用金；四是编制酒店相关报表。

一、客房收入的夜间审核

（1）将前厅收银员的班报报表与其上交的账单进行核对，看其上交的单据是否齐全。如不符应逐一查对及时处理，如不能处理则将未交和缺失的账单详细记录在交班本上，留给日审跟进处理。

（2）核对收银员上交的每一张单据，查看收费是否合理，折免是否符合酒店规定，相关手续是否齐全、是否有授权人签字。如不符合标准及时处理，如不能处理则将不符合标准的单据详细记录在交班本上，留给日审跟进处理。

①将账单与后附的 R/C 单进行核对，看其是否正确，其中内容包括：姓名、房号、房价、抵店日期、备注等。

②将账单明细与后附单据逐一核对，看其是否一致、收费是否合理，如：押金单、杂项单、迷你吧单、赔偿单等。

③如有换房时，手续是否齐全、原因是否合理，换房后房价有改动的，看其调整后的房价是否正确，如高价房调低价房是否有前厅经理的签字。

④查看预订单上预订的房价、协议单位是否有效。是否有有效签单人的签字，如无签字

是否有营销人员担保。

⑤核对团队登记单与宴会通知单，相关信息是否与实际相符。

⑥免费房是否有《全免折扣申请表》，核对申请表上是否有授权人签字。

（3）核查收银员的结账方式及入账科目是否正确，如不正确，则在过夜审程序前将其调整正确，未调整的账目记录在交班本上，留给日审跟进调整。

（4）核查入住和离店时间，房租是否全部计入，应加收半日租的是否计收，延迟退房或免半日租，是否有相关人员签字批准。如不符合标准，则将情况详细记录在交班本上，留给日审进行跟进处理。

（5）核查当天入账明细，押金单是否连号使用，迷你吧单是否有错收、漏收现象，夜审后手工加收房租是否合理。如不符合标准则将详细情况记录在交班本上，留给日审进行跟进处理。

（6）核对《迷你吧销售日报表》《洗衣收入日报表》《商务中心营业报表》《商场销售日报》的数字是否与后附明细单据上的一致、后附明细单据与电脑入账明细是否相同，三方数据一致则在《迷你吧销售日报表》等表格上签字确认。如数据不相符，及时处理，如无法处理则记录在交班本上，留给日审进行跟进处理。

（7）将账单以结账方式分类整理，待日审复核。

二、餐饮收入的夜间审核

（1）查看各营业点上缴单据是否齐全。如不齐全则及时催收。

（2）将餐饮收银员的班报报表与其上交的账单进行核对，看其上交的单据是否齐全。如不符应逐一查对，及时处理，如不能处理则将未交和缺失的账单详细记录在交班本上，留给日审跟进处理。

（3）核对收银员上交的每一张单据，查看收费是否合理、折免是否符合酒店规定、相关手续是否齐全、是否有授权人签字。如不符合标准及时处理，如不能处理则将不符合标准的单据详细记录在交班本上，留给日审跟进处理。

①将餐饮账单与后附点餐卡进行核对，看其是否正确，比如：包厢号、人数、品名、数量、单位等是否一致。

②将账单明细与后附单据逐一核对，看其是否一致、收费是否合理，如酒水单、香烟单、杂项单等。

③会议账单查看收费项目及金额是否与宴会通知单相符。

④以标准餐形式入账的餐饮账单，是否有标准餐菜单。

⑤挂账账单是否有授权人签字，如无签字是否有担保人签字。

⑥转房账账单是否已将费用转至正确房间。单据是否有总台收银员签字接收。

⑦宴请账单是否后附《宴请审批单》，《宴请审批单》是否有总经理签字，宴请账单是否超出宴请标准。

⑧高职膳食是否有授权人员签字。

⑨打折、免服务费等单据是否有授权人签字，如手续不全则将详细情况记录在交班本上，留给日审进行跟进处理。

（4）核查收银员结账方式是否正确，如不正确，则在过夜审程序前将其调整正确，未调整的账目记录在交班本上，留给日审进行跟进调整。

（5）核对《酒水销售日报表》的报表是否与后附明细单据相等、后附明细单据与电脑入账明细相等，三方数据一致则在《酒水销售日报表》签字确认。如数据不相符则记录在交班本上，留给日审进行跟进处理。

（6）将账单以各营业点按结账方式分类整理，待日审复核。

三、康乐收入的夜间审核

（1）查看各营业点上缴单据是否齐全。如不齐全则及时催收。

（2）将康乐收银员的班报报表与其上交的账单进行核对，看其上交的单据是否齐全。如不符应逐一查对并及时处理，如不能处理则将未交和缺失的账单详细记录在交班本上，留给日审跟进处理。

（3）核对收银员上交的每一张单据，查看收费是否合理、折免是否符合酒店规定、相关手续是否齐全、是否有授权人签字。如不符合标准及时处理，如不能处理则将不符合标准的单据详细记录在交班本上，留给日审跟进处理。

①将康乐账单与后附单据进行核对，看其是否正确，比如：姓名、房号、项目、数量、单位等。

②住房客人免费享用的健身器材、游泳馆等，是否有注明房号及宾客签字。

③挂账账单是否有授权人签字，如无签字是否有担保人签字。

④转房账账单是否已将费用转至正确房间。单据是否有总台收银员签字接收。

⑤宴请账单是否后附《宴请审批单》，《宴请审批单》是否有总经理签字，宴请账单是否超出宴请标准。

⑥高职膳食是否有授权人员签字。

⑦打折、免服务费等单据是否有授权人签字，如手续不全则将详细情况记录在交班本上，留给日审进行跟进处理。

（4）核查收银员结账方式是否正确，如不正确，则在过夜审程序前将其调整正确，未调整的账目记录在交班本上，留给日审进行跟进调整。

（5）核对《康乐销售日报表》的数据是否与后附明细单据的相等、后附明细单据与电脑入账明细是否一致，三方数据一致则在《酒水销售日报表》签字确认。如数据不相符则记录在交班本上，留给日审进行跟进处理。

（6）将账单以各营业点按结账方式分类整理，待日审审核。

四、其他夜间审核

（1）将各营业点发票登记表与账单上加盖“发票已开”章的账单金额进行核对，看其开出发票是否准确、发票号码是否连续完整。如不符合标准，则将详细情况记录在交班本上，留给日审进行跟进处理。

（2）将回收的押金单据进行核销。

五、清机

（1）进入总台系统，检查不当班收银员是否关账。

（2）检查当天所有未解决“TRACE”，如果有解决不了的“TRACE”，可以顺延到第二天，并在交班本上写明。

（3）处理当天预离未离的客人，如有时通知总台处理，将预离房延住或做退房处理。

（4）处理POS账目（把从餐饮传来的账目账到预定的账目中，检查当天预抵客人是否有预付押金，如果有做冲销处理，再以客人的名字建档案做个假房，把金额录入假房中，在备注中输入预订号，并在交班本上做好记录）。

（5）通知酒店所有人员退出系统，进行清机再次核对客人的房价是否正确，并核对Due-out（预期离店）是否处理完毕。

（6）执行备份账单程序。

六、编制报表

所有营业部门的账单审核无误后，夜审要统计出准确的各类消费总数及收入总额，并根据打印出来的各种报表数据，制作酒店分析相关的各种报表。

（1）除去高职膳食金额与宴请金额，统计出客房房费、电话费、洗衣、迷你吧、商场、其他收入、客账等净额，制作出《夜审试算平衡表》。

（2）根据系统中打印出的收入报表，制作出《每日餐饮收入报表》和《每日康乐收入报表》。

（3）将《夜审试算平衡表》及《每日餐饮/康乐收入报表》所统计的数据按照一定的比例分成，制作出《夜间审核报告》《收益总结表》。

（4）根据系统中的《经理报表》统计维修房、免费房、自用房、住店客人及免费住房券等数据，并填入《晨报》中。

（5）根据当天交接本上记录的问题进行汇总，制作出《当日错误报告》。

（6）每日早7：00之前将《晨报》打印出多份，分别送至：总经理办公室、行政副总办公室、财务总监办公室、财务经理办公室等部门。

第四节　收银单据的管理

一、原始单据的使用

1. 预收住房定金收据

此单据一般连号三联。当客人入住付费后，开出此单据，第一联留存；第二联交给客人；第三联同原始订房单一起，放在客人账单里（注：在收取散客客人房金时，需多收一天房费为住房押金。如果需要钥匙押金、长话押金亦用此单）。

2. 杂项收费单

此单据一般共三联，用于客人在酒店内无原始单据的消费凭证。如：预收小冰箱费用等。开出此单据时，需要注明收费名称及收取日期，并请客人签字。第一联放在客人账单里；第二联给客人；第三联和入账账单一起投财务审计（注：此单据必须有客人签字）。

3. 退账单

此单据一般共三联，用于需要给客人减免一些消费费用，如结账时给人打折，需要做调整处理的账务，入错客人消费账目，客人消费费用由酒店款待等。此单据需要制单人、大堂副理、前厅经理签字，必要时也需要相关部门总监或总经理的签字审批。

4. 发票

当客人结清有关费用时，如需开具发票，各收银员直接在电脑上开具电子发票，需注意的是，发票抬头、消费项目、消费金额一定要如实填写。只允许客人现金或刷卡结账时向客人开具发票，结挂账的消费或转财务的消费需要财务部的允许才可开发票。

5. 备用金

备用金一般分为两类情况，第一类：收银员收入比备用金多的押金时，下班时与当班次当班结账单放在一起，投入保险柜中；第二类：收银员本班次退款大于收银，即已动用备用金时，下班时应将本班次当班结账单与剩余备用金一起转入下一班次，直到可以补够备用金时为止。

6. 结账单

（1）客人结账时，打印出“明细账单”，请客人签字后与客人账单放在一起保存。

（2）当班次结束时，由各收银员打印出《收银员账目明细表》，与本人本班次结清客人账单归放一起，单独放置在相应的账单夹里，以供当日夜审审核。

7. 信用卡、外币、支票的传递

由接班的收银员核查（金额、号码、有效期）后负责签收，同时传递人和接收人共同签名后认可。要特别注意支票和信用卡的有效期（对于预收长包房客人的信用卡必须一月一结账，不得出现信用卡过期；支票如有签发日期则自签发日起10天内有效）。

8. 电脑班次更换

本班次结束前，打印出《今日收银员账目明细表》《当班账目明细表》和《当班结账单》，及时退出个人操作号。

二、兑换水单的管理

1. 兑换水单管理

（1）兑换水单由值班人员领用和保管，用完后，要及时到出纳处再领，由出纳员根据收银员上交报表和水单负责核销。

（2）根据客人要求兑换的外币要辨别真假，按金额填写水单。填写时，一式三联，写明外币金额、币别，按当天汇率折算人民币的金额，填写日期及经办人，并请客人签名，注明外币编号，写明房号和证件号码；水单不得涂改，兑换时不得不开水单，私自套换外币者作严厉处理；遗失兑换水单的视同套换外币处理。

（3）作废的水单必须一式三联注明作废，并由领班以上证实签名并上交出纳处核销。

2. 作废账单管理

（1）收银员当班结束时，对于经过电脑操作记录的调整账单、作废单等都应交财务审计稽核，作废单必须由领班以上人员签名证实，注明作废原因。

（2）如事后发现有差错，但又查不到相应保存的账单，其经济责任应由收银当事人承担，同时还要追究原因。

第五节 收银及兑换外币服务

一、现金、信用卡、支票的收银服务

1. 现金

收取现金时，应注意辨别真假、币面是否完整无损；外币应确认币别，按当天汇率折算。一般而言，酒店会拒收缺角和被涂画明显的外币；此外，除人民币外，其他币别硬币一般也不接受。

2. 信用卡

（1）收受信用卡时，应先检查卡的有效期和卡是否在接受使用范围内，查核该卡是否已被列入止付名单内（刷错信用卡单、过期、止付期及非接受范围内的信用卡一律拒收）。

（2）客人结算时，将消费金额填入签购单消费栏，请持卡人签名，认真核对卡号、有效期，签名应与信用卡一致。正确无误后，撕下持卡人存根联，随同账单交客人。

（3）代他人付款，而持卡人没有入住本酒店或先离店，须请持卡人在签购单上先签名，填写付款确认书。收银员应认真核对卡号和签名，按预住天数预计金额授权，取得授权后，在签购单边缘注明“已核”字样签上经办员姓名，写上授权金额和授权号码。

（4）信用卡超过限额的，一律要致电银行信用卡授权中心或通过 EDC 取得授权，如实际消费超过授权金额应再予授权，一笔消费只能用一个授权码，多个授权码应分单套购，方可接受使用。

（5）签购金额如超过授权金额 10% 以内，原授权码仍可使用，一般不须再授权。

3. 支票

（1）收银员当班接收客人使用的支票时，应用大写在支票填上使用的年、月、日（如果当日不交给银行的可填为次日的日期），填上“××酒店”的收银人名称，其他项目均按规定填入（避免遗失被盗用）。

（2）填写支票一律用黑色钢笔墨水填写，不得用其他颜色的水笔或圆珠笔。

（3）小写金额前一位必须写上币号“￥”，以防涂改。

（4）金额数字用汉字大写时，一律用正楷字或行书字书写，不得任意自造简化字；大写金额数字到元或角为止，在“元”或“角”字之后应写“整”或“正”字；大写金额数字有分的，分字后面不写“整”字、大小写金额不得涂改，印鉴不可重复，一经涂改，该支票即刻作废；如因收银员填错支票的，一律由收银员负责催换支票，直至收到款为止。

（5）收取支票时，应检查是否有开户行账号和名称，印鉴完整清晰，一般印鉴是一个公章两个私章以上，如有欠缺，应先问交票人是否印鉴相符，并留下联系人的姓名和联系电话。

二、外币兑换服务

1. 兑换周转金出入库程序

根据酒店与银行签订代兑换外币业务协议内容规定，银行地区分行向酒店提供一定数量的兑换周转金，由兑换领班专人管理，单设保险柜，并建立严格的出入库手续，确保外币兑换工作的顺利进行。外币兑换周转金通常每天入库一次、出库两次。每笔金额出入库都要做

到签字手续齐全、准确无误。

2. 兑换前准备工作程序

（1）收银员每天早上要按时收听并录音中国银行公布的外汇牌价，及时更改当天的外汇牌价表。

（2）领用当天所使用的兑换水单，检查是否连号、是否有短号现象，并办理领用手续。

（3）领用并配备大小面值的兑换周转金，办理出库手续。

3. 外币兑换及承付现金程序

（1）客人到达总台收银处，收银员面带微笑地向客人问好然后询问："请问有什么可以帮助您吗?"当客人说想兑换外币，收银员应礼貌耐心地向客人解释本酒店外币兑换的手续以及本酒店接受兑换的币种。兑换外币的客人多为外宾，收银员应持流利的外语为客人服务，若自身所掌握外语表达不到位让客人不理解、不明白的时候应该让客人稍等片刻，并立即通知大堂经理前来解释。

（2）待客人详细了解本酒店外币兑换手续后，礼貌地询问客人兑换哪种外币以及兑换总金额多少，得到答案后马上向客人说明今天所兑换外币的牌价，并询问客人是否要进行兑换。

（3）客人确认完牌价拿出外币给收银员，收银员清点完外币数目后应该礼貌地与客人进行确认。

（4）收银员在清点外币时一定要细心、准确地判断外币是否都为真钞，并且要注意外币票面是否有涂鸦裂痕或磨损，若有上述情况应耐心地与客人解释并委婉地请客人换下。此服务环节是整个外币兑换过程的重点，需要收银员掌握良好的外币识别技术并要具备出色的言语表达能力，以免对客人造成误解，转而变成酒店服务上的失误。

（5）收银员迅速、准确地开具外汇兑换水单并详细将外币号码登记在水单上，注意水单信息填写完整。其包括日期、汇率、兑换外币金额、兑换成人民币的总金额、开票人签名，最后微笑着双手将兑换水单与非居民个人外汇收支情况表递给客人请客人确认签名，注意单据的正面朝向客人。

（6）待客人签名确认之后，礼貌地请客人稍等，并双手接过客人签名确认完的单据，收银员应迅速、准确地进行核算。

（7）收银员核算完毕将兑换水单第一联与兑换完的款项双手递给客人，请客人核对。

（8）客人核对正确后，微笑着向客人道谢，道谢过后目送客人离开总台收银。

当一笔兑换业务完毕时，由复核员将水单号码、兑换外币种类及金额分别填写在兑换营业日报表上，编表要求是：

（1）按照水单顺序号码一一填写；

（2）外币现金、支票分别填写；

（3）每笔现金、支票金额分别以现钞价或卖价等于兑换外汇人民币金额。

4. 兑换员下班前，外币及周转金交接程序

（1）外币交接程序：兑换营业日报表编制完毕后，兑换员应将外币日报表包捆好装入现金袋内封好，并在口袋封口处签上自己的名字，放在指定保险箱内，待第二天领班查处、清点、汇总。

（2）兑换周转金的交接程序：当A班下班后将兑换周转金余额清点好转交给B班兑换

员，并办理交接签字手续。当 B 班工作结束时，将兑换周转金余额清点好装入现金袋内，袋内现金应与现金袋上记录及兑换营业日报表周转金余额一致，与外币现金袋一同放到指定保险箱内。

第六节 保险箱使用程序

一、建立保险箱

（1）客人需要使用保险箱寄放贵重物品时，接待员应请客人出示房卡以证明其为住店客人。

（2）请客人填写保险箱登记卡，包括房间号码、姓名、签字、时间等。

（3）核对客人填写的登记卡是否正确、有无漏项。核对无误后，将保险箱钥匙递交给客人，将保险箱号码、开启日期、客人房号填写在登记卡上。

二、存入物品

（1）接待员将保险箱取出，请客人亲自将物品放入保险箱并上锁，同时提醒客人必须妥善保管钥匙，谨防丢失。需要开箱时，应带好钥匙。

（2）把客人寄放贵重物品的保险箱放回保险柜内，将登记卡按箱号顺序放入保险柜内的卡盒内，然后锁上保险柜并在电脑内做好记录。

三、提取物品

（1）客人使用保险箱期间，每次需要开箱时，接待员应及时将登记卡调出，请客人在登记卡背后“领取记录”栏内填明领取日期、时间并请客人签字。

（2）核对客人签名无误后，才可将保险箱从保险柜内取出交给客人，让客人自已开箱取物，非住客本人前来开箱应婉言拒办。

（3）若客人丢失了保险箱钥匙，应立即报告大堂副理，由大堂副理按照保险箱钥匙遗失流程处理。

四、取消保险箱

（1）接待员应请客人在使用保险箱处签字，核对无误后，请客人开箱取走物品。

（2）客人取完物品后，收回保险箱钥匙，检查保险箱内物品是否已全部取走。

（3）锁上保险箱，在客人的登记卡背后签字并注明日期、时间，将登记卡存档。

操作示范

保险箱工作程序与标准如表 6－2 所示。

表 6－2 保险箱工作程序与标准

工作步骤	工作项目	工作标准	注意事项
1	礼貌地向客人问好	目光接触，微笑点头示意并问好	—

续表

工作步骤	工作项目	工作标准	注意事项
2	请客人出示欢迎卡	开启：与电脑核对姓名、房号是否一致。根据客人要求和存放物品的规格，查找出相应的保险箱型号和号码 取用：请客人出示欢迎卡保险箱钥匙，与电脑核对姓名、房号、保险箱号是否一致 退还：请客人出示欢迎卡及保险箱钥匙，与电脑核对姓名、房号、保险箱号是否一致	开启保险箱时需向客人解释重要条款，如违禁物品不办理寄存规定、丢失钥匙需付赔偿金、如何办理丢失钥匙的手续等。请客人详细阅读登记卡使用条款内容，同意后在宾客签名处签字确认
3	填写登记卡	取出该客人的保险箱登记卡，在卡背面填写：日期、具体时间、经办人，请客人签名后核对是否与登记卡上的签名一致	—
4	进入保险房开启保险箱	开启：用总钥匙和客用钥匙共同开启保险箱，退至一旁请客人对保险箱进行操作	开启宾客通道，请客人进入保险房，总台服务员从员工通道进入保险房
5	与客人确认	开启及取用：在客人确认存放完成时将保险箱放回，同时将客用钥匙交予客人，并嘱咐客人妥善保管 退还：客人告知物品取出后，再次检查保险箱并与客人确认物品已全部取走	—
6	离开保险房	礼貌告知客人手续已办好，与客人一同离开保险房	—
7	收好钥匙	开启及取用：回到总台将总钥匙存放在专用抽屉中，将保险箱登记卡放入已使用完毕的文件夹中 退还：将客用保险箱钥匙插入原位，总钥匙放置总台专用抽屉中。将登记卡放入已使用完毕的文件夹中归档保管	—
8	做备注及登记每日保险箱使用情况明细表，与实际使用情况核对	在电脑中做相应的备注，如保险箱号码，若保险箱先入账与客人房账押金冲抵，退房时退款的情况下按入账程序先入账，退房时按冲账规定办理电脑冲账手续	—

小知识

酒店总台收银常用服务英语

1. Check in 入住

（1）How would you like to pay the deposit，in cash or by credit card?

您怎么付押金，现金还是信用卡？

（2）You must pay 1 000 yuan as a deposit.

您必须付 1 000 元作为押金。

(3) As a hotel policy, we require one day's room charge as deposit for guests without a reservation.

按照酒店规定，没有预订的客人得付一天房费作为押金。

(4) we'll refund the money you overpaid when you check out.

您离店时，我们会退还您多付的钱。

(5) Here is your receipt, and please keep it, you need to show it to us when you check out.

给您收据，请保管好，你离店时得出示它。

(6) And you also need to take care of your key, you have to return it to us when you check out.

您得好好保管它，您离店时必须归还给我们。

(7) Thank you, and hope you will have a good stay in our hotel.

谢谢，希望您在本店过得愉快。

2. Check out for individual guest 为散客退房

(1) Good morning, sir, do you check out?

早上好，您退房吗?

(2) Do you want to check out or keep key here?

您想要离店还是要保管钥匙?

(3) If you check out before 6: 00pm, you will pay half day charge.

如果在下午六点之前退房，得付半天的房费。

(4) If you check out after 6: 00pm, you will pay full day charge.

如果在下午六点之后退房，付一天房费。

(5) Could you give me your room number, please?

能告诉我您的房间号码吗?

(6) May I have your name and your room number?

能告诉我您的姓名和房间号码吗?

(7) May I have you room key, please?

能给我您的房间钥匙吗?

(8) Did you take anything from the mini-bar? /Did you use the mini-bar of your room?

请问您房间里的酒水有没有用过?

(9) Have you signed any chits in the last hour?

您在结账前一小时是否签过任何账单?

(10) Is your luggage down yet, sir? Could you check out after your bags have been brought down, please?

先生，您的行李是否已拿下来了? 请您等行李拿下楼后再结账好吗?

(11) Let me figure it out /Let me calculate that for you.

我来把您的账算出来。

(12) Shall I draw up your bill for you?

我把您的账单开出来好吗?

(13) Your final bill has not reached our department yet, sir. Would you please wait a moment while I chase it down?

先生，您最后的账单还没送到。请稍等，我去将它调来。

(14) Just a moment, please. Room attendant is checking your room.

请稍等，客房服务员正在查房。

(15) Would you like to check and see if the amount is correct?

请检查一下数目是否正确。

(16) This is your bill, check it please, if it is correct, please sign your name.

这是您的账单，请核对，假如对的话，请签名。

(17) Item 6 is your room charge.

第六项是房费。

(18) Item 7 is the cost for the phone calls.

第七项是电话费。

(19) That charge is for drinks taken from the mini-bar.

那是饮用房间冰箱内饮料的费用。

(20) The service charge is included in this bill.

服务费包括在内。

(21) What would you like to pay, in cash or by credit card?

您想怎么付账，现金还是用信用卡?

(22) We accept the following credit cards...

我们接受这些信用卡……

(23) Show me your credit card, please.

请出示您的信用卡。

(24) My I imprint/have a print of your credit card?

可以刷一下您的信用卡吗?

(25) I'm afraid we don't accept...cards, but we do accept these (point to credit card display).

很抱歉我们不能接受……卡，但是我们接受这些(指向信用卡牌)。

(26) The total is...and here is your change.

总数是……这是您的找头。

(27) Do you need receipt?

您需要收据吗?

(28) Here is your receipt.

给您收据。

(29) Thank you for choosing our hotel. I hope you enjoyed your stay. We hope you will come and stay with us again.

谢谢您光临我们的酒店，希望您在本酒店住得愉快。希望您再次光临我们的酒店。

3. Check out for group guest 为团体客人结账

(1) How would you like to make payment?

您怎么付费?

(2) Would you like to pay on the company account?

您用公司账户结账吗?

(3) May I know the name of your company, please?

请问贵公司账户号码?

(4) Separate bill or one for all?

分开结还是一起结?

(5) Your company/travel agency will pay your room rent, but you will pay your phone charge.

您的房租由公司付，但您要付房间的电话费。

(6) All account to your room charge, right?

所有的账都转到您的房间，好吗?

(7) Could you sign your name here?

请在这签名好吗?

(8) We hope to see you again soon.

希望很快再见到您。

4. Exchange money 兑换外币

(1) How much would you like to change?

您想换多少钱?

(2) The rates of exchange are on the board there, sir.

先生，兑换率在布告牌那儿。

(3) Today's foreign currency rate for US $ is 6. 27. /According to today's exchange rate, every US dollar in cash is equivalent to 6. 27 Yuan. /The present rate is 100 to 627.

今天美元的兑换率是 6. 27.

(4) Could you fill out this form?

您能填一下这张表吗?

(5) You'd like to change US $ 800 into RMB. Is that all right?

您想把 800 美元换成人民币，对吗?

(6) You gave me 100 US dollars, so that will be RMB 627. Here you are.

您给我 100 美元，合计人民币 627 元，给您。

(7) I'll calculate that for you. It comes to RMB 6 200 at today's exchange rate.

我帮您计算一下。按今天的汇率折合是人民币 6 200 元。

(8) I'm sorry but we do not change US dollars into Japanese Yen.

很抱歉，我们没有把美元兑换日元的业务。

(9) I'm afraid we don't accept non-convertible currency, sir.

对不起，我们不接受不能兑换的货币。

(10) What domination would you like, sir? we have 100 yuan notes, 50 yuan notes, 10 yuan notes, 5 yuan notes, 2 yuan notes and one yuan notes.

您要多大面值的钞票? 我们有 100 元的、50 元的、10 元的、5 元的、2 元的，还有 1 元的。

5. Use safes/safe-deposit boxes 使用保险箱

(1) If you want to keep some valuable things, you can use hotel safe-deposit boxes.

如果您想要保存贵重物品，可以用我们的保险箱。

（2） Please fill out this form first.

请先填表。

（3） Would you like to use it until May 20th?

您预备使用到五月二十日吗？

（4） This way，please. Your box number is 320.

请跟我来，您的柜子是320号。

本章实训任务

本章实训任务如表6－3、表6－4所示。

实训任务一：

表6－3　熟悉和掌握总台收银入住和退房服务程序

实训项目	熟悉和掌握总台收银入住和退房服务程序
实训要求	通过了解和熟悉收银员的岗位职责，掌握宾客入住和退房收银服务的流程和操作规范
实训地点	教室或模拟酒店实训室
实训材料	多媒体等
实训内容与步骤	一、实训准备 学生分两组，一组扮演宾客，一组扮演收银员。 二、实训开始 1. 模拟入住收银的服务流程； 2. 模拟离店收银的服务流程。 三、实训考核、点评 指导老师点评、总结任务要点。指出和纠正实训过程中存在的不足，并强化学生掌握宾客入住和离店的收银操作流程和服务标准

实训任务二：

表6－4　熟悉和掌握保险箱使用的程序

实训项目	熟悉和掌握保险箱使用的程序
实训要求	通过了解和熟悉收银员的岗位职责，掌握宾客使用保险箱的服务流程和操作规范
实训地点	教室或模拟酒店实训室
实训材料	多媒体等
实训内容与步骤	一、实训准备 学生分两组，一组扮演宾客，一组扮演收银员。 二、实训开始 1. 模拟开保险箱的服务流程； 2. 模拟保险箱存取物品的服务流程。 三、实训考核、点评 指导老师点评、总结任务要点。指出和纠正实训过程中存在的不足，并强化学生掌握使用保险箱的操作流程和服务标准

知识归纳

前厅总台的收银工作是宾客离店前的最后一项酒店服务，它也是酒店的经济命脉，是酒店资金和经营情报的来源。因此，前厅总台的收银服务对于整个酒店来说起着非常重要的作用。热情、礼貌、高效、准确的收银服务会给宾客留下美好的“最终印象”。总台除了宾客入住和离店时的收银业务之外，还需要为住店的客人提供保险箱、兑换外币等服务。同时，总台还需要开展对内的工作，比如账单的管理、夜间审核、制作酒店营运报表等。通过本章的学习，使学生了解总台收银工作的服务要求，掌握总台收银工作的操作流程和服务标准，具备酒店收银业务的相关素质要求，能够承担酒店收银业务的开展。

典型案例

客人赌气不肯付账

一天早上，南方某大酒店的一位香港客人下电梯来到大堂总台收银处结账。他操着一口粤语对服务员说：“小姐，916 房结账。”“好的，先生，请把您的钥匙牌或房卡证给我看一下。”服务员礼貌地回答。“哦，我没有带来，可以结账吗？”客人显得有点不耐烦。“请问先生，您的姓名是……”服务员接着又问。客人不悦道：“结账还用问姓名？”服务员耐心地解释说：“因为我们需要核对一下姓名，以防搞错带来麻烦。”客人很不情愿地报出了自己的姓名。服务员迅速地打出账单，客人掏出皮夹子拿钱。同时，服务员又向客人叮嘱了一句：“顺便说一下，您的 916 房钥匙牌用完后请送到收银台。”谁知客人一听，勃然大怒，收起钱来，大声嚷嚷：“你们酒店这么麻烦，给钱不要，还唠叨个没完，我不付款了。”嘴里还冒出几句骂人的话，立刻收起钱来，扭头就往电梯处去。

正在值班的大堂副总经理闻声跑来，立即赶到电梯口，把客人请回来，对他说：“先生，您息怒，有什么意见尽管提，我们立即解决，但钱还是要付的。”这位客人却指着服务员的鼻子说：“她不道歉，我就不付款。”此时，服务员已是满腹委屈，实在难以启齿道歉，双方僵持不下，引起了服务台客人们的注意。怎么办？大堂副总经理紧张地思考了一下，便跟服务员轻声说了几句，服务员听到了点点头，强忍着几乎快要掉下来的眼泪，对客人说了声：“对不起。”客人这才付了钱，扬长而去。

案例分析：第一，案例中服务员出于对客人的负责，按酒店服务规程查询客人的钥匙牌或住房卡，核对客人的姓名，以及交代客人归还钥匙牌，都是无可非议的，这件事显然是客人无理。酒店服务员既然遇到了不讲情理的客人，还是要奉行“客人永远是对的”的原则，把正确让给客人，把错误留给自己。服务员正是这样做的。忍受个人的委屈满足了“上帝”的要求，使一场风波得以平息，这种顾大局、识大体的精神值得发扬。

第二，大堂副总经理对这突发事件的处理比较积极稳妥。首先，当客人从收款台愤然离去不愿付款时，他及时赶到，把客人请回去解决问题。他首先想到酒店的利益不能受损失，尽管客人情绪过激、行为过分，但也要在事发的萌芽状态中想方设法让客人掏出钱来。其次，大堂是酒店的门户和窗口，当客人不近情理地要求服务员先道歉再付款而形成僵局时，大堂副总经理当机立断，做工作，请服务员赔不是，从而打破僵局，恢复了总台工作秩序，维护了大堂正常运转的形象，这一做法无疑也是正确的。

复习思考

一、填空题

1. 早班收银员应提前________分钟到岗，检查自己的仪容仪表。

2. 入住代交押金，需接待开出入住单，注明是________还是________。

3. 客人进门三秒内接待员应目视客人并微笑致意，________米处应主动问好，如知其姓名（职位）应用________称呼客人。

4. 夜审工作中如发现不能处理账单时，则将未交和缺失的账单详细记录在________上，留给________跟进处理。

5. 英文翻译：您怎么付费？____

二、不定项选择题

1. 夜审工作内容主要包括（　　）。

A. 审核各消费点的营业收入，并编制酒店营业收入报表

B. 完成系统清机

C. 抽查各收银点发票、备用金

D. 编制酒店相关报表

2. 请客人填写保险箱登记卡，包括（　　）。

A. 房间号码　　B. 姓名

C. 签字　　D. 时间

3. 酒店的（　　）是宾客离店前最后一项酒店服务，它也是酒店的经济命脉，是酒店资金和经营情报的来源。

A. 餐饮服务　　B. 客房出租服务

C. 收银服务　　D. 代办服务

三、简答题

1. 简述中班收银的主要工作内容。

2. 简述接收各部门转来单据程序。

3. 遇到退房但未结账便已离店（自动退房）的顾客如何处理？

四、论述题

论述总台收银退房的服务程序。

五、案例分析

武汉某酒店在给用完餐的客人结账时，账单上凭空多出 4 包中华烟（152 元）。双方相持 50 多分钟后，店方才承认自己工作失误，对耽误了时间的顾客表示歉意，并将餐费打折为 500 元，少收 400 多元，让客人满意离去。

初一看，可能有人为酒店的慷慨叫好，但一细想，这件事实际上暴露了酒店服务工作存在漏洞，才会发生如此“低级”的错误，既延误了客人将近 1 小时的时间，又减少了酒店的收入。幸而酒店采取的补救措施最终让客人满意，否则客人投诉、双方交涉、不利的口头宣传等都会给酒店带来更大的损失。

案例讨论： 如何才能避免案例中的这种工作失误呢？

第七章

前厅部综合管理

学习目标

1. 了解和熟悉前厅部与酒店其他部门之间的沟通与协调工作
2. 熟悉和掌握前厅部宾客关系的管理方式
3. 熟悉和掌握前厅部服务质量的控制管理
4. 熟悉和掌握前厅部人力资源管理的内容

主要知识点

1. 熟悉和掌握宾客投诉的处理程序和技巧
2. 熟悉和掌握员工培训的方式

酒店前厅的主要任务是销售客房、提供各类综合服务、联络和协调顾客服务、管理客账、处理相关信息资料，内容庞杂、涉及面广、专业要求高。如何才能管理好酒店前厅？

前厅的管理在酒店业务中具有全面性、综合性和协调性，是酒店的神经中枢，是顾客和酒店联系的纽带。顾客对酒店的第一印象和最终印象都是在前厅形成的，酒店的整体服务质量、服务水平都在前厅得到集中体现。前厅部管理人员应当有能力应付各种情况、处理各种问题。

第一节　前厅部的沟通与协调管理

一、沟通协调的基本原理与方法

（一）沟通协调的定义

沟通是传递信息。但是要使沟通具有效果，不仅要满足信息的传递，还要使信息传递者的思想、感情、意见和态度全部被对方了解，才能称作是有效的、成功的沟通。沟通协调从管理科学的角度来讲，是指相关对象之间所进行的信息传递和接受的过程，以及从合作角度来讲，是对有关事项，如完成服务任务，解决冲突、矛盾等方面所进行的配合和努力。

（二）沟通协调的作用

如何更好地进行与客人及部门之间的沟通和协调，这要求各部门的工作人员都能明确沟通协调的作用，掌握沟通协调的方式，运用正确的沟通协调渠道来进行具体的工作。

在酒店日常工作中，沟通协调所起到的作用通常有以下几点：

（1）通过沟通协调来向对方说明某事，使对方理解你的意图。

（2）通过沟通协调了解对方的真实意见及打算。

（3）通过沟通协调相互之间得到了承认，意见和观念相互被接受。

（4）通过沟通协调最后双方澄清误解，解决冲突、矛盾，以便相互协作。

在酒店服务过程中，通过服务人员同客人良好的沟通、协调能够了解客人的服务需求，让服务人员真正地了解酒店所能提供的服务内容及相关服务设施情况，并根据这些开展同其他部门之间的沟通协调，同心协力，相互配合，共同满足客人的服务要求。

此外，在解决客人投诉及处理由于工作原因而产生的部门工作之间矛盾冲突的过程中，有效地沟通、协调可以澄清相互之间的误解，解决具体的问题，避免因客人投诉及部门之间的矛盾而对酒店的经营及声誉产生不良的影响。

（三）有效的沟通协调应具备的条件

想要达到预期沟通协调的效果，就需要具备以下相关条件：

（1）具有明确的沟通目的或有沟通的必要。

（2）具有一定的沟通技巧。

（3）选择适当的沟通对象、渠道、方法和时机。

（4）及时搜集反馈信息。

（5）实现思想、感情、意见和态度的交流，使沟通双方对沟通的信息有一致的理解。

（四）酒店沟通协调的内容

酒店沟通协调工作的内容主要集中在以下几个方面：

（1）各部门之间目标的协调。

（2）各部门之间服务项目、服务内容的协调。

（3）各部门之间服务质量的协调。

（4）各部门之间服务时间与服务过程的协调。

（5）各部门之间接待能力的协调。

（6）各部门之间人际关系的协调。

（7）各部门之间在利益分配上的协调。

（五）酒店沟通协调的渠道

在酒店运行过程中，常见的沟通协调渠道有：

1. 书面形式

书面形式，即内部相关服务事项的备忘录、接待通知单、各种报表、表格、专题报告、相关文件、批示及《宾客意见调查表》，有关酒店服务内容的简介、杂志告示。

2. 语言形式

语言形式，即通过对话沟通交流的方式。在利用语言进行沟通协调时一定要注重语言使用的技巧性及准确性。

3. 会议形式

会议是一种面对面的最明朗的、最率真的联系和交流方法。会议也是一种主要沟通协调途径，如由总经理召开的各种协调会、各种例会、各班组的班前会和班后会等；通过会议可以帮助与会者就有关事项进行讨论、声明，达成协议，并可公开解决一定的冲突和矛盾。

4. 计算机系统

计算机系统具有迅速、准确、方便和信息共享的特点，是现代酒店沟通协调和信息处理的一个重要手段。

二、前厅部与其他部门之间的沟通协调

前厅部各部门之间的相互沟通协调以及前厅部与酒店其他部门之间的相互配合是酒店业务正常运行的根本保障。对于一家酒店而言，只有保持前厅部门与其他部门之间良好的沟通协调，才能顺利地完成各项对客服务。

1. 接待处与预订处

接待处应每天将实际抵店、实际离店、提前离店、延期离店和临时取消的客房数，预订但未抵店的客房数，以及换房数等信息，书面通知预订员，以便预订员及时根据上述数据修改预订总表，确保客房预订信息的准确性。同时，预订处也应每天将更改预订、延期抵店、取消预订及次日抵店等情况，以书面形式通知接待处，以最大限度地销售客房。

2. 接待处与前厅收银处

接待处应及时将已办理入住登记手续住客的账单交前厅收银处，以便收银处开立账户，累计客账。若住客换房，房价发生变化，也应将此信息迅速书面通知收银处。同时，双方的夜班员工应就白天的客房营业收入，进行细致认真的核对，确保正确显示营业情况。客人结账后，前厅收银处应立即将此信息通知接待处，更改客房状态，通知客房部清扫、整理，以便再次出租、销售客房。

预订处与前厅收银处之间需就客人订金的收取问题进行有效的沟通，以确保订房客人接待工作的顺利进行。

3. 前厅部与客房部

前厅部与客房部的沟通协调工作主要有：

（1）及时通报客人入住和结账离店情况。

（2）每天将必要的客情信息以书面的形式通报客房部，需要及时递交《一周客情预报表》《贵宾接待通知单》《次日抵店客人名单》《团队、会议用房分配表》等文件，以对客房进行布置及控制。

（3）递交《特殊要求通知单》，以便客房部提前做好准备工作，以满足客人的特殊要求。

（4）递交《客房、房租变更一览表》，以通知有关用房和变动情况。

（5）递交《客房状态报告》《客房状态差异表》等，以协调好客房销售（前厅部职责）与客房管理（客房部职责）的关系。

（6）应积极进行客房清扫、维修、保养的检查。

（7）客房部应及时将走客房内所发现的遗失物品情况通知总服务台，以便进行处理。

（8）对叫醒无反应的客人，客房部应根据指令，派楼层服务员进行探视。

（9）客房部应及时向总服务台通报客房异常情况，如双锁客房、紧急维修、在外过夜等。

（10）客房部应安排楼层服务员协助前厅行李员，搞好团队行李的运送、收集等服务，尤其是当住客不在房内时。

（11）前厅部与客房部员工互相接受交叉培训。

4. 前厅部与营销部

前厅部与营销部的沟通协调工作主要有：

（1）双方周期性进行客房销售预测的磋商，并研究决定酒店团队、会议客人与散客的接待比例。

（2）讨论决定出现超额预订时，酒店应采取的补救措施。

（3）总服务台以书面形式向营销部通报有关客情信息，如发送《一周客情预报表》《团队、会议用房分配表》《次日抵店客人名单》等表格。

（4）营销部将已获准的各种订房合同副本递交前厅部，以便落实执行。

（5）营销部应将团队、会议客人的详细订房情况，以书面形式报送客房预订处，以便预留客房。

（6）将团队、会议用房的变动情况，以及活动日程安排情况通报总服务台，做出相应的变更及解答客人的询问，以便提供所需的服务。

5. 前厅部与餐饮部

前厅部与餐饮部的沟通协调工作主要有：

（1）每天以书面形式发送报表，以通报客情信息。

（2）将订房客人用餐的特殊要求及房内鲜花、水果篮布置的要求，以书面形式通知餐饮部做好准备工作。

（3）掌握餐饮部营业点的服务项目、服务特色及最新收费标准等。

（4）协助餐饮部进行促销，如获取《宴会/会议活动安排表》，解答客人的问讯，发放餐饮推销的宣传资料等。

6. 前厅部与财务部

前厅部与财务部的沟通协调工作主要有：

（1）双方应对信用限额、预付款、超时房费收取，以及结账后又再次发生费用等情况进行有效的沟通、协调。

（2）总服务台递交已制作的散客账单、登记表及复印好的信用卡消费单等，以便前厅收银处开立客人账户、累计客账等。

（3）总服务台递交已制作的团队主账单，供前厅结账处签收并合计客账。

（4）通报客情信息（抵店、离店），以便正确显示客房状况。

（5）将有关住客变换房间的信息，尤其涉及房租变化等信息，以书面形式通报前厅收银处，以便正确累计客账。

（6）双方应对每天的客房营业情况进行细致核对，以确保准确。

7. 前厅部与总经理办公室

前厅部与总经理办公室的沟通协调工作主要有：

（1）及时向总经理室请示，汇报前厅部在对客服务过程中发生的重大事件。

（2）转交有关的邮件及留言单等。

（3）了解总经理的值班安排、去向，以便提供紧急的联系渠道。

（4）定期呈报酒店的《客情预报表》。

（5）递交《贵宾接待规格审批表》及《房租折扣申报表》等，供总经理审阅批准。

（6）通报每天的客情信息及客房部营业情况。

（7）与营销部配合，草拟酒店的客房销售政策（如信用政策、免费/折扣政策、订金/预付款政策等)，呈报总经理室批准，并就执行过程中存在的问题进行沟通、协调。

8. 前厅部与其他部门

（1）与人事部、培训部进行沟通、协调，开展前厅新员工的录用和上岗前的培训工作。

（2）与保安部、工程部进行沟通、协调，处理客房钥匙遗失后的问题。

（3）及时向康乐部传递客人的健身娱乐要求，以满足客人的需要。

（4）了解各部门经理的值班安排与去向，以提供紧急的联系渠道。

（5）出现突发事故时与其他部门相互沟通、协调。

第二节 前厅部宾客关系管理

对于一个酒店来说，与客人建立一个良好的关系是至关重要的。这就要求酒店对于宾客关系方面的工作做到完善的管理。因此，现在的酒店中，大都有较为完善而且比较专业的部门或工作人员，对宾客关系来进行维护，从而增强宾客的住店体验，提升宾客的服务满意度。

一、大堂副理

每当人们走进一家酒店大堂，总会看到在大堂的一侧有一位能讲一口流利英语的、和颜悦色的酒店人员，这位就是酒店的大堂副理。大堂副理是酒店和客人之间进行沟通的桥梁，是客人的益友，是酒店建立良好宾客关系的重要环节。在我国，三星级及以上的酒店一般都设有大堂副理。大堂副理的直接上级是前厅经理或总经理，直接下属是宾客关系主任。大堂副理直属前厅总经理，这样就明确了大堂副理管理的岗位职责和管理权限，这使大堂副理在处理各类问题时能更好地发挥作用。

因此，大堂副理的岗位职责也有许多，比如：

（1）代表总经理接受及处理酒店客人对酒店内所有部门（包括个人）的一切投诉，听取客人的各类意见和建议；

（2）会同有关部门处理客人在酒店内发生的意外事故；

（3）解答客人的咨询，向客人提供必要的帮助和服务；

（4）维护宾客安全；

（5）维护酒店利益；

（6）收集客人意见并及时向总经理及有关部门反映；

（7）维护大堂及附近公共区域的秩序和环境的宁静、整洁；

（8）督导，检查在大堂工作人员的工作情况及遵守纪律情况（前台、财务、保安、管家、绿化、餐饮、工程、车队等部门人员)；

（9）协助总经理或代表总经理接待好 VIP 和商务楼层客人；

（10）夜班承担酒店值班总经理的部分工作；如遇特殊，紧急情况即使向上级汇报；

（11）向客人介绍并推销酒店的各项服务；

(12) 就现酒店管理内部出现的问题，向酒店最高层提出解决意见；

(13) 协助各部门维系酒店与 VIP 客人、熟客、商务客人的良好关系；

(14) 负责督导高级账务的催收工作；

(15) 定期探访各类重要客人；听取意见，并整理好呈总经理；

(16) 完成总经理及前台经理临时指派的各项工作；

(17) 参与前台部的内部管理。

所以大堂副理这个职位是最重要的岗位之一，可以说他（她）的职责涵盖了整个酒店，他（她）既是酒店与宾客关系的桥梁，又是酒店前厅部和各部门间沟通的纽带。

既然说大堂副理是如此重要的一个职位，那么就不是一般人可以胜任的，作为一个大堂副理就必须具备较高的素质：

(1) 以身作则，敬业乐业，作风正派；

(2) 掌握与客人沟通的语言能力（至少一门外语）；

(3) 有较强的酒店意识、整体管理意识、公关意识、整体销售意识和培训意识；

(4) 了解各部门的运作程序；

(5) 掌握所在城市的历史、游乐场所地点、购物及饮食场所；

(6) 了解主要国家的风土人情；

(7) 有一定的法律知识；

(8) 有较强的自我控制能力，处事不惊，不卑不亢；

(9) 有较强的判断、分析、处理问题的能力；思维敏捷，意思表达准确，处理问题正确；

(10) 有敏锐的观察力，对问题的发展有预见性；

(11) 社会经验丰富，有较强的口头及笔头表达能力；

(12) 一般要求在前台岗位工作 3 年以上、有较丰富的酒店实际工作经验，熟悉客房、前厅工作，略懂餐饮、工程和财务知识。

二、客人投诉及处理

前厅部和客房部服务和管理人员经常遇到令人头疼的问题就是客人投诉。如何接待投诉客人，如何处理客人投诉，是一个酒店前厅和客房管理人员非常重视和关心的问题。酒店工作的目标是使每一位客人满意，但事实上，无论是多么豪华、多高档次的酒店，无论酒店管理者在服务质量方面下了多大的功夫，总会有某些客人，在某个时间，对某件事、物或人表示不满，因此，投诉是不可避免的。这时，客人可能去找大堂副理投诉（接待投诉客人是大堂副理的主要职责之一），也可能直接向服务员发泄心中的不满，或找领班、主管甚至部门经理投诉。因此，无论是服务员还是前厅管理人员，在接待投诉客人和处理客人投诉方面都要训练有素。前厅接待人员和管理人员应当掌握接待投诉客人的要领和处理客人投诉的方法和技巧，正确处理客人投诉，不仅会使自己的工作变得轻松、愉快，而且对于提高酒店服务质量和管理水平，赢得回头客，具有重要意义。

（一）导致宾客投诉的原因

1. 酒店方面的原因所引起的投诉

(1) 酒店的硬件设施设备。

此类投诉是指由于酒店的设施设备不能正常运行而给客人带来不便，甚至伤害，引起的客人投诉。它包括客人对空调、照明、供暖、供水、供电、家具、门锁、钥匙、管道、电器、电梯等设备、设施的投诉。此类投诉一般占有很大比例。我国酒店与国际酒店相比，存在的突出问题之一就是设施设备保养不善。当然，即使酒店采取了全方位的预防性维修与保养，也很难杜绝所有运转中的设备、设施可能出现的故障。因此，前台工作人员在受理此类投诉时，最好是协同有关部位的工作人员去实地观察，然后根据实际情况，配合有关部门采取措施解决。

（2）酒店的软件服务。

此类投诉是指服务人员在服务态度、服务礼节礼貌、服务技能、服务效率、服务纪律等方面达不到酒店服务标准或客人的要求与期望，引起客人的投诉。例如：服务人员对客人服务中不主动、不热情、结账时间过长、出现差错、索要小费等。据调查，此类投诉一般要占总投诉的一半以上。

（3）酒店的食品及饮料。

此类投诉是指由于酒店食品及饮料出现的卫生及质量问题，如不清洁、过期变质、口味不佳等，引起客人的投诉。酒店的食品及饮料是除客房及其他设施、设备外另一重要的有形产品，此类质量问题直接影响酒店的声誉及其他服务产品的销售。

（4）酒店安全状况。

此类投诉是指客人在酒店因人身安全、财产安全或心理安全受到侵犯而投诉。例如：因酒店管理不善而使住客在房间受到骚扰、客人的隐私不被尊重、客人的财物丢失等。

（5）酒店相应的规定及制度。

此类投诉是指客人由于对酒店的有关政策规定及制度不满而引起的投诉。例如：对酒店的房价、预订、入店手续办理、通信、会客等方面的相应规定，表示不认同或感到不方便等。此时，前台工作人员应努力为客人做好解释工作，指明这些规定是为了保障客人的利益而专设的。同时，在规定范围内，从多角度、多方面帮助客人，消除客人的疑虑。在多次接到此类投诉情况下，酒店方面应不断归类总结，完善相应规定及制度，使其成为对客服务的更好依据。

2. 客人方面的原因所引起的投诉

（1）客人对酒店的希望要求太高，感到酒店相关的服务及设施、项目没有达到应有的水准，不符合其心中的预想，未能体现出物有所值。一旦客人发现与期望值相差太远时，就会产生失望感，从而将怨气指向酒店方，认为酒店存在虚假宣传等行为，进而提出投诉。

（2）客人的需求及价值观念不同、对事物的看法及衡量的标准不一致、对酒店宣传内容的理解上与酒店有分歧，导致其不同的看法及感受，从而产生某种误解。

（3）由于客人自身的敏感，对酒店工作过于挑剔。

（4）因客人本身心情不佳，或其他非酒店原因产生的不满在酒店内宣泄，或借题发挥，或故意挑衅寻事，导致对服务的投诉。

（二）投诉处理的原则

酒店在处理客人投诉的过程中要注意和把握以下几个原则，认真地做好投诉的处理工作。

1. 真心诚意帮助客人解决问题

处理客人投诉，“真诚”两字非常重要。应理解客人的心情，同情客人的处境，努力识别和满足他们的真心需求，满怀诚意地帮助客人解决问题。只有这样，才能赢得客人的信任和好感，才能有助于问题的解决。酒店要制定合理、行之有效的有关处理投诉的规定，以便服务人员在处理投诉时有所依据。

2. 耐心倾听客人诉求，不与客人争辩

处理客人投诉时，要有心理准备，即使客人使用过激的语言及行为，也一定要在冷静的状态下同客人沟通。当客人怒气冲冲前来投诉时，首先，应适当选择处理投诉的地点，避免在公共场合接受投诉；其次，应让客人把话讲完，然后对客人的遭遇表示同情，还应感谢客人对酒店的关心。一定要保持冷静和礼貌，绝对不要与客人争辩。

3. 有章可循

要有专门的制度和人员来管理客人投诉问题，使各类情况的处置有章可循，保持服务的统一、规范、专业性。另外要做好各类防备工作，使客人投诉防患于未然。

4. 及早处置

处置投诉时牢记不要延误时间，推卸责任，各部门应团结起来，迅速找到根源所在及处理方案，向客人“稳健 + 清楚”地表明酒店的立场，并力争在最短时间里完全解决问题，给客人一个满意的结果。如果延误或推卸责任，会进一步惹恼投诉者，激发更严重的矛盾。

5. 不损害酒店的利益和形象

处理投诉时，应真诚为客人解决问题，保护客人利益，但同时也要注意保护酒店的正当利益，维护酒店整体形象。不能仅仅注重客人的陈述，讨好客人，轻易表态，给酒店造成不该有的损失，更不能顺着或诱导客人抱怨酒店某一部门，贬低他人，推卸责任，使客人对酒店整体形象产生怀疑。对涉及经济问题的投诉，要以事实为依据，具体问题具体对待，使客人不蒙受不适当的经济损失，酒店也不应无故承担赔偿责任。要意识到仅从经济上补偿客人的损失和伤害不是解决问题的唯一有效方法。同时，在处理投诉时，既要一视同仁，又要区别对待。既要看投诉问题的情节，又要看问题的影响大小，积极采取有效的应对措施，以维护酒店的声誉和良好形象。

6. 留档剖析

对每一起客人投诉及其处置情况要做出详尽的备案，包括投诉内容、处置过程、处置结果、客人满意程度等。通过记录，汲取教训，总结经验，为以后更好地处置好客人投诉提供参考。

（三）处理客人投诉的程序和方法

接待投诉客人，无论对服务人员和管理人员，都是一个挑战。要正确轻松地处理客人投诉，同时又使客人满意，就必须正确掌握处理客人投诉的程序和方法。

1. 做好接待投诉客人的心理准备

（1）树立“客人永远是对的”的信念。

一般来讲，客人来投诉，说明酒店服务和管理工作有问题，不到万不得已，客人是不愿前来投诉的。因此，首先应该替客人着想，树立“客人永远是对的”信念。“客人永远是对的”说明：顾客的需求在服务中是至高无上的，将这句格言作为处理酒店员工与顾客之间不协调的一种准则，是保证酒店产品质量的标准之一。

（2）要掌握投诉客人的心态。

① 求发泄：客人在酒店遇到令人气愤的事，怨气回肠，不吐不快，于是前来投诉。

② 求尊重：无论是软件还是硬件出现问题，在某种情况下都是对客人的不尊重。客人前来投诉就是为了挽回面子，求得尊重。

③ 求补偿：有些客人无论酒店方有无过错，或问题不论大小，都会前来投诉。其真正目的不在事实本身，而在于求补偿，尽管他可能一再强调“这不是钱的事”。

因此，在接待客人投诉时，要正确理解客人，给客人发泄的机会，不要与客人争辩。如果客人的真正目的在于求补偿，则要看自己有无权力。如果没有这样的权力，就要请上一级管理人员出面接待客人的投诉。

2. 认真做好记录

边聆听边记录客人的投诉内容，不但可以使客人讲话的速度放慢，缓和客人的情绪，还可以使客人确信，酒店对其反映的问题是重视的。同时，记录的资料也是酒店处理客人投诉的原始依据。

3. 对客人的不幸遭遇表示同情、理解和道歉

设身处地考虑分析，要对客人的遭遇表示抱歉（即使客人反映的不完全是事实，或酒店并没有过错，但至少客人感觉不舒服、不愉快）。同时对客人不幸的遭遇表示同情和理解。这样会使客人感觉受到尊重，同时也会使客人感到你和他站在一起，而不是站在他的对立面与他讲话，从而可以减少对抗情绪。

4. 立即采取行动，为客人解决问题

这是最关键的一个环节。客人投诉最终是为了解决问题，因此，对于客人的投诉应立即着手处理，如果是自己能解决的，应迅速回复客人，告诉客人处理意见；对真正是酒店服务工作的失误，应立即向客人致歉，在征得客人的同意后，做出补偿性处理。客人投诉的处理如若超出自己的权限，须及时向上级报告；的确暂时不能解决的投诉，要耐心向客人解释，取得谅解，并请客人留下地址和姓名，以便日后告诉客人最终处理的结果。

5. 对投诉的处理过程予以跟踪

接待投诉客人的人，并不一定是实际解决问题的人。因此，客人的投诉是否得到了解决，仍然是个问号。事实上，很多客人的投诉并未得到解决。所以，必须对投诉的过程进行跟踪，对投诉处理的结果予以关注。

6. 检查落实、记录存档，同时感谢客人

应联系检查、核实客人的投诉是否已经圆满解决，并将整个过程记录存档，作为日后工作的依据。与此同时，应再次感谢客人把问题反映给酒店，使酒店能够发现问题，并有机会改正错误。

小知识

令客人心情明朗的“CLEAR”办法

酒店运营中，处理客人投诉是值得重视的一项首要工作，如何平息客人的不满，使被激愤的客人“转怒为喜”，是酒店取得客人信赖的重要手段——“CLEAR”方案。

缓和客人激动的情绪（CLEAR）包括以下步骤：

C—掌控你的情绪（Control）沉着冷静，自己不能乱了分寸。

L—倾听客人诉说（Listen），了解并分析投诉产生的关键环节。

E—创建与客人共鸣的局势（Establish），站在客人的角度思考。

A—对客人的情况表示歉意（Apologize），不管错在何方，首先要对事件的发生表示抱歉，但并不代表承认错在酒店方。

R—提出应急和预见性的计划（Resolve），给出选择性的解决方案而并非让客人提出要求。

操作示范

宾客投诉处理的流程和标准如表7－1所示。

表7－1 宾客投诉处理的流程和标准

程序	标准
1. 聆听	真诚道歉，耐心、专注地倾听客人的陈述，不打断或反驳客人
2. 保持冷静	请客人移步到不引人注目的一角或专门的独立空间。即使客人的投诉毫无道理，除了保持自己的冷静之外，还要设法让客人冷静下来
3. 表示同情	对客人的遭遇表示同情和理解，使用恰当的语言给客人以安慰，感谢客人的投诉
4. 给予特别关心	对客人使用尊称，告诉客人马上处理此事，不要因为怕麻烦而采取拖延的方式，更不能在客人面前流露因为权力有限而无能为力的态度
5. 不转移目标	不管手头的工作有多重要，都应先解决客人的投诉。不可随便走开或随意引申，更不可臆测酒店服务人员的工作，或引导客人责怪酒店
6. 记录要点	一边记录一边向客人求证，可使客人放慢讲话速度，以缓和其激动情绪。同时提供解决问题的方案，请客人选择，以示尊重。切忌一味道歉而对客人投诉的内容置之不理
7. 将解决问题所需的时间告诉客人	充分估计处理该问题所需的时间，向客人如实说明解决问题所花费的时间，以免引起客人的抵触情绪，争取客人的谅解
8. 立即行动、着手调查	必要时向上级汇报情况，请示处理方式，做出处理意见。将调查结果告知客人，向客人做出必要的解释，并把准备采取的措施告诉客人，争取客人同意处理意见
9. 检查落实	向有关部门落实处理意见，监督、检查有关工作的完成情况。问题解决后，再次倾听客人的意见
10. 整理归类存档	把事件经过及处理结果整理成文字材料，存档备查。同时将事件记入客史档案，避免客人再次来店时发生同类投诉事件

三、客史档案的管理

客史档案又叫客历档案、宾客档案，是酒店在对客服务过程中对客人的自然情况、消费行为、信用状况、偏好和期望等做的记录。

（一）建立客史档案的意义

1. 有利于酒店提供“个性化”服务，增加人情味

服务的标准化、规范化，是保障酒店服务质量的基础，而个性化服务则是酒店质量的灵魂，要提高服务质量，必须为客人提供更加富有人情味的、突破标准化与规范化的“个性化”服务，这是服务质量的最高境界，是酒店服务的发展趋势。

2. 有利于做好有针对性的促销工作，争取回头客，培养忠诚顾客

客史档案的建立，能使酒店根据客人需求，为客人提供有针对性的促销工作。比如，通过客史档案，了解客人的自然条件，定期与客人取得联系，为酒店培养更多的忠实顾客。

3. 有助于提高酒店经营决策的科学性，提高经营管理水平

任何一家酒店，都应该有自己的目标市场，通过最大限度地满足目标市场的需要来赢得客人，获取利润，提高经济效益，如果酒店管理者未能对这一潜力巨大的资料库进行很好的利用，忽视了它的作用，就会影响酒店的经营活动，进而影响酒店经营决策的科学性。

（二）客史档案的内容

1. 常规档案

常规档案主要包括来宾姓名、国籍、地址、电话号码、单位名称、年龄、出生日期、婚姻状况、性别、职务、同行人数等。酒店收集和保存这些资料，可以了解市场基本情况，掌握客源市场的动向及客源数量等。

2. 消费特征档案

消费特征档案主要包括客房的种类、房价、餐费以及在商品、娱乐等其他项目上的消费；客人的信用卡、账号；客人对服务设施的要求、喜好等，从而了解客人的消费水平、支付能力以及消费额、信用状况等。

3. 预订档案

预订档案包括客人的预订方式、介绍人，订房的季节、月份、日期及订房的类型等。掌握这些资料有助于酒店选择销售渠道，做好促销工作。

4. 个性档案

这是客史档案中最重要的内容，主要包括客人的脾气、性格、爱好、兴趣、生活习俗、宗教信仰、生活禁忌、特殊日期和要求等。这些资料有助于酒店有针对性地提供“个性化”服务。

5. 反馈意见档案

反馈意见档案主要包括客人对酒店的表扬、批评、建议和投诉记录等。

（三）客史档案资料的收集与管理

1. 客史档案资料的收集

及时、准确地收集和整理客史档案资料，是做好客史档案管理工作的基础。这既要求酒店要有切实可行的信息收集方法，又要求前台和酒店其他对客服务部门的员工用心服务，善于捕捉有用信息。

收集客史档案资料的主要途径有：

（1）总服务台通过预订单、办理入住登记、退房结账等收集有关信息。有些信息从客人的证件和登记资料中无法获得，应从其他途径寻觅，如索取客人的名片、与客人交谈等。

（2）大堂副理每天拜访宾客，了解并记录宾客的服务需求和对酒店的评价；接受并处理宾客投诉，分析并记录投诉产生的原因、处理经过及宾客对投诉处理结果的满意程度。

（3）客房、餐饮、康乐、营销等服务部门的全体员工主动与客人交流，对客人反映的意见、建议和特殊需求认真记录，并及时反馈。

（4）酒店有关部门及时收集客人在报刊、电台、电视台等媒体上发表的有关酒店服务与管理、声誉与形象等方面的评价。

2. 客史档案的管理

酒店的客史档案管理工作一般由前厅部承担，而客史信息的收集工作要依赖全酒店的各个服务部门。所以，做好这项工作必须依靠前厅部员工的努力，同时还有赖于酒店其他部门的大力支持和密切配合。

客史档案的管理工作主要有以下几方面的内容：

（1）分类管理。为了便于客史档案的管理和使用，应对客史档案进行分类整理。如按国别和地区划分，可分为国外客人、国内客人和港澳台客人；如按信誉程度划分，可分为信誉良好客人、信誉较好客人、黑名单客人等。经过归类整理的客史档案是客史档案有效运行的基础和保证。

（2）有效运行。建立客史档案的目的，就是使其在有效运行中发挥作用，不断提高经营管理水平和服务质量。客人订房时，预订员可以了解其是否曾住过店。属重新订房的，可直接调用以往客史，打印客史档案卡，与订房资料一道存放，并按时传递给总台接待员。属首次订房的，应将常规资料和特殊要求录入电脑，并按时传递给总台接待员。总台接待员将次日抵店的客人档案卡取出，做好抵店前的准备工作。未经预订的常客抵店，总台接待员在客人填写登记表时，调出该客人的客史档案，以提供个性化的服务。未经预订的客人第一次住店，总台接待员应将有关信息录入电脑。对涉及客房、餐饮、康乐、保卫、电话总机等部门服务要求的，要及时将信息传递到位。

（3）定期清理。为了充分发挥客史档案的作用，酒店应定期系统地对客史档案进行1～2次的检查和整理。检查资料的准确性，整理和删除过期的档案。对久未住店的客人档案予以整理，最好给客人寄一份“召回书”，以唤回客人对曾住过酒店的美好回忆。

第三节　前厅部服务质量控制管理

一、前厅部服务质量概述

前厅部服务质量是决定酒店形象最关键的因素，它是酒店经营的灵魂，是酒店的生命线。服务质量是衡量某一产品或服务的“标准”或“尺度”，这一“标准”或“尺度”应该符合客人对这一产品或服务的期望值，并给他们带来高度的满意度。酒店前厅部销售产品的主体是“服务”，所以“质量”在这里更多的是指“服务质量”，这是衡量酒店前厅部向客人提供的各项服务的“标准”或“尺度”。按照这些标准或尺度提供的服务给客人带来的实际感觉，同他们对这一服务的期望值之间的差距便决定了服务质量的高低。实际感觉超出期望值的，服务质量就好；两者一致的，就属一般质量；实际感觉低于期望值的，服务质量就差。

（一）前厅部服务质量的内容

就前厅部而言，服务质量主要包括设施设备质量、服务水平和环境气氛三个方面。

1. 设施设备质量

酒店是利用设施设备为客人提供服务的，它是酒店的硬件部分，是服务质量的物质基础，也是宾客评价酒店服务质量的首要内容。就前厅而言，不同的酒店，大堂的设计就存在某些方面的差异，设施设备的多少也不一样，因而所能提供的服务项目就不一样，所能满足客人需要的程度也就会有差别；此外，不同材料、不同设备装修的大堂，其功能、舒适程度差别也会很大，因而客人的感受也就不同。

2. 服务水平

酒店的服务是由酒店服务员为客人提供的，服务员服务水平的高低是服务质量的主体，是衡量酒店服务质量的重要标准。它包含以下几个方面：

（1）服务态度。良好的服务态度是做好服务的关键，它使客人产生亲切感，有宾至如归的感觉。一名优秀的服务员对客人服务一定要做到：主动、热情、耐心、细致、周到。

（2）礼貌礼节。礼貌礼节是服务水平的最基本要素。良好的礼貌礼节，能对客人产生好的印象，也是酒店服务员文明服务的标志。礼貌礼节包括服务员的仪容仪表和言行举止两个方面。端庄大方的仪容仪表、自然得体的言行举止是做好服务工作的基本要求。

（3）服务技能。服务技能是服务质量的基础。它包括服务技术和服务技巧两方面。服务技术如办理入住、离店手续，接听电话等，它们往往都可以用速度标准、质量标准和数量标准来衡量。

3. 环境气氛

环境气氛，是前厅服务质量的重要组成部分。大堂的环境气氛是由建筑、装饰、陈设、设施、灯光、声音、颜色以及员工的仪表仪容等因素组成的。这种视觉、听觉印象对客人的心情感受影响很大，客人往往把这种感受作为评价酒店质量优劣的依据。

此外，酒店形象是公众对于酒店的总体评价，是酒店的表现与特征在公众心目中的反映。前厅部是酒店形象的代表，酒店形象对现代酒店的生存和发展有着直接的影响，一个好的形象是酒店的巨大财富，酒店前厅部的主要服务机构通常都设在客人来往最为频繁的大堂。任何一位客人一进店，都会对大堂的环境艺术、装置布置、设备设施和前厅部员工的仪容仪表、服务质量、工作效率等产生深刻的“第一印象”。而这种“第一印象”在客人对酒店的认知中会产生非常重要的作用，它虽产生于瞬间，却会长时间保留在人们的记忆表象中。因此，大堂必须十分注意环境气氛的设计与布置，让客人感到安静、舒适、愉快。

（二）前厅服务质量的特点

前厅服务质量同一般商品有很大的区别，主要表现在如下几个方面：

1. 综合性

前厅服务质量，主要由设施设备、服务水平、环境气氛等组成，这比其他商品的质量复杂得多。它既有富丽堂皇的大堂等看得见、摸得着的实物，也有依靠客人感受来衡量的非实物的服务态度、服务技巧等因素。而从客人这个角度看，服务质量不仅包括前厅门童、接待员、收银员等的服务质量，还包含客人在店期间所接受的所有服务的质量，服务质量是一个整体。

认清服务质量的综合性，要求前厅服务员要树立一个整体的思想，在工作中相互协作。前厅服务员一定要以最好的服务，让入住的客人留下良好的第一印象，为客人在店得到良好的服务打下坚实的基础。要以最优质的服务，让离店的客人留下美好的记忆，以弥补质量方面存在的各种不足。

2. 一次性

前厅的对客服务，其过程和感受都只有一次。它不像其他实物性商品，发生质量问题可以更换。每一次服务一旦结束，其影响就已发生，也就是说我们“生产”的服务，客人已经“消费”完毕，它是不能“返工重来”的。这就要求我们的服务员，重视每一次对客人的服务，每一次都生产出“高质量”的服务“产品”，让每一个客人都对这个“产品”感到满意。

3. 依赖性

前厅的服务，是由员工“生产”的，服务质量的好坏，取决于员工的服务水平。良好的服务意识、丰富的专业知识、娴熟的服务技能，这是员工做好服务的根本保证。而造就一支高素质的员工队伍，是酒店和前厅管理者提高服务质量的首要任务。

4. 情感性

前厅服务质量是由客人来评价的，它取决于客人的个人爱好，带着强烈的个人感情色彩。如果客人是在十分融洽的氛围中接受服务，他们就会感到亲切、轻松和舒适，就会倾向于对服务质量给予良好的评价。反之，则认为服务质量太差。对此服务员要在规范化、标准化服务的基础上，认真研究客人的个体差异，提供个性化服务，以满足客人心理上的需要。

二、前厅部质量控制的基本原则

1. 宾客至上的原则

在国内，酒店业已由“卖方”市场转变为“买方”市场，左右产品特色和产品质量的不再是酒店经营者，而是消费者的消费偏好。只有生产和提供客人满意的产品，酒店经营者才能有利可图，不断发展，否则经营将难以为继，酒店也必然无法生存。追求利润是所有经营者的共同目标，这一利益驱动促使酒店经营者把消费者作为自己的“上帝”，提出了“宾客至上”的经营口号。

2. 以人为本的原则

“以人为本”就是要重视具体实施对客服务的一线员工。客人是服务质量的裁判，而员工是优质服务的基本保证。“没有满意的员工，就没有满意的宾客”。如果缺乏一批具备积极的工作热情、高度的工作责任感和娴熟的服务技能的高素质员工，即使拥有再豪华的硬件设备、再先进的管理方法，也无法保证向客人提供高质量的服务。以人为本就是充分强调普通员工在质量控制过程中的重要作用，重视对全体员工的培训与激励，使质量意识深入每个员工的心中，同时充分调动员工的工作积极性，为质量控制出谋划策。

3. 预防为主的原则

酒店服务产品具有“生产与消费的同时性”这一特征，因此其服务性产品必须一次性成功提供，任何环节出现问题都不可能“返工重做”，都会带来负面影响。如何才能真正做到一次性成功地提供服务，就决定了服务产品质量控制必须以预防为主，考虑到可能出现的困难，防患于未然，尽可能地在前期准备工作中将这些“隐患”予以解决，以便呈现给消费者一次满意的消费体验。

三、前厅部质量控制的基本方法

要保证前厅部的服务质量，要做好以下几个方面的工作。

1. 强化意识，明确标准

（1）树立质量时空意识 。前厅是客人信息和接待服务信息的集散地，服务人员的时间意识反映了前台接待系统中各部门、各岗位及各班次在协调合作上的一致性。在时间一致性方面，出现不协调的现象是在前厅服务中不允许的，否则将使客人期待的相关服务不能实现。例如，礼宾部在安排行李员运送已离店团队行李时记错了时间，延误了运送行李，后果将会非常严重，且无法弥补。

空间的特点是三维性，反映在前台接待服务过程中的空间观念突出表现为“服务链条效应”，即各部门、各岗位及各项具体工作环节之间的关联性和协调性。例如，如果总台接待员将次日离店团队提前用早餐的安排疏漏了，其后果的严重性可想而知。

（2）坚持全面质量控制意识。要对前厅服务质量进行有效控制，保证和提高服务质量，就必须组织前厅全体员工共同参与，综合运用现代管理科学，建立一个能够控制影响服务质量的全过程和各种因素、全面满足客人需求的系统。

从这种系统观念出发，有效控制前厅服务质量，主要包含 3 个方面的意识：对前厅所有服务质量进行控制，即全方位的控制，而不是只关注局部的控制；对服务前的组织准备、服务中的对客服务、服务后的善后处理的服务过程进行全面控制；全体员工都参加质量管理与控制工作，并把每一位员工的工作有机结合起来，管理者能够针对具体情况，灵活运用各种现代管理与控制方法。

（3）明确服务质量标准。树立了明确的质量意识，还需要让员工了解并掌握明确的质量标准，在广泛征求客人和一线员工意见的基础上，逐步制定针对性强、实施性高的服务质量标准。再通过结合对员工进行职业道德、业务技能的教育、培训和激励，使全体员工充分了解并掌握这一标准，严格按照标准中规定的劳动力调配、服务程序、设施设备维护保养、细节事项、服务态度等，利用规定的设施设备在标准服务时限内准确无误地落实，从而实现优质的对客服务。

2. 规范操作，完善制度

在前厅接待服务中，服务规范化、制度化完善的内容主要包括：问讯、接待、收银等岗位工种在接待服务过程中每一项具体的操作步骤、要求、原始记录、反馈意见、分析总结和修订实施等。将服务人员重复性操作行为予以规范，并进一步制度化，是前厅服务质量过程控制的关键。把规范化的服务标准上升为制度化，在很大程度上消除服务人员因个人主观臆断而造成的操作随意性，确保服务质量，也有利于服务人员在今后的工作实践中不断进行自我完善，更使得管理者有了检查和监控前厅服务质量的依据，以便促进酒店前厅服务工作达到规范化、程序化、标准化和制度化的要求。

3. 细分过程，严格控制

前厅服务过程中每一次“客我双方活动”，由于时间、环境、对象、心理、标准等多方面因素的影响，其服务的质量和结果不尽相同。所以，服务人员应从每一次服务的“标准—开始—进行—结束”的固定模式中解放出来，不断创造新的、更好的服务，减少中间环节，缩短过程时间，更加耐心细致地为客人提供诸如反复查询、解决疑难问题、委托代办、联系协调等超常服务，以满足客人各种合理的消费需求，达到既定的服务标准，实现既定的服务质量目标。

4. 剖析信息，科学评定

服务质量信息是酒店进行服务质量决策的基础和前提，是计划、组织服务质量活动的依据，更是质量控制的有效工具。对前厅服务质量评定，是在收集客人反馈信息的基础上，对前厅服务规范化、程序化、标准化和制度化执行状况做出的整体评价。评价服务质量的主要方法是检查，主要包括以下 3 个方面的内容：

（1）客人评价。微笑、主动、细致、快捷、协调等构成了前厅服务产品的主要内容，它们除了满足客人在店期间各种明确需求以外，同时还要满足客人在各种情况下隐含的潜在需求。前厅服务员利用设施设备、环境及自身行为向客人提供令其满意的产品，使客人在享受每一次服务后得到心理上的满足。前厅服务质量控制就是紧紧围绕使客人满意这一中心所进行的一系列有效活动，因而，前厅质量评定必须以客人对服务的满意度为主要标准。

（2）外部质量检查机构评价。对酒店行业管理部门及质量认证机构所做出的重要的专业评价，特别是酒店星级评定和星级复查进行的评价内容，管理者应对照检查结果，及时找出存在的质量问题，更应分析其产生的原因，进而提出有针对性的改进措施，以不断提高前厅服务质量。

（3）内部质量检查机构评价。为了测试客人对服务效率和服务效果的满意程度，为了实现总台服务工作，要达到以下指标：客房出租率；双倍开房率；客人回头率；客房收入年递增率。前厅管理者要制定严格的服务质量及其服务效果鉴定检查单，以确保客人的全面满意及实现总台服务的工作目标；酒店服务质量管理机构还可以在组织随时抽样调查、直接征求客人意见、定期分析统计等质量管理活动中对前厅部服务质量做出重要的职能评价。

四、前厅部主要工作的质量控制

（一）客房预订的质量控制

1. 事前控制

在服务程序方面，制定合理可行的客房预订程序，通过系统扎实的培训，确保预订处员工掌握过硬的业务技能和丰富的业务知识，熟悉各类预订方式和受理程序，具备良好的语言能力和礼貌的电话应答用语，掌握娴熟的电话推销技巧；在服务时限方面，准确测定预订员工的工作效率，严格要求员工在规定时间内准确、礼貌、高效地受理各类客房预订；在设施设备方面，确保受理客房预订所需的各类设施设备，如电话机、传真机、计算机终端、打时机及档案文件柜保持良好工作状态；在服务态度方面，具有良好的职业素质和职业道德，有为客人提供优质服务的主观愿望。

2. 事中控制

在服务程序方面，以给予客人最大满足感和争取酒店最大效益为指导思想，在满足客人需求的基础上灵活运用服务程序，受理各类预订，认真、正确、及时地填写、标注、更改有关预订表格和文件并及时正确存档；在服务时限方面，严格在标准服务时限内完成各类预订；在设施设备方面，遵照操作规程正确使用有关预订设施设备；服务态度方面，积极、主动、友好、礼貌、热情地受理各类客房预订，完成对客服务。

3. 事后控制

在服务程序方面，同客户进行沟通，了解客人对预订服务的意见和建议，不断改进服务程序，提高服务质量；在服务时限方面，及时同一般客户、定期同主要客户进行有效沟通；在服务态度方面，主动、热情、友好、礼貌，表现出为客人提供优质服务的主观愿望。

（二）前厅接待/问讯的质量控制

1. 事前控制

在服务程序方面，制定合理可行的前厅接待/问讯服务程序，通过系统扎实的培训，确保前厅接待处/问讯处员工掌握过硬的业务技能和丰富的业务知识，熟悉各类接待和问讯服务程序，具备良好的语言能力，掌握娴熟的推销技巧等；在服务时限方面，准确测定员工工作效率，确定前厅接待处/问讯处各项服务的标准时限，严格要求员工在规定时间内准确、礼貌、高效地完成各类对客服务；在设施设备方面，确保前厅接待/问讯服务所需的各类设施设备保持良好工作状态等；在服务态度方面，具有良好的职业素质和职业道德，有为客人提供优质服务的主观愿望等。

2. 事中控制

在服务程序方面，以给予客人最大满足感和争取酒店最大效益为指导思想，在满足客人需求的基础上灵活运用服务程序，完成前厅接待处/问讯处各项服务等；在服务时限方面，严格在标准服务时限内完成前厅接待/问讯处各项对客服务，为客人提供快捷、优质的服务；在设施设备方面，遵照操作规程正确使用设施设备，认真、正确地填写前厅接待/问讯处各类表格和文件；在服务态度方面，积极、主动、友好、热情、礼貌地完成对客服务等。

3. 事后控制

在服务程序方面，同客户进行沟通，了解客人对前厅接待/问讯服务的意见和建议，不断改进服务程序，提高服务质量；在服务时限方面，及时同一般客户、定期同主要客户及相关岗位进行有效沟通；在设施设备方面，认真维护保养前厅接待处/问讯处工作设备，及时补充办公用品和有关表格单据；在服务态度方面，积极、主动、友好、热情、礼貌，能体现为客人提供优质服务的主观愿望。

（三）大堂服务的质量控制

1. 事前控制

在服务程序方面，制定合理可行的大堂服务程序和工作定额，通过系统扎实的培训确保大堂服务员工掌握过硬的业务技能和丰富的业务知识，熟悉大堂服务处各类服务程序；在服务时限方面，准确测定员工工作效率，确定大堂各项服务的标准时限，严格要求员工在规定时间内准确、礼貌、高效地完成各类对客服务；在设施设备方面，确保大堂服务常用设施设备保持良好工作状态等；在服务态度方面，具有良好的职业素质和职业道德，有为客人提供优质服务的主观愿望等。

2. 事中控制

在服务程序方面，以给予客人最大满足感和争取酒店最大效益为指导思想，在满足客人需求的基础上灵活运用服务程序，完成大堂各项对客服务等；在服务时限方面，严格在标准服务时限内完成大堂各项对客服务，为客人提供快捷、优质的服务；在设施设备方面，遵照操作规程正确使用设施设备，认真、正确地填写大堂服务处各类表格和文件；在服务态度方面，积极、主动、友好、热情、礼貌地完成对客服务等。

3. 事后控制

在服务程序方面，同客户进行沟通，了解客人对大堂服务处的意见和建议，不断改进服务程序，提高服务质量；在服务时限方面，及时同一般客户、定期同主要客户及相关岗位进行有效沟通；在设施设备方面，认真维护保养大堂服务处的工作设备，及时补充办公用品和有关表格单据；在服务态度方面，积极、主动、友好、热情、礼貌，能体现为客人提供优质服务的主观愿望。

（四）商务中心/总机服务的质量控制

1. 事前控制

在服务程序方面，制定合理可行的商务中心/总机服务程序，通过系统扎实的培训确保商务中心/总机服务员工掌握过硬的业务技能和丰富的业务知识，熟悉商务中心/总机服务各类服务的程序；在服务时限方面，准确测定员工的工作效率，确定商务中心/总机服务各项服务的标准时限，严格要求员工在规定时间内准确、礼貌、高效地完成各类对客服务；在设施设备方面，确保商务中心/总机服务常用设施设备的良好工作状态等；在服务态度方面，要求员工具有良好的职业素质和职业道德，有为客人提供优质服务的主观愿望等。

2. 事中控制

在服务程序方面，以给予客人最大满足感和争取酒店最大效益为指导思想，在满足客人需求的基础上灵活运用服务程序，完成商务中心/总机服务的各项服务等；在服务时限方面，严格在标准服务时限内完成商务中心/总机各项对客服务，为客人提供快捷、优质的服务；在设施设备方面，遵照操作规程正确使用设施设备，认真、正确地填写商务中心/总机服务处各类表格和文件；在服务态度方面，积极、主动、友好、热情、礼貌地完成对客服务等。

3. 事后控制

在服务程序方面，同客户进行沟通，了解客人对商务中心/总机服务处的意见和建议，不断改进服务程序，提高服务质量；在服务时限方面，及时同一般客户、定期同主要客户及相关岗位进行有效沟通；在设施设备方面，认真维护保养商务中心/总机服务处工作设备，及时补充办公用品和有关表格单据；在服务态度方面，积极、主动、友好、热情、礼貌，能体现为客人提供优质服务的主观愿望。

（五）前厅收银的质量控制

1. 事前控制

在服务程序方面，制定合理可行的前厅收银服务程序标准，通过系统扎实的培训确保前厅收银服务员工掌握过硬的业务技能和丰富的业务知识，熟悉前厅收银各类服务程序；在服务时限方面，准确测定员工的工作效率，确定前厅收银各项服务的标准时限，严格要求员工在规定时间内准确、礼貌、高效地完成各类对客服务；在设施设备方面，确保前厅收银常用设施设备的良好工作状态等；在服务态度方面，具有良好的职业素质和职业道德，有为客人提供优质服务的主观愿望等。

2. 事中控制

在服务程序方面，以给予客人最大满足感和争取酒店最大效益为指导思想，在满足客人需求的基础上灵活运用服务程序，完成前厅收银各项服务等；在服务时限方面，严格在标准服务时限内完成前厅收银各项对客服务，为客人提供快捷、优质的服务；在设施设备方面，遵照操作规程正确使用设施设备，认真、正确地填写前厅收银各类表格和文件；在服务态度方面，积极、主动、友好、热情、礼貌地完成对客服务等。

3. 事后控制

在服务程序方面，同客户进行沟通，了解客人对前厅收银的意见和建议，不断改进服务程序，提高服务质量；在服务时限方面，及时同一般客户、定期同主要客户及相关岗位进行有效沟通；在设施设备方面，认真维护保养前厅收银工作设备，及时补充办公用品和有关表格单据；在服务态度方面，积极、主动、友好、热情、礼貌，能体现为客人提供优质服务的主观愿望。

第四节　前厅部人力资源管理

一、前厅部人力资源的调配与控制

人力资源的调配与控制指管理者根据不同的客情和工作量，采用各种方法合理调配和使用现有人力资源，有效完成部门工作任务的一种管理手段。合理调配人力资源，充分利用每一位员工，可以有效降低前厅部的管理和运营费用，保持员工的工作积极性，确保前厅部的高效运转。合理调配与控制人力资源要求前厅部各级管理者在准确预测客情的基础上，运用多种人力资源的调配方法和控制手段，充分合理地使用人力资源，做到有张有弛，既能圆满完成工作任务，又能保持员工的工作积极性和主动性。

（一）前厅部各岗位的编制定员

前厅部人力资源调配的目的在于减少人员编制，提高工作效率，降低运营费用。对人力资源的合理调配与安排首先基于适当的人员编制定额。一般情况下，酒店各部门人员编制定额多以该酒店全年平均工作量为基础。

1. 确定前厅部组织机构

确定前厅部人员编制定额首先要根据酒店的经营环境和目标、客源特点确定前厅部的组织机构。

2. 预测前厅部各岗位工作量

在确定了前厅部的组织机构和岗位设置后，就可以着手预测各岗位的全年日平均标准工作量。

3. 确定前厅部各岗位工作定额

前厅部的工作定额是指在一定的物质、技术和管理条件下，前厅部员工发挥正常的工作效率，在单位时间内所应完成的标准工作量或为完成单位工作量所消耗的时间。工作定额的确定取决于普通员工的正常工作效率。

4. 确定前厅部各岗位人员编制

在准确测定各岗位的年平均日工作量、员工的平均工作效率和标准工作定额之后，利用岗位定员法确定前厅部各岗位的编制定员。

（二）前厅部人力资源调配与控制的原则

1. 保证对客服务质量

对酒店经营者和各级管理者来说，顾客是“上帝”、质量是“生命”，高质量地对客服务是酒店在激烈的竞争环境中赖以生存的重要保障。

2. 保证日常工作的正常进行

除了对客服务之外，前厅部员工还有很多日常工作需要处理。如制作酒店各类运营报表，正确显示酒店客房状态，确保酒店各部门间信息传递与沟通，搜集、整理、分析酒店客人资料，等等。这些日常工作同样需要占用相当的劳动力资源，合理调配人力资源同样要保证满足这些工作的需要，否则整个酒店的运转将出现混乱。

3. 保持并提高员工的工作积极性

合理调配人力资源还不能够影响员工的工作积极性。员工的工作量不能长期超出正常的负荷，否则员工的疲劳程度将不断上升，工作热情、积极性、主动性下降，从而影响服务质量，甚至还会造成员工流失。

（三）前厅部人力资源调配与控制的方法

1. 根据实际客情，合理安排员工班次

前厅部各岗位员工的日常班次安排应首先考虑本酒店的客源特点。酒店客源的差异对酒店服务和工作量有较大的影响。确定了前厅部各岗位的人员编制和班次设置后，各级管理人员就需要根据未来客情安排下属员工的工作班次。一般情况下，酒店各部门班次以“周”为单位排定。

2. 科学合理地进行人员调配

除了根据预测客房出租率合理安排员工班次，还可以在前厅部各岗位之间或其他部门之间调配人员，解决出租率过高情况下出现的人力资源短缺的问题。另外，前厅部的部分岗位如客房预订、商务中心等岗位的主要工作通常集中在早9：00到晚5：00的一般公司企业正常工作时间。为了节省劳动力资源，这些岗位一般只设正常班，其他时间内工作由接待处员工代理完成。这也是合理调配和控制人力资源的一种体现。

二、前厅部员工的培训

（一）培训的目的和意义

由于酒店业是劳动密集型的服务型行业，人员素质对酒店经营和运转的意义就尤其重要。前厅部对员工进行周期性培训，其目的主要集中在以下几点：

1. 提高员工服务技能

培训的首要目的是保证员工具备胜任岗位工作所需的服务技能。由于大部分新招聘的初级员工对酒店工作的特点、性质、方法和技能、技巧缺乏必要的了解，酒店人事部门和前厅部首先要对其进行岗前培训，保证员工掌握基本的工作技能。

2. 培养业务骨干

酒店和各部门管理人员对工作表现出色、工作诚恳踏实的优秀员工进行有针对性的系统培训，采取长期外派、短期集中培训等多种方法将这些员工培养成为酒店的业务骨干和后备管理力量。

3. 提高服务质量

培训的最终目的是提高酒店的服务质量、提升宾客的满意度。前厅部根据客人对酒店产品不断变化的需求及整个行业的发展，不断对员工进行培训，促使员工掌握更多、更高的服务技能和手段，提高服务质量，维系酒店在宾客心目中良好的企业形象。

4. 降低经营成本

表面上看，培训增加了酒店的营业支出，而事实上，培训从一定程度上对降低酒店的经营成本起了重要作用。因为培训对经营费用的影响是间接的，表面上不能直接反映出来。但如果仔细观察就会发现这样一种现象：没有经过培训的新员工同经过良好培训的熟练员工相比，工作效率较低、差错率较高。低效率、高差错率对酒店业，尤其对前厅部就意味着客人的高度不满和大量投诉，直接后果就是高额的“纠错”成本，间接损失是客人的不断流失。所以说，员工培训其实在某种程度上是在降低酒店的运营成本。

5. 激励员工

系统的培训不但可以帮助前厅员工掌握多种工作技能，同时也是对前厅员工的有效激励。不断接触新事物，学习新知识，掌握新技能，这些本身就是对员工的挑战。人们总是希望从工作中获益，而不仅仅是付出。员工培训不仅让员工掌握了一些实用的技能，同时也提升了员工的专业素质，为其以后的职业生涯发展奠定了良好的基础。

（二）培训的原则

1. 实用性、合理化

首先，前厅部培训的内容应具有实用性，便于前厅员工在实际工作中运用。培训内容的选择应以本酒店实际情况和前厅各岗位的实际工作需要为依据。其次，培训的计划、时间、方法应合理化，应考虑酒店的正常运转，保证对客服务的顺利完成。

2. 系统性、制度化

前厅部对员工的培训应形成制度，针对每个员工的不同情况制定系统的培训方案和计划，以达到培养业务骨干的目的。培训制度化，一方面，有利于不断提高前厅部员工的业务技能和业务水平，增强员工的业务素质，促进酒店服务水准的稳定和提高；另一方面，有助于调动员工的工作积极性，明确自己在酒店中的发展方向和发展前景，增强员工对酒店发展的信心，增强酒店的凝聚力。系统化的培训，要求培训内容、培训计划具有连续性和计划性，只有这样才能真正有所成效，达到培训目的。

3. 灵活性、多样化

由于酒店各部门的分工较细，工作方式和服务方法各具特色，工作时间也有很大的差异，所以很难组织起长时间的集中培训。各部门的培训方式、方法以及时间安排就具有较大的灵活性和多样性，不能盲目统一。

4. 低成本、高收效

无论选择何种培训方式和方法，都应该尽可能地控制培训成本，包括培训时间、人员及资金的投入，及对酒店运转和服务质量造成的影响，等等。

（三）培训的方式和要求

酒店员工的培训方式，按员工在岗情况可划分为：岗前培训、在职培训、脱产培训、转岗/晋级培训；按培训形式划分为：集中培训、单独培训；按培训内容划分为：一般性培训、专业技能培训、交叉培训。

不论采用何种培训类型或方式，负责实施培训的人员都应具备渊博的业务知识和较高的业务能力，并能够应用有效的培训方法达到培训目的。员工的在职培训通常安排在早中班员工交接班前后，早班提前上岗，中班延迟下班接受培训，时间一般在一小时之内。特殊情况下，如聘请酒店以外人员进行的培训，往往安排在员工工休或工余时间，持续时间也相对较长。酒店外派员工参加的岗前培训和脱产培训大多安排在酒店以外的专门机构或场所进行，而酒店组织的岗前知识和职业道德培训及各部门组织的业务培训基本在酒店内部完成。

培训内容主要包括：酒店基本知识，酒店从业人员职业道德，外事接待礼仪，各部门、各岗位业务技能、服务程序，各类服务设施、设备的使用与维护，以及语言、计算机操作，消防等涉及酒店服务、管理与运转的多方面综合性展示和技能。

三、员工的日常考评与激励

1. 前厅部员工的工作考评

工作考评的主要目的在于激励员工更好地工作。通过工作考评，有利于发现员工工作中的不足，以采取相应的管理措施，为员工的岗位安排提供依据，同时，也有助于改善员工与管理者的关系。

前厅部对员工考评的依据是酒店《岗位责任书》和《工作说明书》中对该岗位员工的基本要求以及员工对岗位职责的履行情况等。工作考评的内容主要包括被考评者的综合素质、工作态度、工作业绩等。

考评的程序一般包括：做好观察与考核记录；填写《工作考评表》进行考评面谈。针对前厅部员工工作中的过失，给予一定的纪律处分，以对员工进行“副激励”，消除或减少工作中的各种过失。通常，根据过失的严重程度和所造成的危害，可细分为“轻微过失”和“严重过失”，并分别给予“口头警告”“书面警告”和“辞退或开除”等不同的纪律处分。

2. 前厅部员工激励

有了考核就应结合一定的手段和奖惩制度来鼓励先进、鞭策后进。只有奖勤罚懒，才能在前厅部树立主动提高业务技能、提高服务质量的风气，真正达到酒店和前厅部培训员工的根本目的。

影响激励作用的因素大致分为内部和外部两大类。其中，内因是个体本身具有的自我驱动力，主要包括个人的需要、愿望、欲望、目标等；外因是影响个体行为的外部工作环境，如工作条件、人际关系、工作本身的挑战性等。

理论是实践的指导，而对理论的应用应实事求是，切忌生搬硬套。在具体工作中，前厅部经理及各级管理人员应注意平时多与员工交流沟通，多观察员工表现，多了解员工心理，多关心员工生活。找准员工的实际需要，应用多种激励方法，以达到激励员工、提高工作业绩的目的。

小知识

酒店员工激励的方法

到底怎样才能激发酒店员工的潜能呢？方法有很多种：

1. 目标激励（通过确立工作目标来激励员工）

没有目标就没有管理，管理就是朝着目标步步逼近的过程。在目标激励的过程中，要引导员工个人目标与酒店目标相一致，使员工的个人切身利益与酒店的集体利益一致。我们知道目标的激励作用 = 目标价值 × 期望概率，但不是随便一个目标都可以，这个目标不能求高、求大，要让员工觉得通过一定的努力就可以实现，否则就只是一句空话了，还可能起消极作用，使员工丧失信心。同时这个目标还应该是多层次、多方面的。如果只有总目标，会使人觉得遥不可及，多层次的目标会使员工感到切实感，并将该目标转化为工作压力和动力。

2. 角色激励（又称责任激励，是让个人认识并担负起应负的责任，激发其为扮演的角色献身的精神，满足其成就感）

在马斯洛的人类性行为动机理论基础上进行的心理调查表明，不论是哪一类组织，追求成就、自我实现是多数人的愿望。美国的行为科学家梅约对美国一家公司的职工进行调查证明，多数人对成就抱有很大的期望，这是人的一种普遍的要求，不仅仅是精英人物特有的品质。抓住了这种需求，作为酒店管理人员的责任是要帮助员工认识和重视自己的责任，同样也要注意交给下属以能力相当或稍大于其能力的责任，这样既能使员工感到被重视，也会使其体会到工作的意义。除此之外，还要给员工一定的自主权，现在很多酒店给前台接待员一定的优惠权，使其能够根据实际情况决定是否给予客人优惠，既增加了销售又激发了员工的责任心，这一举措无疑是角色激励的最好引证。

3. 物质激励

马克思说过："人们奋斗所争取的一切，都同他们的利益有关。"在一定条件下，尤其是在市场经济条件下和在物质生活并不十分充裕的社会主义初级阶段，物质激励能起到相当大的作用，它也是上级对下属的认可和赞赏。

4. 竞争激励

竞争激励实际上是荣誉激励。酒店服务人员中主要是年轻人，他们上进心强，酒店可以经常举行一些竞赛活动，不仅可以调动员工的积极性，也提高了员工的素质。

5. 信息激励

这种激励在现今还不是很盛行，但它所带来的激励作用并不亚于其他激励方式。酒店管理者可以组织员工去其他酒店参观学习，这也不失为一种好方法。

6. 奖惩激励

在管理工作中奖励是肯定，惩罚就是否定。恰如其分的惩罚不仅能消除消极因素，还能变消极为积极，两者相结合的激励方式效果更佳。但运用这一方式时要注意以下问题：①及时性。"雨后送伞"的事情不要做。对成绩及时肯定，对错误及时惩罚、批评，否则事过境迁，效果会大打折扣。②准确性。不论是奖还是惩，都要实事求是、恰如其分、力求准确，否则只能招来反感和不良后果。激励没起作用却带来问题，似乎就有些不值了。③艺术性。很多事情都要因人而异，奖惩激励也不例外，要根据不同对象的心理特点采用不同的方式。有的人爱面子，口头表扬带来的作用有时比奖金还有用。对于只认钱的员工，金钱奖励就是最适合的。

7. 参与激励

每一个人都希望参与管理，酒店的员工也不例外，他们总想拥有参与酒店管理的发言权。因此酒店管理者和人力资源工作者要善于给予员工参与管理、参与决策和发表意见的机会，要倾听下属的心声，因为决策的最终执行者是下属员工。现今几乎全部酒店都拥有自己的报纸，酒店办报不仅是酒店企业文化的组成部分，同时也是一种非常有效的与员工沟通、激励和管理方式。其实还有一种方式很有效，但很多酒店都没有应用。据统计，在美国、德国一些国家该种方式应用率为39.7%，这种方式就是GM接待日（总经理接待日）。它使每位员工都有机会和总经理面对面说出自己的心里话，谈心中的"疙瘩"，提合理化建议。对于酒店整体人力资源开发中这一激励方式应得到广泛重视和应用。

8. 情感激励

它是对员工工作上严格要求，同时在生活上关心、尊重员工，以"情"动人。尊重员工，就是尊重员工在酒店的主人翁地位；理解员工，就是理解员工的精神追求和物质追求；关心员工，就是要心系员工，尽可能解决员工的实际困难。高昂的士气必须有必要的物质保障，在酒店就意味着要为员工创造良好的工作环境和生活条件。只有员工真正意识到自己受到了尊重，真正是酒店的主人，他们才会以主人翁的精神积极工作。采取这种方式并不意味着无时无刻都充满感情，有时“雪中送炭”所带来的情感震撼是不可估量的。

9. 晋升与调职激励

利用人们的上进心理，给予员工职位上的晋升，无疑是一种极为有效的方法。在酒店中及时给表现优秀且可塑的人才晋升机会会让员工眼前看到一片光明，会让他感受到工作的价值。可如果一直没得到重视，一直无法得到肯定，只会让人心灰意冷，寻找其他自我发展的机会，人才流失就在所难免了。除了对工作表现好的员工晋升外，还可通过酒店内部调换员工的岗位来激励员工。有时个别管理者与员工之间有了矛盾，协调无济于事时将员工调入其他岗位不失为一种好办法。因为员工不一定有错，如果坐视不管只会削弱员工的工作动力，而起不到为企业带来效益的作用。通过调换岗位不仅可以充分利用人力资源，还可以激励员工，给企业带来更大的收益。

10. 示范激励

“有什么样的管理者就有什么样的员工”这是人们常说的一句话，可见模范作用的重要性。很多时候，工作很繁忙，主动参与工作，协助员工的领导给员工带来的不只是感动，更多的是激励。如果只一味指挥、挑毛病，只能引起员工的反感，使员工失去工作兴趣。管理人员要以身作则，从各方面严格要求和提高自己，以自己的工作热情去影响和激励下属员工。

激励看似容易，落实起来却有一定的困难，如果方式不对、尺度不当都会带来相反的作用。在激励过程中最重要的两点是：

第一，激励只有产生于员工的内心、满足员工内部需求才有较好的效果，否则只能是“对牛弹琴”。各个员工的需求都不同，一本好书、一张音乐会票、一张球票、一次讲座、一本证书、一天假期、一次出游等，只要给对了人就能取得理想的效果。

第二，激励要以正强化为主，当然也不排除恰当的批评和处罚。在正强化的激励过程中，要公平、公正、公开，注意具体化，不要以“做得好，工作出色”等笼统、模糊的概念奖赏。要及时化、可及化。提到奖励就不能不提惩罚，慎用惩罚是至关重要的。虽说惩罚是一种激励手段，在一定条件下能够起到一定的积极作用，但管理者要记住：惩罚只是一种手段而非目的，不能滥用。否则不仅起不到激励作用，反而会引起对抗情绪，不利于团队精神的形成。至于开除员工更应慎重。很多国内酒店管理者认为外国酒店管理好的原因就是“严”，可随便开除员工，其实并非如此。曾经被美国《饭店》杂志评为最杰出酒店经理的里茨·卡尔顿集团总经理舒尔茨先生就坚决反对动辄对员工炒鱿鱼的做法。他认为“反复培训新手是最大的浪费”，而且“老主顾不喜欢新面孔”，而这种想法正是现今国内酒店管理者应借鉴的。人才不是用来浪费而是用来保留和开发的。最后要讲究语言艺术。酒店管理者要能用简洁明确的甚至是十分动听的评语进行商讨、动员，劝导同事或员工，使他们感情上发生共鸣。如果一个管理人员只知单调重复上级指示，再加上令人厌烦的口头语，必然引起同事的反感和员工的逆反心理，甚至最后把事情办糟。管理者要善于利用幽默感来激励员工，增进与员工的关系。幽默感是人际关系的润滑剂，它以善意的微笑代替抱怨，避免争吵；幽默会使员工更喜欢你、信任你。员工希望与幽默的人一起工作，乐于为这种人做事。因为与这种人共事有一种如沐春风的感觉。总而言之，酒店管理者应该善于利用“激励”这一杠杆，调动员工的工作积极性，提高服务质量和工作效率，实现酒店管理目标。

本章实训任务

本章实训任务如表7－2、表7－3所示。

实训任务一：

表7－2 熟悉和掌握宾客投诉的处理程序和技巧

实训项目	熟悉和掌握宾客投诉的处理程序和技巧
实训要求	通过了解和熟悉大堂副理的岗位职责，掌握宾客投诉的处理程序和服务技巧
实训地点	教室或模拟酒店实训室
实训材料	多媒体等
实训内容与步骤	一、实训准备 学生分两组：一组扮演宾客，一组扮演大堂副理。 二、实训开始 1. 模拟宾客对餐饮（客房、行李员等）服务的投诉； 2. 模拟大堂副理的处理流程。 三、实训考核、点评 指导老师点评、总结任务要点。指出和纠正实训过程中存在的不足，并强化学生掌握应对宾客投诉的处理程序和服务技巧

实训任务二：

表7－3　熟悉和掌握前厅员工培训的方式

实训项目	熟悉和掌握前厅员工培训的方式
实训要求	通过了解和熟悉酒店员工培训的内容，掌握前厅部员工培训的方式
实训地点	教室或模拟酒店实训室
实训材料	多媒体等
实训内容与步骤	一、实训准备 拟定培训岗位（行李员、门童、接待员等），熟悉相关岗位的职责和工作任务。 二、实训开始 1. 编制培训计划表； 2. 编制培训内容； 3. 模拟实施员工培训方案。 三、实训考核、点评 指导老师点评，总结任务要点。指出和纠正实训过程中存在的不足，并强化学生掌握前厅部相关岗位员工培训的内容和培训的方式

知识归纳

酒店前厅的管理具有综合性的特点，其中包括前厅部与酒店其他部门间的业务沟通与协调、需要处理好酒店与客人的关系、注重前厅服务质量的控制、做好前厅部人力资源的科学管理等。通过本章的学习，使学生了解和熟悉前厅部与酒店其他部门之间业务沟通的方式、熟悉和掌握酒店的宾客关系维护与管理、熟悉和掌握前厅服务质量的控制以及掌握前厅部人力资源管理的相关理论。

典型案例

是伍先生还是吴先生?

10 月 25 日，一名伍先生打电话给酒店订房处，声明“我是你们酒店的一名常客，我姓伍，我想预订 10 月 29—30 日房号 2618 两天。”预订员小刘当即查阅了 29—30 日的预订情况，表示酒店将给他预留 2618 号房至 10 月 29 日 18：00。

10 月 29 日下午 15：00，伍先生和他的一位朋友来到前厅，在出示证件要办手续时，接待员小方查阅了预订后说：“对不起，伍先生，你没有预订啊?”“怎么可能，我们明明在四天以前就预订了。”“对不起，我已经查阅了，况且本酒店的 2618 房间已出租，入住的是一位吴先生，请问您是不是搞错了?”“不可能，我预订好的房间，你们也答应了，为什么这么不讲信誉?”接待员小方一听，赶紧核查预订才发现，原来预订员一时粗心把“伍”当成“吴”输入，当有一位吴先生登记入住时，小方认为这就是预订人，随手就把吴先生安排进了 2618 号房间，接待员小方向伍先生抱歉地说：“伍先生实在抱歉，您看这样行不行，您和您的朋友就入住 2619 号房吧，2619 号房间的规格标准与 2618 号房间完全一样。”伍先生不同意，并且很生气，认为酒店有意欺骗他们，立即向大堂副理投诉。

案例分析：从本案例中我们不难发现，这是由于预订员小刘在接受电话订房时疏忽大意而造成的，致使客人抵达酒店后不能顺利入住，客人心里得不到满足，从而投诉酒店。作为酒店的服务窗口和神经中枢的接待部门应该吸取教训。

在预订中容易发生的问题是：协调不够、房态显示错误、记录资料不全、预订员对房价变更缺乏了解等。酒店的顾客，无论是度假、公务旅行还是商务旅行，都渴望有一种愉快的消费经历，这种愉快的经历是培养忠诚顾客最好的土壤。相反如果客人这次光顾的酒店令他不愉快，必定会影响他以后的入住。同时当一位常住顾客熟悉并喜欢了某家酒店的某间客房，在他的心里就形成了一种固定的模式。这就是顾客消费的“心理定式”。从事服务工作，一般只有顺应客人的这种心理定式，服务工作才能做好。针对本案例的做法一般要诚恳地向客人解释原因并致歉。

复习思考

一、填空题

1. ________是沟通酒店和客人之间的桥梁，是客人的益友，是酒店建立良好宾客关系的重要环节。

2. 大堂副理的直接上级是________，直接下属是________。

3. 客人投诉的心态一般包括：________、________、________。

4. 客史档案又叫客历档案、宾客档案，是酒店在对客服务过程中对客人的________、________、________、________。

二、不定项选择题

1. 消费特征档案主要包括（　　）。

A. 客房的种类、房价　　B. 餐费以及在商品

C. 娱乐等其他项目上的消费　　D. 客人的信用程度、账号

2. 预订档案包括（ ）。

A. 客人的预订方式　　B. 介绍人

C. 订房的季节、月份、日期　　D. 订房的类型

3. 前厅服务质量的特点有（ ）。

A. 综合性　　B. 一次性　　C. 依赖性　　D. 情感性

4. 前厅部质量控制的基本原则是（ ）。

A. 宾客至上的原则　　B. 以人为本的原则

C. 效益为重的原则　　D. 预防为主的原则

5. 酒店员工的培训方式，按员工在岗情况可划分为（ ）。

A. 岗前培训　　B. 脱产培训　　C. 转岗/晋级培训　　D. 单独培训

三、简答题

1. 简述宾客投诉处理的原则。
2. 简述建立客史档案的意义。
3. 简述客史档案的内容。

四、论述题

论述导致宾客投诉的原因有哪些？

五、案例分析

一天上午，酒店大堂结账处有许多客人正在结账，1108 号房间的刘先生也来到前厅结账，这时结账处接到楼层服务员的报告：“1108 号房间少了两个高档衣架。”收银员小陈立即微笑着说：“刘先生，您的房间少了两个衣架。”谁知客人好像早已有所准备，立刻否认带走了衣架。收银员小陈马上意识到出了问题，便立即通知了大堂经理，大堂经理在前厅处找到了刘先生。“刘先生您好，麻烦您过来一下好吗？”客人随着大堂经理到了大厅的僻静处。“刘先生，您没拿衣架，那么有没有可能是您的亲朋好友来拜访您时顺便带走了？”大堂经理婉转地向客人表述酒店要索回高档衣架的态度。刘先生说：“没有，我住店期间根本没有亲友来过。”“请您再回忆一下，您会不会把衣架顺手放到别的地方了？”大堂经理顺势提醒刘先生。“以前我们也曾发现一些客人住过的房间衣架、浴巾、浴袍之类的不见了，但他们后来回忆起来或是放在床上，或被被子、毯子遮住，或裹在衣服里带走了，要不您上去再看看，会不会也发生类似情况呢？”大堂经理干脆给他一个明确的提示。刘先生说：“一个破衣架，你们真麻烦，咳，还是我上去找一下吧。”客人觉得越是拖延下去对自己越是没有什么好处，便不耐烦地说。大堂经理说：“您可以让我帮您看管一下您的箱子吗？”刘先生：“不用，不用。”刘先生忙摇着头，边说着边匆匆地提着箱子上了电梯，大堂经理和收银员会意地相互看了一眼。不一会儿，刘先生下来了，故作生气地说：“你们的服务员也太不仔细了，衣架明明掉在沙发后面了！”大堂经理知道客人已经把衣架拿出来了，就不露声色很有礼貌地说：“实在对不起，刘先生，麻烦您了。”为了使客人不感到尴尬，大堂经理还很真诚地对客人说：“刘先生，希望您下次来还住我们酒店！我们随时欢迎您的再次光临，谢谢！”

案例讨论：酒店接待员遇到案例中这种情况应该如何处理？

附 录

前厅接待常用英语

第一节 常用接待用语

一、Greetings 问候

1. Welcome to ×××× Hotel. I'm…what should I call you, please?
欢迎光临×××饭店。我是……请问我该怎么称呼您呢?
2. Good morning/afternoon/evening, Sir/Madam. What can I do for you?
先生/女士，你好! 请问我能为您做点什么?
3. My name is…, is there anything else I can do for you, just let me know.
我叫……如果需要我为您做些什么，请告诉我。
4. If you have any problems, please feel free to contact us.
如果你有任何需要，请随时联系我们。
5. Have you make a reservation? /Have you booked the room? \ Are you the vip?
请问有预订吗? /请问您是会员吗?
6. What kind of room would you like?
请问您需要什么类型的房间?
7. Sorry, I don't quite understand.
对不起，我不是很明白。
8. I'm afraid we've fully booked for that time.
抱歉，我们那个时段已给订满了。
9. It's the hot /peak/busy season.
这是酒店业的旺季。
10. Excuse me, How do spell it, please?
打扰一下，您能拼写一下您的名字吗?
11. We can only keep your table /room till…
我们能保留您的房间直到……
12. Let me show you to your room, this way please.
让我带您到房间，这边请。

二、Helping to Check-in 帮助入住

1. Please have a seat for a while, I'll help you with the check-in procedure.

请在那边稍坐一会儿，我将会为您办理入住手续。

2. Would you please give me your passport or ID card and credit card, I'll help you to fill in the form.

请把您的护照和信用卡交给我，我帮您办理入住手续。

3. How many nights will you stay this time?

这次入住您会住多少天?

4. Which room would you like, we have these kinds of rooms…

您是要哪种房间? 人们这里有这些类型的房间……

5. Excuse me, Sir/Madame. How would you like to pay the deposit, cash or credit card (together or separately)?

先生/女士，不好意思，打搅一下。请问您是要付现金还是刷卡（分开付押金还是一起付）呢?

6. Here is your room key and the breakfast coupon. Would you please sign here?

这是您的房卡和早餐券。请您在这里签个名好吗?

7. Here are your passport and the credit card. You can go up to the room now. I hope you enjoy your stay with us.

这是给回您的护照和信用卡。现在您可以上房间了。希望您在这里居住愉快。

三、Providing Service During Staying 居住期间提供的服务

1. Regular Service 常规服务

(1) Please wait a second. I'll transfer it for you.

请稍等一下，马上为你转接过去。

(2) Because you are checking out two days early, you need to give us two cash vouchers back.

您比原定退房的时间提前了两天，所以我们需要收回两张现金券。

(3) There is a great garden and pond behind the hotel, which is suitable for exercise and having a walk.

酒店后面有很漂亮的花园和水塘，那里是非常适合跑步和散步的地方。

(4) This money is damaged. I'm afraid we can't change it, this is according to the hotel rules.

您的钱（纸币）上有裂口（污迹）。按酒店的规定，我们恐怕不能为您兑换。

(5) I'm sorry that you could not get cash by credit card here. I can book a car take you to the bank to get some cash.

不好意思，酒店规定不可以用信用卡来套取现金。如果您需要，我可以安排车送您去银行（ATM 机）提取现金。

(6) What denominations would you like?

您想要什么面值的人民币呢?

（7）I'm sorry，but we do not accept the dollars with CB.

对不起，我们这里不收 CB 版的美金。

（8）Can I fax this paper?

我可以传真这份文件吗?

—Certainly，sir. Where do you want to fax it to?

当然可以，先生。请问是传真到哪里的?

—How would you like to pay for it，sir?

您打算怎样付款呢，先生?

—Could you charge it to my room bill?

可记在我的客房账单内吗?

—Sure. Here is your fax record，Sir. Would you please sign here?

当然。这是您的传真记录，先生。麻烦您在这里签名好吗?

（9）Could you please send a car to the airport to pick me up?

您能安排一辆车到机场接我吗?

（10）Could you please give us your flight No. ?

您能告诉我您的航班号吗?

2. Reminder 提醒

（1）It's better for you to wear more clothes，because it's pretty cold outside.

外面天气很冷，您最好穿多些衣服。

（2）Today is a rainy day and the floor is slippery，so please be careful.

今天外面在下雨，地面很滑走路时请多加小心。

3. Internet Service 网络服务

（1）There is free broadband Internet access in every room，connector plug is on the desk.

写字台上有宽带插头，您可以随便使用。

（2）There is a little trouble in the computer service center，so the Internet is disconnected temporarily. Please wait a while，It'll be recovered soon.

对不起，酒店的电脑服务中心出现了一点小故障，房间暂时不上了网。请稍候，很快就会恢复正常。

（3）Ok，I'll arrange a computer engineer to help you.

好的，我马上安排电脑员上去帮您。

4. About the Laundry 关于洗衣

（1）The laundry collected between 8am to 6pm will be returned at midnight on the same day；While the one collected between 6pm to 8am will be returned at 2pm on the next day.

上午八点到下午六点的洗衣将会在当天午夜前送回；而下午六点到次日八点的洗衣将会在第二日下午两点之前送回。

（2）For the laundry，the regular service is within 8 hours and the express service is within 5 hours.

普洗服务是 8 小时内送回，而快洗是 5 小时。

（3）There is a stain on your clothes, and we'll try our best to get rid of it, however, I can't guarantee that we can remove it totally.

您的衣服上有很难洗掉的污迹，我们会尽最大的努力去处理，但不能保证一定可以处理掉。

（4）Could you send someone up for my laundry, please?

请派人到我房间取要洗的衣服，好吗？

—Certainly, sir. Our room attendant will be up in a minute.

好的先生。我们的服务员马上到。

5. Medical Service 医疗服务

（1）You don't look very well today, what seems to be wrong?

你看上去有些不舒服，还好吧？

（2）I feel dizzy and have a sore throat besides. I can't sleep well recently.

我感到头晕，喉咙痛。我最近都睡不好。

（3）Don't worry, I will arrange a doctor to look after you.

不要担心，我将立即安排医生照顾您。

（4）Any other symptoms? Like stomach ache, coughing, or nausea?

还有其他症状吗？比如胃痛、咳嗽或者恶心？

（5）The doctor said you have got the flu. She'll prescribe some medicine for you. Take two tablets at a time, three times a day. You'd better stay in bed for one or two days.

医生说您感冒了。她会给你开药。这药每次吃两片，每天三次。因此建议您最好在床上休息一两天。

（6）—Are they strong?

—Yes. They may make you a little drowsy. By the way, you should be sure to take them after you eat.

—药性强吗？

—是的，会让你犯困。还有，你得在用餐完毕后才能吃药。

（7）Can you give me some medicine for heartburn?

你可以给我点胃药吗？

（8）I'm afraid the doctor can't give you medicine for that unless you tell her about your history of stomach ache?

如果你不告诉医生你是否有胃病史，恐怕他不能随便给你胃药。

（9）Well, I do have gastritis for two years.

恩，我确实有两年的胃病。

（10）Since your blood pressure is higher than normal, could you tell the doctor whether you have diabetes?

你的血压偏高，请问你是否有糖尿病？

（11）How is the acid in your stomach? Is the acid feeling very strong?

胃酸的强度怎么样？你是否感觉十分强烈？

(12) Are you taking other medicine at present? Please let us know just in case of chemical reaction.

你最近有没有服用其他药物？为了防止药品之间产生不好的化学反应请告诉我们。

(13) Are you feeling better now，Sir?

先生，你好些了吗?

(14) What happened to your leg，Sir?

先生，你的腿怎么了?

—I tripped and fell in the bathroom.

我不小心在浴室摔倒了。

—Please don't worry，I'll ask the doctor to go to see you right away.

请不要担心，我马上叫医生过去。

四、Apologize 道歉

1. I'm very sorry. There could have been a mistake，and I do apologize for that.

很抱歉。出了错误，我应当道歉。

2. I assure you it won't happen again.

我保证此类事情不会再发生。

3. I do apologize for inconvenience on behalf of our hotel.

对您造成的不便，我谨代表酒店向您道歉。

4. I'm sorry to tell you that your medicine bottle (cosmetic bottle) was broken by accident. I sincerely apologize for that.

非常抱歉，服务员在为您清理房间时，不小心打碎了你的药瓶（化妆品瓶子）。

5. I'm sorry to hear that. That's unusual. I'll look into the matter at once.

很抱歉，这很不寻常，我立刻去调查一下。

6. I'm very sorry. I hope you're not hurt. Please forgive me. .

对不起。你没事吧。请原谅我。

7. I deeply apologize Madam. Would you care to send this dress for dry-cleaning? No charge of course.

我们深感抱歉，小姐。你把衣服拿去干洗好吗？一切费用由酒店负担。

8. I'm terribly sorry，Please do accept our apology，we'll do our best.

我感到很对不起，请接受我们的道歉，我们会尽快想办法。

9. I'm sorry for that. I will ask the repairman to fix it now.

真是抱歉。我马上安排人去修理。

五、The Damage 赔偿

1. I'm afraid you'll have to pay for the damage.

恐怕您得赔偿损失。

2. I'm afraid you have to pay for the broken chair according to the hotel policy.

根据酒店规定，恐怕你要对弄坏的椅子做出赔偿。

3. The indemnity for the burned carpet is 100 Yuan.
损坏地毯的赔偿是 100 元。
4. I'm sorry to inform you that we have to charge you 100 Yuan for the bloodstains on your bed linen.
我很遗憾地告诉你，对于床单上的血迹，我们要收取 100 元特别洗涤费。

六、Expressing Appreciation 道谢

1. Thank you for your kind understanding.
谢谢您的理解。
2. I would like to thank you for your great support for our hotel.
非常感谢您对我们酒店的大力支持。

七、Say Goodbye 道别

1. Wish you a pleasant journey!
祝您旅途愉快!
2. On the house Sir. I assure you that everything will be right next time you come.
这是免费的。我保证您下次光临时，一切都会妥妥当当。
3. I'm looking forward to seeing you again. Good luck!
我期盼再次见到您。祝您好运!
4. Good Bye, and hope to see you again.
再见，希望再次见到您。

第二节　前厅岗位工作常用用语

一、预订部日常用语

1. What kind of room would you like to reserve?
请问您需要预订哪一类型的房间?
2. What kind of room do you have?
请问贵酒店有什么类型的房间?
3. We have standard, superior, deluxe, executive rooms. There is also one presidential suite as well. Furthermore, we have a floor of non-smoking rooms, and we also have some connecting rooms.
我们酒店有标准房、高级房、豪华房、行政房。除此之外还有总统套房，而且我们酒店还设有不吸烟楼层及连通房。
4. How about your hotel's location? /Where is your hotel?
请问贵酒店位于哪里?
5. Well, our hotel located in No. 69 Fuxi Street, Taiyuan City. The Crown Prince hotel is only 45 minutes from Wusu International Airport and 15 minutes to Taiyuan Railway Station, by car.
我们酒店位于太原市府西街 69 号。本酒店离武宿国际机场 45 分钟车程，到太原火车站

15 分钟车程。

6. What's the level of your hotel?

请问贵酒店是几星级的?

7. Our hotel is a five-star hotel.

本酒店是五星级的酒店。

8. How about your hotel's facilities?

请问贵酒店有什么设施?

9. We have four kinds of restaurant, lobby bar, conference room, health center, swimming pool, shop prince and KTV equipment。.

本酒店有四种类型的餐馆、大堂吧、会议室、健身会所、游泳池、商场及 KTV 设施。

10. Which dates would you like to book? When will you check in and check out?

请问您需要订哪一天? 什么时候入住及退房?

11. How long will you stay in our hotel?

请问您在我们酒店打算逗留多长时间?

12. Does your hotel have pick-up service?

请问贵酒店有接车服务吗?

13. Yes, please contact the concierge for details.

有的，详细内容请联系礼宾台。

14. Can I get harbour view in your hotel?

在该酒店我可以看到海景吗?

15. I am sorry, you can't, but you can have a nice view of a large pool surrounded by beautiful landscaping.

很抱歉，不可以，但您可以看到周围美丽的泳池景。

16. What is your hotel's website and email address?

请问贵酒店的网址及邮址是什么?

17. Our hotel's website is ××× and our email address is ×××. To reserve a room or give feedback to us.

我们酒店的网址是×××，而我们的邮址是×××。预订房间或有任何建议可与我们联系。

18. Your reservation is temporary and it will be cancelled if you don't arrive before 6pm on that day.

您的预订是暂时的，如果那天下午 6 点前不到，我们将会取消您的预订。

19. I am sorry, no room is available. / All rooms are unavailable.

很抱歉，提供不了客房。/所有房间都订满了。

20. Does your company have contract with our hotel?

请问贵公司与我们酒店有协议吗?

21. Can I reconfirm the reservation? A superior room, for Mr. Smith on the 20th Oct. My name is ××, if you have any questions please feel free to contact us. Thank you for calling. Bye-bye!

我可以再确认您的预订吗? 史密夫先生，10 月 20 日预订一间高级房。我的名字是×

×，如有任何疑问请与我们联系。谢谢您的来电。再见！

22. Please hold on for a moment，Mr Smith.
史密夫先生，麻烦请您稍等。
23. May I have your name，please?
请问您贵姓?
24. I am sorry I beg your pardon.
不好意思，麻烦您请重复一遍。
25. Would you please speak more slowly?
不好意思，麻烦您说慢一点。
26. I am sorry，I didn't catch what you meant.
不好意思，我不大懂您的意思。
27. I would like to talk to someone in charge.
我想找你们的负责人。
28. He has not come back yet.
他还没回来。
29. She is in a conference now.
她正在开会。
30. Would you like to call back later?
麻烦请您稍后再拨。
31. Thank you for waiting.
让您久等了。
32. I'm not sure，sorry.
不好意思，我不能确定。
33. Are you following me，Sir?
请问听懂我说的话吗，先生?
34. Could you explain that a bit more?
请您解释多一点好吗?
35. Could you put that more simply?
请您具体一点好吗?
36. Could you hold the line，please? I'll check our room availabilities for those days.
麻烦您稍等，我们查询那段时间的房态。
37. What time do you expect to arrive，Sir?
请问大概什么时候到酒店，先生?
38. May I request a late check in?
我想要求晚些到店入住，可以吗?
39. Certainly，we'll hold the room until you arrive.
当然可以，我们将为您保留房间直到您的到来。
40. I'd like to confirm your reservation.
我想确认您的预订。

41. Could you hold on for a moment please? I'll check our reservation record.
麻烦请您稍等，让我查询我们的预订记录。
42. Does it include breakfast?
包括早餐吗?
43. The tax and breakfast are also included.
税及早餐也包括在内。
44. We have a special family package plan.
我们现在新推出一个优惠套餐。
45. We'll have to charge you RMB100 extra for an additional bed.
如需加床，我们将会收取人民币 100 元。
46. What time will the guest be arriving?
客人大概什么时候到达酒店?
47. Your room is confirmed for that day.
那天您的房间已确定。
48. I'd like to extend it for two more nights until the 9th.
我想延住两天，直到 9 日。
49. We'll extend your reservation for you.
我们将会延长您的预订时间。
50. I'll arrive one day early. Is that OK?
我那天早点到，可以吗?
51. We have changed our schedule，please amend our booking till next week.
我们的行程有变动，请更改我们的预订到下星期。
52. I'd like to cancel a reservation.
我想取消一个预订。
53. I'm afraid we have no record of a reservation under this name.
不好意思，恐怕我们没有这个名字记录的预订。
54. Which travel agent did you go through to make this reservation.
请问您是通过哪间旅行社来做这个预订的?
55. Is this a new reservation or a confirmation call?
请问这个电话是新的预订，还是确认预订?
56. We'll send a confirmation to you soon.
我们稍后传确认书给您。
57. Should you have any questions，please do not hesitate to contact us.
如有任何疑问请随时与我们联系。
58. Please feel free to contact us if we can be of further assistance.
如需进一步了解，请随时与我们联系。
59. Just a minute，please I'll check our booking situation.
麻烦请您稍等，我需要查询我们的房态。

60. Sorry, there is no record in our list.
很抱歉，我们的名单上没有此记录。
61. Would you hold the line please? I must pick up another call.
麻烦请您稍等，我需要接听另一个电话。
62. Have you made a reservation?
请问已经作了预订吗?
63. I'm sorry to have taken up your time.
不好意思占用您的时间。
64. Perhaps you have a cheaper room?
或许您还有更便宜的房间吧?
65. Sorry, the quoted rate is lowest.
不好意思，这个报价已经是最低了。
66. Do you have a transfer service from airport to hotel free of charge?
请问贵酒店有没有免费接机服务?
67. Please inform the guest to check in before 6pm.
请通知客人在下午 6 点前到本酒店办理入住手续。
68. The room is spacious and cosy, I'm sure you will enjoy yourself.
房间既宽敞又舒适，我肯定您会过得愉快。
69. Sorry, I can't find your name on the arrival list.
不好意思，我在预期到达的名单上找不到您的名字。
70. May I recommend deluxe suite? It's more luxurious and comfortable.
我向您推荐豪华套房，更豪华、更舒适的。
71. I will get someone who can speak English well to talk to you.
我会找一位英语较好的同事跟您说。
72. How many people are there in your party?
与您同行有多少人?
73. Just a moment, please. I'll check the availability for you.
麻烦请您稍等，我查询能否可以提供便利给您。
74. Who is the reservation for?
请问是哪一位客人的预订?
75. The hotel is fully booked, would you like me to place you on a waiting list.
没有任何房间可以提供，我们可以为您安排后补名单。
76. I'm sorry. We have no record of a reservation for that date.
很抱歉。我们没有那天预订的记录。
77. When was the reservation made?
请问什么时候做的预订?
78. Do you remember the name of the clerk who accepted your reservation?
请问您记得是哪一位职员为您做的预订吗?

79. We will hold your booking until 6pm without a guarantee.

没有任何担保，我们只可以为您保留到下午 6 点钟。

80. Would you like to guarantee your room for late arrival?

因您较晚入住，您可以为您的预订作个担保吗?

81. How would you like to guarantee your reservation?

您以什么方式为您的预订作担保?

82. This is the peak season. I'm very sorry, but could you call us again later? We may have some cancellations.

因这是旺季。非常抱歉，但是请您迟些再打电话过来好吗? 可能会有人取消预订。

83. May I take your credit card for the guarantee?

可以提供您的信用卡作担保吗?

84. Let me repeat your reservation to ensure it is correct.

让我为您重复一下您的预订以确保无误。

85. We will note down your request and if possible, we will reserve it for you.

我们将会记录您的要求，如果可以，我们会为您预订。

86. I'm sorry, we don't have connecting superior rooms, but deluxe rooms.

很抱歉，我们没有商级连通房，只有豪华连通房。

87. If you require any help please keep me informed.

如需任何帮助，请随时与我们联系。

88. It arrival time is not stated a reserved room will be held until 6pm.

如果抵店时间未明确告知，所订的房间将保留至当天下午 6：00.

89. To guarantee your booking, please advise us of your credit cart number and dated of valid advance in.

为了确保您的订房，请将您的信用卡号及有效期限通知我们，或预付一晚的房租作订金。

90. With out guaranteed reservation, we can only hold the room to 6 p. m. If you make a guaranteed reservation, we can hold the room overnight, would you like to make a guaranteed reservation by credit card?

非担保的预订只能保留到当天下午 6 点。若您作了担保预订，我们就可以整夜为您保留房间，您愿意提供信用卡作担保吗?

91. Mr. Smith, you've made a guaranteed reservation at the Hotel. If you can't arrive as scheduled, please inform us before 6pm on the expected day. Thank you for calling and we look forward to seeing you.

史密夫先生，您已在酒店办理了担保预订。倘若您不能如期到达，请务必在入住当天的下午 6 点前通知我们。感谢您的来电，我们期待届时与您见面。

92. Does the price include breakfast?

请问房价含有早餐吗?

93. We'll amend your reservation at you request.

我们将会按您的要求做相应的更改。

94. I'd like to change/cancel a reservation.

我想更改/取消预订。

95. The reserved room will be held till 18：00 on arrival unless a cash or credit card guarantee is made.

所预订的房间保留至当天下午 6 点，除用现金或信用卡担保外。

96. For guaranteed reservation, one night room rental will be charged for cancellation or no show.

已做担保的预订，如当天取消或没入住，本酒店将会收取当天的一晚房费。

97. We have free shuttle bus to Dongguan train station, for further information please contact the concierge.

本酒店有免费车到东莞车站，详细内容，可拨打礼宾台联系。

98. Thank you for your reservation at HAIYATT Hotel. If you have any questions or changes about your reservation please contact us as soon as possible.

感谢您预订海悦酒店。如有任何疑问或需作任何更改请尽快与我们联系。

99. I'll arrive late, but please keep my reservation.

我将会较晚到本酒店，但请为我保留预订。

100. I'm afraid we have no superior room available, would you mind deluxe room instead?

恐怕我们提供不了高级房，豪华房可以吗?

101. We are very sorry for the inconvenience.

对您造成不便，请见谅。

二、礼宾部日常用语

1. May I take you luggage?

我能帮您提行李吗?

2. Please give me your room key.

请把您的房卡给我。

3. Have a nice day!

祝您在此度过愉快的一天!

4. Do you need to store your baggage?

您需要寄存您的行李吗?

5. What is your room number?

您的房间是几号?

6. Do you need taxi?

请问您需要出租车吗?

7. This way please!

这边请!

8. Here is your handbag tag!

这是您的行李寄存卡。

9. Excuse me, Sir, this is the bellboy, I am sorry to trouble you, we have a message/Fax / parcel for you, can I bring it to your room now?

对不起先生，我是行李生，很抱歉打扰您了，这里有您的一个留言/传真/包裹给您，现在我方便送到您房间吗？

10. What is your friend's name?

您的朋友叫什么名字？

11. What month is it?

现在是几月？

12. What can I do for you, please?

你需要什么？

13. What time are you coming back?

您打算什么时候回来？

14. Would you please tell my friend I am here?

请您告诉我朋友，我在这里，好吗？

15. Would you mind mailing this letter for me?

您能替我寄这封信吗？

16. Will you do me a favor?

帮我个忙好吗？

17. Can you tell me where is HEALTH CLUB/ OPERA HOUSE?

你能告诉我健身房/演艺馆在哪里吗？

18. What day is it today?

今天是星期几？

19. What is the date today?

今天是几号？

20. What would you like to eat?

您喜欢吃点什么食物？

21. What is your address?

您的具体地址是什么？

22. How far is it to the Beijing?

到北京有多远？

23. I'd like to see your manager, please.

我想见你们经理。

24. We hope to see you again.

希望和你能再次相逢。

25. My pleasure.

很高兴为您服务。

26. I'm always glad to be of service.

我随时乐意为您服务。

27. Where will you becoming from，Sir?
先生，你将以什么方式来我们酒店?
28. What time do you serve breakfast?
你们何时供应早餐?
29. Would you mind spelling that for me?
你介意把你的姓名拼写给我吗?
30. Do you have any baggage in the trunk / boot?
您车的后备厢还有行李吗?
31. Is this everything else，Sir?
先生，就这些物品了吗?
32. We will deliver your baggage to your room shortly.
我们很快就把行李送到您的房间。
33. I'll show you to your room?
我带您到房间去好吗?
34. May I put your bags here?
我能把您的行李放在这里吗?
35. Is this the correct number of bags?
请您清点一下行李够吗?
36. We are very sorry for the inconvenience.
很抱歉，给您带来了不便。
37. May I have your baggage tag，please?
请出示您的行李牌，好吗?
38. Are you a hotel guest?
你是住本酒店的客人吗?
39. I'm very sorry to have kept you waiting?
对不起，让您久等了。
40. Where do you want to change the dollars?
我需要在什么地方兑换美金?
41. Are you going there by air or by train?
您乘飞机还是乘火车去?
42. Can you get us some train tickets?
你能帮我买几张火车票吗?
43. We haven't got a swimming pool?
你们这里有没有游泳池?
44. Is this your first visit to our hotel?
您是第一次到我们酒店吗?
45. How are you enjoying you stay at our hotel?
您在我们饭店过得愉快吗?

46. Good Luck.
祝您顺利，一路平安。
47. Take Care.
保重。
48. Can I have the bill, please?
请给我账单。
49. Can I come through, please?
我可以从您这边穿过去吗?
50. Would you pay cash, please?
您能付现金吗?
51. Will you please show me your passport?
您的护照能给我看一下吗?
52. Can you tell me where the post office is?
您能告诉我邮电局怎么走吗?
53. We don't accept tips, thank you very much.
非常感谢您的好意，我们不收小费。
54. There are safety deposit boxes at the front-desk.
您好，总台那里有贵重物品保险柜。
55. Where is the coffee shop, please?
请问咖啡厅在什么地方?
56. What time would you like to leave?
你将什么时候离开这里?
57. Please step this way, it's slippery, please mind you step.
您好，请走这边，这里台阶很滑，请小心。
58. Please mind your head. （客人下车时提醒客人留意）
请小心碰到你的头。
59. How would you like to make payment?
您用什么方式付费呢?
60. Is there anything valuable or breakable in your bag?
请问您的行李里有贵重物品和易碎的物品吗?
61. Please step inside.
请往里面走。
62. Is there a message for me?
有我的留言吗?
63. Could you wait in your room, please?
请您在房间等一下好吗?
64. I need laundry now.
我现在需要洗衣。

65. I'll send someone immediately to your room.

我马上安排人上来你的房间。

66. I do apologize.

我真诚道歉。

67. Can you tell me how to go to your hotel?

你能告诉我到你们酒店的路线吗?

68. Can you tell me the way to the Banquet Hall, please?

请您告诉我你们的宴会厅在什么地方好吗?

69. We are very sorry, sir, we hope you understand.

非常抱歉，希望您能理解我们的难处。

70. Just a moment please, I have brought your baggage.

请稍等一下，我去推一个行李车。

71. Could you tell me which is your baggage, please.

请您告诉我哪件是您的行李好吗?

72. The Bellman sir, I have brought your baggage.

先生，您好，我是行李员，给您送行李。

三、总机日常用语

1. May I have your name? /Would you give me your name? I beg your pardon? (Pardon, please?)

请问您贵姓? 对不起，请您重复一次好吗?

2. How to spell the guest's name please?

请拼出客人的名字好吗?

3. I'm very sorry, I can't hear clearly, could you call it again?

对不起，因线路问题我听不清楚您说话，请重新打一次好吗?

4. Would you tell me where the guest comes from?

能告诉我客人是哪里人吗?

5. Would you tell me which company the guest is from?

能告诉我客人是哪家公司的吗?

6. I'm sorry, we can't find the guest name on our hotel list.

对不起，我们在酒店的名单上找不到客人的名字。

7. Would you mind connecting the line to reception to check it?

介意我把电话转接到接待处让他们为您查一下，好吗?

8. I will check it for you again. Just a moment please.

我再帮您查一下。请稍等。

9. I am sorry to have kept you waiting.

很抱歉，让您久等了。

10. Could you repeat what you said? / I beg your pardon?

请您重复一遍您说的，好吗?

11. Could you speak more slowly (loudly)?

请您讲慢一点（大声点），好吗?

12. Wait a moment, please. l will connect/transfer it for you.

请稍等。我将为您转接。

13. How are you, sir? This is the operator. You have an outside line. May I put it through?

您好，先生。这里是总机，您有一个外线电话。介意我接入您的房间吗?

14. Good evening, Mr. Dennis, Mr. Bruce is on the line (Phone) now. Would you like to take it?

晚上好，丹尼斯先生，布鲁斯先生的电话，请问您是否需要接听?

15. I'm sorry, sir. The line is busy now. Could you please call back later.

对不起，先生，他的电话占线。请您稍后再拨。

16. I'm sorry, sir, nobody is answering. Could you please call back later or leave a message.

对不起，先生，电话无人接听。请您稍后再拨或留言。

17. Let me repeat your message.

让我重复一次您的信息吧。

18. Sorry, I can't follow you. May I put you through to the assistant manager?

对不起，我听不懂您说什么。我可以帮您转接给大堂副理吗?

19. I'm sorry, sir, the phone is restricted, I can't get through.

对不起，先生，房间电话未挂好，转不进去。

20. I am sorry, sir, we're not allowed to disclose our guest's room number.

对不起，先生，我们不可以透露客人的房号。

21. I am staying in room 758. /I am the guest of room 758. Did anyone leave message for me?

我是 758 房客。有人给我留言吗?

22. The message light flashes constantly, is there any message for me?

The message light is flashing, does that mean I have a message?

我的电话留言灯一闪一闪的，是否有我的留言?

23. I'm sorry, sir. There is no message for you. / We haven't got any message for you.

对不起，先生。我们暂时没有收到您的留言。

24. Yes, you have got a message. Mr. ×× has phoned to you when you were out, he wanted you to wait in the lobby at 9：00am, the company will send someone to pick you up.

是的，您有一个留言。您不在时，××先生打电话给您，请您早上 9 点在大厅等候，届时会有人来接您。

25. Good evening, ××sir, did you receive your message?

晚上好，××先生，请问您有收到您的留言吗?

26. Good evening, ××sir. Your friend Mr. ×× invited you to have dinner on the second floor at LIBAI room in the Chinese restaurant at 7 o'clock tonight.

晚上好，××先生。您的朋友××先生邀请您今晚 7 点到二楼中餐厅李白包厢用晚餐。

27. How are you, Mr. ××. When you were out, Mr. Lee of ×× company called you. He Wanted you to receive this message, please call him back as soon as possible.

您好，在您外出时，××公司的李先生来电找过您，并请您收到留言后，尽快复电给他。

28. Good morning, Mr. ××, Your friend Mr. ××asked you to have breakfast at the western Restaurant at 8 o'clock. Then wait in the lobby for him at 8：30am.

早上好，您的朋友××请您8点到西餐用早餐，8点30分在大堂集合。

29. Could you put me through to Jack He?

请帮我接一下 Jack He 的电话.

30. I'm sorry, sir, Jack He is on holiday (isn't on duty / isn't in the office), I will ask him to call you back. Do you want to leave a message / speak to someone else.

对不起，先生，Jack He 休假（下班了 / 不在位置上），我稍后请他回复电话给您。请您留下联系方式。

31. I couldn't fall sleep, because of the noise from the next door.

隔壁房间的人太吵了，吵得我不能入睡。

32. Please send someone to carry the luggage right away.

请马上派人来帮忙拿行李。

33. Can I borrow an iron and ironing board?

可以借用一下熨斗和熨板吗?

34. There's something wrong with the air conditioning.

房间空调有点问题。

35. The hot water in the shower doesn't work.

喷水头的热水出不来。

36. The light isn't working.

电灯不亮。

37. The power is off.

电源关闭了。

38. Could you send some towels to my room?

请送一些毛巾过来。

39. Bath towels or face towels, please?

浴巾还是面巾?

40. Please send someone to clear up the tableware.

请派人到我的房间来收拾餐具好吗?

41. Could you please change the Chinese language into English language?

你能把中文语言译为英文语言吗?

42. I have locked the door, and left the key inside.

我把门锁上了，但把钥匙遗忘在房间里了。

43. Could you please help me open the door?

请您帮我把门打开好吗?

44. No problem, please wait at the door, we will call an attendant right away.

没问题，请您在门口等候，我马上叫服务员过去。

45. Could you send someone to my room right away?

请你立刻派人到我的房间来好吗?

46. Yes, sir, I will call an attendant to your room right away.

是的,先生,我马上叫服务员过去。

47. I want some clothes to be washed.

我有一些衣服要洗。

48. When can I get my laundry back?

衣服什么时间能洗好?

49. We have two kinds of laundry service, regular service, you may get your laundry back in 8 hours, and express service, you can get back in 4 hours. Which one do you prefer?

我们洗衣有两种,快洗:4 小时,普通洗衣:8 小时。请问您要哪一种?

50. How can I make a room-to-room call?

请问内线怎么打?

51. Please dial 8 first, and then room number, another extension directly dial the number.

房间号码请先拨 8,再拨房号,其他分机直拨。

52. Would you tell me which room do you want to call to? May I transfer the call for you?

请问您要打电话给哪个房间?需要我帮您转接吗?

53. Please connect me to room 855.

请接 855 房。

54. How can I make an external call? Please dial 9 first, and then the telephone number.

外线怎么打?请先拨 9,然后拨您所要打的号码。

55. Where (which country / city) would you like to call, please?

请问您想打到哪里(国家/城市)?

56. Could you tell me the telephone number, please? May I connect it first and then transfer into your room?

您可以告诉我电话号码吗?我帮您接通后再转入您房间?

57. Excuse me. It's the wrong number, do you have another one?

对不起,这个号码是错的,您还有其他的号码吗?

58. Please hang up and wait. I will transfer the call to your room.

请挂上电话后等一会儿。我会把电话接到您的房间的。

59. Hold on please, I will connect with it right now.

请不要挂线,我马上帮您接通。

60. Local call is one yuan a minute and including the service charge.

本地电话 1 元一分钟,已包括服务费。

61. The International call is eight yuan a minute, plus twenty five percent service charge.

国际长途是 8 元一分钟,加 20% 服务费。

62. Could you tell me the ATT collecting call number?

你可以告诉我 ATT 对方付款的号码吗?

63. 10811. I remind you that there is still a handling charge for a collect call in the hotel.

是 10811. 让我提醒您，即使是由受话人付款，酒店方面仍要收取手续费的。

64. My room is too cold. Is there heating in the room?

我房间很冷。请问有暖气吗?

65. I'm sorry sir, there's not heating in the room, but we can offer a heater to you.

不好意思，这里没有暖气，但我们可以提供一个暖炉给您。

66. I can't access to the Internet, please call a computer engineer to check it for me.

电脑上不了网，请叫电脑员过来检查一下。

67. Please restart the computer first, if it still doesn't work then inform us.

您可以先重启电脑，如果还是不行请再通知我们。

68. I'm very sorry, sir, we will call a computer engineer right away.

真的很抱歉，我马上叫电脑员过去。

69. Where is the Sauna center/department?

请你告诉我桑拿怎么走?

70. You can take the lift to lobby, go through to the lobby main door and turn left.

乘电梯到大堂，大堂门口左转。

71. Please go to the lobby my colleague will show you.

您到大堂后。我们的同事将会为您带路。

72. How can I get to your hotel?

请问你们酒店怎么走?

73. Wait a moment, please. I will put you through to the concierge and they can explain to you.

请您稍等。我将为您转接到礼宾部查询。

74. Operator, I want a wake up call/morning call at 8：00am.

总机，我明天要 8 点叫醒服务。

75. 8 o'clock, no problem, sir. We will call you on time. Good night.

8 点钟，没问题。我们明天会准时叫醒您的。晚安。

76. All right, no problem, sir. But your friend has already called me to wake you up at 9：00am, Do you want to have different times?

好的，没问题。先生，但您的朋友已帮您要了 9 点的叫醒。请问您是否要两个叫醒服务呢?

77. This is the operator speaking. I'm sorry to disturb you. I want to confirm your wake up call. At 7 o'clock, is this correct?

很抱歉打扰您，这里是总机。我想跟您确认一下您的叫醒时间是 7 点钟吗?

78. Good morning, Sir, It's time for your wake-up call, have a nice day.

早上好，先生，您需要的叫醒服务时间到了，祝您居住愉快。

79. Good morning, Sir, It's time for your morning wake up call at 7 o'clock, but it's 7：30 now, because your phone was busy just now.

早上好，先生，您的 7 点钟叫醒时间到了，但现在已经是 7 点 30 分了，因为刚才您的电话一直在占线。

80. I am sleeping，Please make a DND for me.

我现在要午睡，请您帮我设一个请勿打扰。

81. No problem，sir. Could you tell me what period you don't want to be disturbed，and how about urgent or IDD calls?

没问题，先生。能告诉我您不想被打扰的时间是哪个时间段，如果有紧急或国际长途电话又该如何通知您?

82. Could you tell me the opening times for breakfast?

请问早餐什么时候开始?

83. From 6：00am to 10：30am on weekdays，and till 11：00am on weekend.

平时早上 6 点钟到 10 点 30，周末到 11 点结束。

84. Thank you for your calling.

谢谢您的来电。

85. Wait a moment，please.

请稍等。

86. Could you tell me your hotel's address?

你能告诉我你们酒店的地址吗?

第三节　酒店各部门及职位英文缩写

一、酒店各部门英文缩写

1. 总经理办公室：GM
2. 人力资源部：HR
3. 财务部：FN
4. 餐饮部：F&B
5. 客房部：HSKP
6. 工程部：ENG
7. 保安部：SEC
8. 康乐部：ENT
9. 前厅部：FO
10. 销售部：S&M
11. 市场传讯部：MC

二、酒店各职位英文缩写

1. 总经理：GM—GENERAL MANAGER
2. 副总：DGM—DUTY GENERAL MANAGER
3. 客务部总监：DOR—DIRECTOR OF ROOMS
4. 大堂经理：AM—ASSISTANT MANAGER
5. 销售部总监：DOM—DIRECTOR OF SALES&MARKETING

6. 前厅部：FO—FRONT OFFICE
7. 前厅部经理：FOM—FRONT OFFICE MANAGER
8. 礼宾部：CON—CONCIERGE
9. 商务中心：BC—BUSINESS CENTER
10. 餐饮部：F&B—FOOD&BEVERAGE
11. 工程部：ENG—ENGINEERING
12. 人力资源部：HR—HUMAN RESOURCES
13. 财务部：FN—FINANCIAL DEPARTMENT
14. 财务总监：FC—FINANCIAL CONTROLLER

参考文献

[1] 刘伟. 前厅与客房管理 [M]. 北京：高等教育出版社，2012.
[2] 仇学琴. 饭店前厅客房服务与管理 [M]. 天津：南开大学出版社，2011.
[3] 汪建平. 前厅服务与管理 [M]. 北京：旅游教育出版社，2015.
[4] 黄志刚. 前厅服务与管理 [M]. 北京：北京大学出版社，2015.
[5] 张智，易红燕. 前厅服务与管理 [M]. 北京：清华大学出版社，2013.
[6] 赵庆梅，蔡海燕. 前厅服务与管理 [M]. 上海：复旦大学出版社，2013.
[7] 宋秋，唐恩富. 酒店前厅服务与管理实训教程 [M]. 成都：西南财经大学出版社，2014.
[8] 潘素华，杨春梅. 前厅服务与管理 [M]. 北京：中国人民大学出版社，2012.
[9] 毛江海. 前厅服务与管理 [M]. 南京：东南大学出版社，2007.
[10] 黄爱时. 前厅服务与管理 [M]. 武汉：华中科技大学出版社，2010.
[11] 王英哲. 前厅服务与管理 [M]. 北京：北京理工大学出版社，2010.
[12] 苗雅杰，吕帅. 前厅服务与管理 [M]. 北京：中国财富出版社，2009.
[13] 曾小力. 前厅服务与管理 [M]. 广州：广东旅游出版社，2009.
[14] 蔡登火，刘洋. 前厅服务与管理 [M]. 成都：西南交通大学出版社，2016.
[15] 国家旅游局人事劳动教育司. 前厅服务与管理 [M]. 北京：旅游教育出版社，2011.
[16] 陈悦丽，邹本杰. 前厅服务与管理 [M]. 北京：科学出版社，2012.
[17] 徐凤增. 酒店前厅服务与管理 [M]. 北京：中央广播电视大学出版社，2010.
[18] 来君. 酒店前厅服务与管理 [M]. 北京：中国旅游出版社，2013.
[19] 毛江海. 前厅服务与管理实务 [M]. 南京：东南大学出版社，2013.
[20] 张永华. 前厅服务与管理 [M]. 西安：西北工业大学出版社，2010.
[21] 曹艳芬. 酒店前厅服务与管理 [M]. 天津：天津大学出版社，2011.
[22] 曾小力，董家彪. 前厅服务与管理 [M]. 北京：旅游教育出版社，2014.
[23] 国家旅游局人事劳动教育司. 前厅服务与管理 [M]. 北京：旅游教育出版社，2016.